U0663611

国家级开发区空间演变规律

武汉东湖高新区空间发展30年

武汉市规划研究院

胡 飞　　耿云明　　江文文　　著

宋中英　　喻 贝　　曾 丹

中国建筑工业出版社

图书在版编目（CIP）数据

国家级开发区空间演变规律：武汉东湖高新区空
间发展30年 / 武汉市规划研究院等著. —北京：中国建
筑工业出版社，2021.10
ISBN 978-7-112-26352-3

Ⅰ.①国… Ⅱ.①武… Ⅲ.①高技术产业区－研究－
武汉 Ⅳ.①F269.276.31

中国版本图书馆CIP数据核字（2021）第146769号

责任编辑：刘　丹
书籍设计：锋尚设计
责任校对：党　蕾

国家级开发区空间演变规律　武汉东湖高新区空间发展30年
武 汉 市 规 划 研 究 院
胡　飞　耿云明　江文文　　　　著
宋中英　喻　贝　曾　丹
*
中国建筑工业出版社出版、发行（北京海淀三里河路9号）
各地新华书店、建筑书店经销
北京锋尚制版有限公司制版
北京富诚彩色印刷有限公司印刷
*
开本：880毫米×1230毫米　1/16　印张：15½　插页：2　字数：368千字
2021年9月第一版　2021年9月第一次印刷
定价：**188.00**元
ISBN 978-7-112-26352-3
（37780）

版权所有　翻印必究
如有印装质量问题，可寄本社图书出版中心退换
（邮政编码100037）

序　一

　　开发区作为国家和地区经济发展的桥头堡，从谨慎探索发展到自成特色，道阻且长。从我国第一个国家级开发区成立至今，经过30多年发展，已成为先进制造业聚集区、创新驱动发展战略载体和区域经济增长极，同时也是我国经济发展的强大引擎、对外开放的重要载体和体制机制改革的试验区域，为我国形成全方位、宽领域、多层次的对外开放格局作出了突出贡献。当前，国际经济下行压力增大，国内经济处在转型发展的关键窗口期，加之在新冠疫情防控常态化的叠加影响下，如何在不确定的大环境中实现确定的高质量发展成为我国新发展阶段面临的重大问题。2019年和2020年，国务院相继发布了《关于推进国家级经济技术开发区创新提升打造改革开放新高地的意见》（国发〔2019〕11号）和《关于促进国家高新技术产业开发区高质量发展的若干意见》（国发〔2020〕7号），强调着力推进国家级开发区开放创新、科技创新、制度创新，提升对外合作水平，提升经济发展质量，打造改革开放新高地。国家级开发区作为改革开放的排头兵，依然是撬动区域经济、推动创新开放、实现高质量发展方面的主阵地。

　　高质量发展阶段国家级开发区面临着新的挑战。一方面是其自身产业结构优化和产业转型升级难度增加；另一方面，随着人口集聚和城市服务完善，开发区也逐渐出现通勤距离长且交通拥堵、城市公共服务供应不足、防灾减灾设施滞后等"城市病"。然而发展是开发区出现"问题"的根源，也是解决"问题"的钥匙。以人工智能和数字经济为代表的技术创新与发展，正在为传统产业赋能，成为推动产业结构转型、生产力水平整体跃升的有力工具。新阶段开发区的空间营造，要契合新技术发展和新兴城市功能要求，系统性地谋划创新空间，适应创新研发、转化与智能建造项目落地需要，适应创新人才安居乐业需求。

　　在当前开发区面临转型和跃升的关键时期，武汉市规划研究院编写《国家级开发区空间演变规律　武汉东湖高新区空间发展30年》一书，恰逢其时。本书首次系统性地总结了我国国家级开发区在不同发展阶段的空间静态特征、动态空间演变规律及与城市的互动关系；并以武汉东湖高新区为样本，深度剖析空间特征表象下的社会经济、产业结构、规划管理实施、政策环境等驱动机制；最后结合东湖高新区最新规划和研究动态，分析了开发区在创新发展、国土空间治理、健康安全导向的空间发展最新趋势。因此，本书不仅对认识国家级开发区空间演变规律、提升规划与治理水平具有重大现实意义，也对开发区未来空间营造和治理具有重要参考价值。

中国工程院院士

序 二

　　1988年12月5日，武汉东湖新技术开发区管理办公室挂牌成立（东湖高新区前身），历经6次"托管"，管辖区域现已扩展到518平方公里。东湖高新区先后获批国家级高新区、国家自主创新示范区、中国（湖北）自由贸易试验区武汉片区，也是国家光电子信息产业基地、国家生物产业基地、央企集中建设人才基地、国家首批双创示范基地。

　　东湖高新区建区30多年来，在中央、省、市的坚强领导下，始终坚持"发展高科技、实现产业化"的战略目标，不断探索和实践光谷特色的自主创新之路，连续多年实现跨越式发展。东湖高新区的发展史已然成为我国国家级开发区勇于探索、不断前行的历史缩影。

　　东湖高新区长期秉持规划引领城市发展的理念，依靠前瞻、科学、有效的规划指引城市建设。本书首次系统梳理东湖高新区的空间演变历程，客观分析了东湖高新区在不同时代背景下的空间发展特征、内在动力机制以及规划引导措施和实施成效，是一部客观呈现东湖高新区30多年来空间演变规律和规划建设的编年史。

　　本书作者们均来自武汉市规划研究院东湖分院，作为常年驻地服务东湖高新区的规划工作者，他们为东湖高新区的规划建设贡献了智慧、挥洒了汗水、奉献了青春，是东湖高新区从"一束光"到"一座城"的开拓者、参与者和见证者。本书的出版也是他们贴身服务东湖高新区近20年的规划智慧结晶。

　　2021年，面对新冠疫情冲击，东湖高新区绝地反弹，主要经济指标实现"深Ｖ反转"。面向未来，东湖高新区将不负使命，全力迈向"世界光谷"的发展目标，希望武汉市规划研究院东湖分院能够持续创新，保持规划的卓越远见、深刻洞察和可实施性，继续为东湖高新区的规划发展保驾护航。

东湖高新区管委会总规划师

前　言

　　20世纪70年代末，中国转入以经济建设为中心的历史发展轨道，并实行改革开放的战略方针。国家级开发区作为我国改革开放系列决策中的一项重要制度尝试，对我国区域经济乃至全国经济的高速增长起到了重要作用。经过近40年的长足发展，截至2019年，全国各类国家级开发区已达598家，更是涌现出了北京中关村、上海张江、苏州工业园、广州经开区、武汉东湖高新区、天津经开区等一批国家级开发区的杰出代表。国家级开发区不仅是我国改革开放40年经济产业发展的引领者和排头兵，更是成为我国40年快速城镇化时期城市空间发展的推动者和参与者。党的十八大以来，创新引领、生态文明、以人民为中心等新发展理念为我国推动新型城镇化指明了方向，也对城市空间资源利用的可持续提出了更高的要求。面对新时期及时梳理国家级开发区既往规划建设经验和教训，归纳总结其空间发展规律，无论是对开发区本身还是对所在城市区域都将意义重大。

　　本书重点研究国家级高新技术开发区和国家级经济技术开发区，其空间规模、社会经济影响力在全国各类开发区中占比最大，也最具代表性，一定程度上是我国改革开放进程中工业化和城镇化的缩影。全书主要围绕这两类国家级开发区的空间演变特征展开，包括整体发展进程、静态空间特征、动态空间演化规律及动力机制等。并选取武汉东湖高新区作为实证案例进行深入剖析，多角度、多要素、全时段、系统性研究东湖高新区成立30年来的空间变化规律与潜在动力因素，将其作为内陆型国家级开发区的典型代表进行经验总结，并对其未来的空间发展趋势进行了展望。全书分上篇、下篇两篇，共9个章节。

　　上篇为国家级开发区空间演变规律研究，包含第1~4章。第1章首先对"国家级开发区""空间""武汉东湖高新区"及相关概念和称谓进行解析和说明，明确了本书研究对象；进而对既往学者的相关研究进行综述，梳理出"开发区发展阶段""内部功能空间""与母城空间互动"三个相关领域的主要研究成果和观点；最后一节是将与开发区空间发展有关的基础性的空间理论进行了归纳。第2章介绍我国当前国家级开发区的整体发展概况，解读了国家级开发区的设立背景和历史使命，对国家级经济技术开发区和国家级高新技术开发区的历史发展沿革分别进行了梳理，并对当前这两类开发区的整体发展规模和空间分布情况进行了介绍。第3章从空间区位特征、空间功能特征、空间管理机制特征三个不同维度对国家级开发区进行研究，归纳总结出国家级开发区空间发展的静态特征。第4章研究国家级开发区的空间动态变化规律，总结提出了轴带延展型、组团生长型、飞地跳跃型三种动态演变类型，并结合典型案例的分析，直观展现出各种模式在各个时期的空间变化规律。同时，对国家级高新技术开发区和国家级经济技术开发区空间变化的差异性规律进行了分类归纳，最后基于新时期的转型背景要求，对国家级开发区的空间发展趋势进行了研判。

下篇为武汉东湖高新区空间演变实证研究，包含第5~9章。第5章是全面介绍武汉东湖高新区的发展情况，重点对武汉东湖高新区各个时期的园区建设发展进行了梳理和阐述，并以此为主要依据，对其空间变化的阶段进行了划分，为后续各阶段的空间研究奠定基础。第6~8章详细介绍了武汉东湖高新区空间发展三个阶段的具体情况，每章都系统阐述了阶段的空间发展特征和动力机制，并对该阶段采取的规划引导措施和发挥的作用进行了反思。第9章对武汉东湖高新区未来的空间发展进行展望，分别基于自主创新引领、国土空间治理、健康安全等导向下的空间发展新趋势，对东湖高新区未来空间的可持续发展方向进行了预判。

本书通过系统性地归纳总结我国改革开放以来国家级开发区空间演变规律和特征，并以武汉东湖高新区为实证，深入剖析不同阶段空间特征及内在动力机制，且提出了新时期的空间发展原则和设想，为国家级开发区尤其是内陆型开发区的园区建设和管理提供一种可借鉴的经验范式。希望通过这一研究成果，为参与和关注国家级开发区建设发展的政府、社会和专家学者提供相对全面的信息和有价值的参考，共同推进国家级开发区创新、协调、高质量发展。

目　录

序一

序二

前言

上　篇
国家级开发区空间
演变规律研究

第1章　绪论   1

1.1　概念解析   2

　　1.1.1　国家级开发区   2

　　1.1.2　空间   3

　　1.1.3　武汉东湖高新区   3

1.2　研究综述   4

　　1.2.1　开发区发展阶段划分   4

　　1.2.2　开发区内部功能空间   6

　　1.2.3　开发区与母城空间互动   7

1.3　理论基础   8

　　1.3.1　空间利用与拓展相关理论   8

　　1.3.2　产业发展相关理论   13

第2章　国家级开发区发展概况   15

2.1　背景与使命   16

　　2.1.1　时代背景   16

　　2.1.2　发挥的积极作用   17

　　2.1.3　新时期的重要使命   18

2.2　历史发展沿革   18

　　2.2.1　国家级经开区发展历程   18

　　2.2.2　国家级高新区发展历程   20

2.3　规模与分布   21

第3章　国家级开发区空间特征　　23

3.1　空间区位　　24
3.1.1　主城边缘式　　24
3.1.2　市域远郊式　　24
3.1.3　城中包含式　　25

3.2　空间功能　　25
3.2.1　功能区模式　　25
3.2.2　新城区模式　　26

3.3　空间管理机制　　27
3.3.1　全政府型管理模式　　27
3.3.2　政府＋企业型管理模式　　27
3.3.3　全企业型管理模式　　28

第4章　国家级开发区空间演变类型及趋势　　29

4.1　轴带延展型　　30
4.1.1　点状扩散时期　　31
4.1.2　轴线延伸时期　　35
4.1.3　轴上塑心与轴向跳跃时期　　38

4.2　组团生长型　　44
4.2.1　点状簇团时期　　45
4.2.2　多极发展时期　　47
4.2.3　极间填充时期　　50

4.3　飞地跳跃型　　52
4.3.1　点状扩散时期　　53
4.3.2　主方向飞地跳跃时期　　55
4.3.3　多方向飞地跳跃时期　　57

4.4　经开区与高新区的差异性　　59
4.4.1　区位选择　　59
4.4.2　功能演化　　60
4.4.3　空间演变　　61
4.4.4　空间肌理　　61

4.5　未来趋势研判　　62
4.5.1　大区域协同发展　　62
4.5.2　集约内涵式发展　　62
4.5.3　创新要素更加集聚　　63
4.5.4　绿色生态可持续　　63
4.5.5　"以人民为中心"的产城融合发展　　63

下 篇
东湖高新区空间
演变实证研究

第5章　东湖高新区概况   65

5.1　总体情况   66

    5.1.1　地理区位   66

    5.1.2　自然环境   67

    5.1.3　人口概况   68

    5.1.4　经济产业   69

    5.1.5　城市建设   70

5.2　历史沿革   75

    5.2.1　开发区筹办期（1984~1987年）   75

    5.2.2　开发区试行期（1988~1990年）   76

    5.2.3　东湖高新区起步期（1991~1998年）   79

    5.2.4　"武汉•中国光谷"品牌成长期（1999~2009年）   82

    5.2.5　国家自主创新示范建设期（2010年至今）   88

5.3　空间演变阶段   93

第6章　起步阶段的空间特征与规划引导（1988~2000年）   95

6.1　产业园区的空间发展特征   96

    6.1.1　主城东南端重要生长节点   96

    6.1.2　以鲁巷为原点簇状扩散   102

6.2　动力机制分析   104

    6.2.1　国家开发区建设的直接政策推动   104

    6.2.2　产学研转化引领开发区空间拓展   104

    6.2.3　主城区"集聚走向外拓"规划引导   106

6.3　被动式、碎片化的规划引导   106

    6.3.1　局部控规的应急性引导   106

    6.3.2　注重"城变乡"的环境整治   109

第7章　快速扩张阶段的空间特征与规划引导（2001~2010年）   111

7.1　科技新城的空间发展特征   112

    7.1.1　市级重要外拓发展轴   112

    7.1.2　向东和向南轴线发展与填充   113

7.2　动力机制分析   119

    7.2.1　承接产业转移迎来经济增长"黄金十年"   119

　　　7.2.2　产学研壮大发展形成持续产业竞争力　　　120

　　　7.2.3　外来人口持续增长促使城市功能与服务提升　　　122

　　　7.2.4　政策持续调整带来辖区面积不断拓展　　　124

　7.3　主动式、框架性的规划引导　　　125

　　　7.3.1　基于定位转变的总体规划　　　125

　　　7.3.2　均质普惠与重点补缺的民生设施规划　　　129

　　　7.3.3　全覆盖的控制性详细规划　　　135

第8章　产城融合阶段的空间特征与规划引导（2011~2019年）　　　141

　8.1　独立成城的空间发展特征　　　142

　　　8.1.1　市级东南部新城组群　　　142

　　　8.1.2　塑中心并组团跳跃　　　145

　8.2　动力机制分析　　　159

　　　8.2.1　国家战略和重大利好政策拉动空间生长　　　159

　　　8.2.2　管理机制创新需要空间发展模式匹配　　　160

　　　8.2.3　产城融合发展理念促使空间品质提升　　　161

　　　8.2.4　生态文明背景下的空间约束　　　161

　8.3　系统性、开创性的规划引导　　　162

　　　8.3.1　生态空间的系统性规划研究　　　162

　　　8.3.2　精准化的公共服务设施规划　　　167

　　　8.3.3　开创性的片区城市设计　　　175

　　　8.3.4　高品质打造重点功能区　　　180

第9章　高质量发展阶段的空间发展趋势研判　　　189

　9.1　自主创新引领下的空间发展新趋势　　　190

　　　9.1.1　自主创新上升为第一发展战略　　　190

　　　9.1.2　多元化营造创新空间　　　192

　　　9.1.3　东湖高新区创新空间的未来趋势　　　201

　9.2　国土空间治理背景下的空间发展新趋势　　　203

　　　9.2.1　国土空间治理的新制度　　　203

　　　9.2.2　精细化塑造特色空间　　　204

　　　9.2.3　东湖高新区精细化空间治理的未来趋势　　　216

　9.3　健康安全导向下的空间发展新趋势　　　217

　　　9.3.1　韧性城市建设的新要求　　　217

　　　9.3.2　平疫结合导向下的韧性规划　　　220

　　　9.3.3　东湖高新区韧性空间的未来趋势　　　221

参考文献　　　223

后记　　　230

作者简介　　　231

第1章
绪论

在我国，开发区类型多种多样，既有体现不同产业发展模式的经济技术开发区、高新技术开发区、保税区、出口加工区等，也有因审批主体不同而表现出的国家级、省级、县市级的等级差异。无论称谓和等级如何，开发区都是我国城镇化发展过程中一个特色鲜明的功能单元，其空间演变规律的形成、发展与城市空间发展的基础理论密不可分，也受到区域经济、产业结构、创新发展等相关领域的深刻影响。

国外学者对类似开发区的空间演变研究可以追溯到20世纪50年代，国内学者起初更多是总结归纳国外研究成果，为国内开发区的规划建设寻找经验和路径。伴随着国内开发区建设的日趋成熟和完善，研究重点逐渐从"经验借鉴"向"理论创新"转变，形成了诸多契合中国发展实际的研究理论成果。

1.1 概念解析

1.1.1 国家级开发区

开发区是一种综合性功能的特定产业发展区，是指一个国家或地区，为了实现一定的经济社会发展目标，由政府主导或者市场主导，通过市场机制、政府调控和各经济主体行为在所划定的区域范围内实行有别于其他行政区的特殊经济政策以及相应的特殊管理的区域，发展具有前沿领域的先进产业、特殊产业和创新产业，辐射、带动、促进本国或本地区经济社会发展。[①]

国家级开发区是我国特有的一个概念，是在经济全球化和改革开放的双重背景下，经国务院批准在特定的城市内划出来一定范围的区域，在此区域内的生产、消费、税收等环节可以实行特殊的管理体制并享受国务院直接规定的优惠政策。广义的国家级开发区包括很多特殊区域，一是包括借鉴国外出口加工、高科技园区创建的国家级经济技术开发区和国家级高新技术产业开发区；二是包括结合改革开放的深入和经济社会发展的需要，陆续设立的国家级边境经济合作区、保税区、出口加工区、国家旅游度假区等开发区。狭义的国家级开发区一般只包括国家级经济技术开发区和高新技术产业开发区。综合目前我国各类开发区的成长时间、设置要求、发展现状及影响力等因素，确定本次研究对象为狭义的国家级开发区，即国家级经济技术开发区（以下简称"国家级经开区"）和国家级高新技术产业开发区（以下简称"国家级高新区"）（表1-1）。

我国国家级开发区的类型 表1-1

类型	设立时间（年）	个数（个）	设置目标	设置区域	发展情况
国家级经济技术开发区	1984	219	接纳国际资本和产业转移	对外开放城市	中国对外开放的重要组成部分，是所在城市及周围地区的增长极
国家级高新技术产业开发区	1988	169	吸引和聚集人才、技术、资本等要素，加速高新技术成果的产业化	智力密集的开放城市	经济增长快、投资回报率高、创新能力强、具有极大发展前景的经济增长点，引智引资和对外展示的热点
保税（仓库）区、综合保税区	1990	100	中国经济与世界经济融合的新型连接点，开展国际贸易和保税业务的海关监管区域	内陆地区	国务院办公厅2015年9月印发了《加快海关特殊监管区域整合优化方案》，要求现有出口加工区、保税物流园区、跨境工业区、保税港区及符合条件的保税区将逐步整合为综合保税区；新设立的海关特殊监管区域统一命名为综合保税区。逐步统一海关特殊监管区域信息化管理系统，统一监管模式。综合保税区是我国开放层次最高、优惠政策最多、功能最齐全、手续最简化的特殊开放区域
出口加工区	2000	63	保税区与工业区综合体，吸引外资、引进技术、调整产业结构、推动经济发展，缓解就业压力并扩大出口，赚取外汇	多位于经济开发区内	

---

① 李耀尧. 创新产业集聚与中国开发区产业升级研究［D］. 广州：暨南大学，2011.

类型	设立时间（年）	个数（个）	设置目标	设置区域	发展情况
边境经贸合作区	1992	17	边境贸易和加工出口的区域	沿边开放城市	睦邻友好，繁荣少数民族地区经济
国家旅游度假区	2015	30	满足我国居民休闲度假旅游需求	—	—

资料来源：《中国开发区审核公告目录》（2018年版）

1.1.2 空间

空间是地理现象的最基本特征，是指物体存在、运动（有限或无限）的场所。本书所描述的空间代指城市空间，其具有显性结构和隐性结构两大特性。显性结构是指城市空间由物质设施构成，隐性结构是指城市空间包含了城市社会空间结构、经济空间结构和生态空间结构。本书所述内容为在开发区的发展过程中因职能分化导致的外部物质设施形态的变化和内部物质设施构成的分化，具体包含建设用地拓展变化、建成区域范围变化以及开发区内部生产、生活、生态等内部物质功能空间布局与变化等，研究的是其显性结构。

1.1.3 武汉东湖高新区

武汉东湖高新区有"武汉东湖新技术开发区""东湖高新区""中国光谷""光谷"等名称，为更好地理解上下文，本小节对本书出现的相关名词来源和应用范围进行了梳理。

武汉东湖新技术开发区：1991年3月6日，国务院下发《关于批准国家高新技术产业开发区和有关政策规划的通知》，批准东湖新技术开发区等26家开发区为国家高新技术开发区。自此"东湖新技术开发区"作为正式名称一直沿用。

东湖高新区："东湖新技术开发区"的简称，被广泛应用。

中国光谷：2000年5月8日，武汉国家光电子信息产业基地（筹建）领导小组召开第一次会议，"中国光谷"建设正式启动。"中国光谷""光谷"成为东湖高新区的别称，亦被广泛应用。并因此诞生了"武汉光谷光电子信息产业园""武汉光谷现代服务业园""武汉光谷智能制造产业园""武汉光谷中华科技产业园""武汉光谷中心城""光谷副城"等专有名词。

东湖国家自主创新示范区：2009年12月，国务院下发《国务院关于东湖国家自主创新示范区发展规划纲要（2011—2020年）的批复》（国函〔2012〕21号），正式启用"东湖国家自主创新示范区"。

本书按照时间线梳理了东湖高新区多时期、多部门的历史资料，为尊重资料原真性，本书对于东湖高新区的名称不作统一，因此在没有特别解释的情况下，书中提到的"武汉东湖新技术开发区""武汉东湖高新区""中国光谷""光谷""东湖国家自主创新示范区"均是指"东湖高新区"。

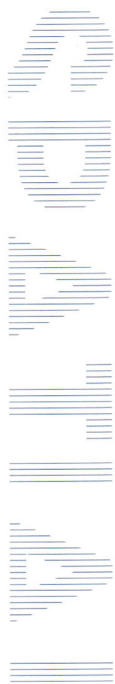

1.2 研究综述

1.2.1 开发区发展阶段划分

21世纪初，国内学者出于学习借鉴国外高科技园区的建设经验的目的，对国外高科技园区的发展阶段进行了诸多研究，但多为描述性分析。典型的有，吴林海（1999）、刘卫东（2001）对世界高科技园区建设和发展的趋势进行了分析，认为世界高科技园区发展大体上可以分为三个阶段，即1951~1980年的起步阶段、1981~1990年的快速发展阶段和1991~2000年的扩散阶段，并对国外高科技园区的建设方式、建设标准作了总结；解佳龙（2015）研究发现，世界上4/5以上的高科技园区集中在北美、西欧和东亚地区，认为北美和西欧的高科技园区是纯市场经济的产物，而东亚国家的高科技园区则多为顺应政府规划而产生，然后他从产业演变和政府市场作用的角度，将美国硅谷（代表发达国家）、韩国大德科技园（代表新型工业化国家）、印度班加罗尔科技园（代表发展中国家）的发展阶段划分为"要素聚集—产业主导—创新突破—辐射联动"四个阶段，并且认为国外三大典型高科技园区演化路径充分体现了动力机制与阶段转换的有效结合；马兰等（2003）从企业、公司类型更新迭代角度对剑桥科技园（硅沼）的发展历程进行了划分，认为地方环境、市场经济体系、人才、政府优惠政策、创业精神依次影响了高科技园区的发展；陈平（2007）介绍了作为国际工业园区的法国索菲亚科技园的诞生和成长阶段，也详细分析了其转变为技术创新基地的发展与成熟阶段的整个过程，说明了知识本土化在阶段转变中的重大意义（图1-1）。

关于国内开发的阶段划分，国内相关领域学者在理论依据、研究角度、研究方法上

图1-1 波特的"国家四阶段"特征及内涵递进分析

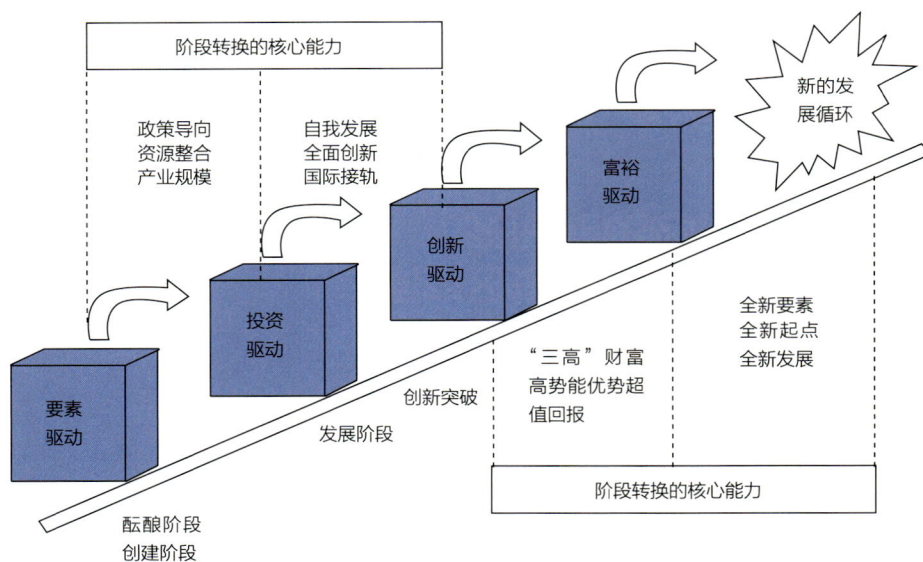

资料来源：解佳龙. 面向国家自主创新的高新区转型发展研究［D］. 武汉：武汉理工大学，2015.

不断予以丰富,探索了一些研究结论。其中,基于生命周期理论、种群生态学理论(逻辑斯谛增长曲线)展开开发区发展阶段划分研究的学者众多,他们认为开发区的发展阶段遵循起步到衰退多个阶段特征。例如,郑静等(2000)认为国家级开发区一般经历起步、发展、变化和成熟四个发展阶段,服从于生命周期规律;周伟林(2002)将高新区生命周期划分为准备、发展、成熟、衰退四个阶段;周元等(2006)根据波特在研究国家竞争力时提出的四个发展阶段,相应地将国家级开发区的生命周期分为要素驱动、产业主导、创新突破和财富凝聚四个阶段,并分析了各阶段特点;朱彦恒等(2006)将国家级开发区的生命周期发展分为生产、技术和增长三个阶段;闫国庆等(2006)将国家级开发区从开始到衰亡分为创始期、发展期、变化期、成熟期和衰退期;洪燕(2006)将国家级开发区从制度演进的视角划分为强制度优势、弱制度化和后制度化三个阶段,并以国家级开发区的成本节约度、稳定度以及资源聚集度作为判断国家级开发区生命周期阶段的重要指标;解佳龙等(2016)结合我国高新区近30年建设与发展实践,认为高新区成长过程在遵循产业集群演化规律的基础上,受功能定位、产业集聚、边界形成和价值体系等相关因素阶段性的交互影响,与逻辑斯谛增长曲线(logistic growth curve)的阶段划分基本吻合,大体分为要素群集、产业主导、创新突破、辐射联动、衰退或再创五个阶段,并总结了各阶段中的关注顺序、主要任务、产业形式、产学研结合态势、空间演化、园区格局等基本特征(图1-2)。

另外,以国家主要政策变化为标志,王胜光等(2018)将我国开发区的建设与发展划分为三个创业阶段:"第一次创业阶段"以基础设施的建设、起步企业的发展为主要特征,"第二次创业阶段"以经济总量的扩大、发展空间的拓展为主要特征,"第三次创业阶段"以从工业园区向新城区转型为主要特征,这种分析结论进一步与国家深入实施经济国际化战略、全面提升开放型经济发展水平相契合。

图1-2 高新区演化的逻辑斯谛增长曲线

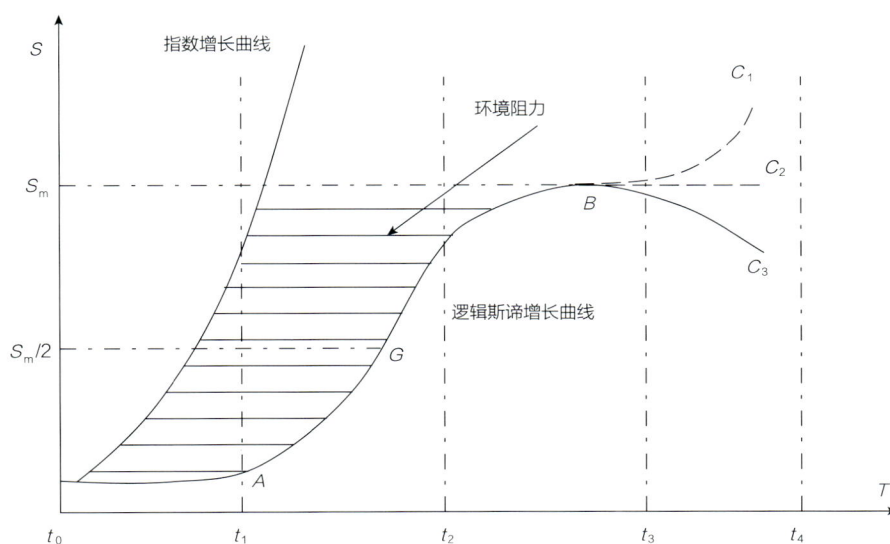

资料来源:解佳龙. 面向国家自主创新的高新区转型发展研究[D]. 武汉:武汉理工大学,2015.

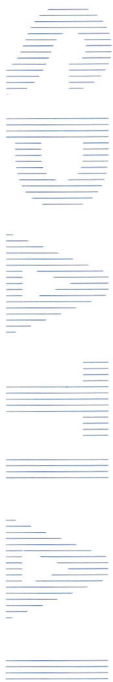

1.2.2 开发区内部功能空间

沈爱华早在2003年就针对开发区内部空间构成及布局规律进行了研究，她认为开发区的空间组成以教育空间、研究与开发空间、生产空间三者为核心，根据三者在地域上的布局模式可分为集中式和分散式，并分别研究了各类空间的特色和布局要点。她认为开发区空间最主要的功能是生产空间功能，是整体开发区空间布局的核心；另外还要满足服务功能空间的需求，这包括行政管理、社会服务（金融、信息、科技贸易、房地产等）、市政配套等方面，行政管理功能设施应该布置在便于生产企业与之进行业务联系的位置，方便各种管理活动。而市政设施布局原则是以满足生产功能需要为第一目标，同时考虑设施自身的运营成本和进一步扩展的可能性，至于生活功能，作为一种为生产和管理服务的基础职能，在当时（2003年）得出的结论是应布局在开发区的附属位置，应该尽量避免与其他两种功能相冲突，且自身应该相对集中，以便于组织生活、配置各种设施。

王战等（2005）认为开发区内部空间结构的构建应基于创新网络环境结构，提出包括若干专业化生产空间、相对集中的商务服务空间、分散其间的各种交流空间、适宜高品位的生活设施空间、高质量的附属设施与网络设施等功能空间。

赵子健（2004）则在总结梳理开发区空间构成的基础上，提出各空间宜采用功能独立和功能混合相结合的布局方法，并总结出开发区整体空间布局模式可分为平行式、近端式、混合式、双面式。

针对开发区内部最主要的产业空间，近些年诸多学者进行了研究。王震等（2014）基于对国内外产业被动"退二进三"和国内开发区产业用地出现大量闲置现象的思考，将开发区用地分为短期型产业区和长期型产业区，分别布局投资量小、产权明晰、变动灵活的产业和投资量大、国家政策支持的城市优势产业、主导产业和支柱产业；王璨（2017）研究了我国高新区在产业空间布局上与产业发展升级不相匹配的现状，得出我国高新区土地不集约、功能不匹配、配套不完善、环境不协调等空间布局方面存在的问题，并从宏、中、微三个层面分析我国高新区产业空间布局的影响因素，发现宏观因素主要包括自然因素（地形地势、环境条件）、社会因素（经济区位、人才资源、历史文化等），中观因素包括市场、产业环境、基础设施等因素，微观因素则主要包括产业集聚、产业综合效益、创新能力因素。

对于产业空间的评价，学者们多用一个地区作为案例进行剖析，从而构建一套产业空间适宜评价体系。王兴平等（2008）以连云港市为例，立足于科学发展观，在开发区规划中引入空间准入的规划方法，他对产业空间进行适宜评价的基本思路是确定空间效益准入门槛、环境准入门槛、开发强度准入指标、综合分区空间准入条件，以此形成综合的产业布局；彭华园（2010）针对柳州市高新区的产业空间布局问题，建立了一套较为完善的评价体系，从宏观层面分析高新区的外部城市产业空间效应，中观层面分析高新区的用地结构和空间效益，综合覆盖高新区的产业物质空间和产业经济空间，同时考虑高新区产业空间与城市产业布局的耦合效应，最终基于评价结论进行深入分析，得出一系列调整和优化建议；张婷婷（2013）以西安高新区为例，通过对产业用地改造适宜性与产业空间开发潜力做双重评价，将产业优化的方法落实于空间；章建豪等（2008）探讨常州市天宁经济开发区，用GIS技术对开发区产业空间的布局现状进行分析，建立了一个基于多因子的评价体系并剖析其对传统开发区产业空间规划的影响，同时通过定性与定量综合分析的方法，最终得出开发区产业空间开发潜力评价图，为城市规划管理决策提供参考依据。[①]

1.2.3　开发区与母城空间互动

起初开发区作为我国改革开放政策的先行区而诞生，在发展中逐渐成为政府主导城市空间走向的有力工具，对整座城市的空间结构演化发挥着显著的催化、带动作用。我国的地理学家和城市规划学者聚焦于从空间的角度研究开发区，更倾向于从城市化、城市形态、城市空间结构的维度来审视开发区的发展，来探索不同发展阶段开发区与城市发展的互动关系。

王红等（2002）、李俊莉等（2005）尝试利用地理信息系统（GIS）、细胞自动机的有机集成构筑的CA-Urban模型、灰色关联分析法等数学方法和建模方式从经济规模、空间规模、经济外向度、经济增长力和财税验证开发区对城市空间结构的影响与贡献，证明了绝大部分开发区的建设已成为所在城市空间拓展的重要推动力。

学者们针对开发区在城市中所处的区位类型进行了总结。例如，沈爱华（2003）的边缘式、内含式、分散式、独立式，李小云（2005）的城中内含型、边缘生长型、子城扩展型、独立发展型，王战等（2006）的独立布局型、边缘布局型、内部布局型，马雅方（2014）的城中型、边缘型、拓荒型三种类型。张晓平等（2003）以大量的实证研究为基础，总结出开发区导向下的城市空间结构为三大类型，分别为双核结构、多极触角结构、连片带状结构。

在开发区与母城空间互动阶段及特征的研究方面，王慧（2003）和马雅方（2014）认为开发区的空间演变对城市空间产生了较强影响，开发区以快速的城市化建设、专业化的功能分区、多极跳跃性的郊区化空间布局以及自身的空间结构演变作用于城市空间，推动了城市空间点轴面式的快速增长，由单中心拳状向多中心掌状演变、郊区零碎空间走向片区规整以及出现产业新城和边缘城市等新的城市形态等；郑国（2005，2011）指出开发区是中国城市空间结构演变的主要内容和重要动力，总结出从初期的"孤岛""飞地"阶段，逐步迈入对城市空间影响效应增强阶段，而到了2010年左右正在进入与城市空间的融合阶段；冯章献等（2010）把开发区与母城关系的演进分为母城依赖、新城母城互动、功能与空间整合三个阶段；朱芸（2015）研究了开发区在产城关系不同发展阶段的空间表征，包括产业空间块状集聚、产业空间快速扩张、产业空间结构调整、产业空间与城市功能空间互相耦合等阶段；晏慧忠（2017）认为开发区与母城空间的变化实质是二者相关联的要素不断发生变化，这种变化集中体现在空间联系、经济关联、社会关联、创新溢出作用上，她以宁波为例，发现高新区和经开区在产业结构、功能布局、生活环境上

---

① 章建豪，王兴平. 基于GIS的开发区产业空间布局方法研究——以常州市天宁经济开发区为例［C］// 中国城市规划年会. 2007.

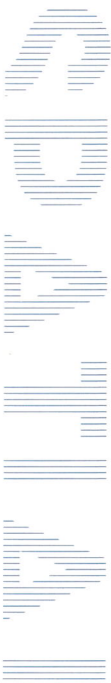

存在显著差异，在与城市发展关系上，高新区的空间区位更加优越，社会功能融合与创新溢出作用更强，与主城的互动水平也更高，经开区的经济总量高，但其他关联要素与母城的互动水平较低，综合评价结果也显示出高新区与母城的融合度要高于经开区。

针对两者的空间效益互相影响方面，王峰玉等（2008）认为开发区在经历起步发展、快速扩张、综合优化的演变过程中产生了巨大的空间效益，导致城市空间结构发生改变，形成新的功能空间格局；刘伟奇（2011）通过对开发区与城市的空间效益比较分析，发现长三角地区还有近半数的国家级开发区空间效益水平低于城市，违背其设立的初衷，并从城市和开发区两个层面探讨了影响开发区相对于城市效益水平的主要因素，从城市层面来说，城市级别越高，市场竞争力越强，开发区空间效益系数越高，这也进一步说明开发区所依托的城市在区域城镇体系的等级对开发区发展的重要影响。

通过对既往学者的研究方向和主要结论的梳理与分析，可以发现，针对开发区的空间演变特征与发展趋势的研究一直是一个重要的空间研究领域，且伴随着我国经济产业发展各时期的新问题和新要求，研究视角呈现出越来越多维度，采用的研究方法和分析手段也更加科学高效，研究成果也较好地指导了我国开发区的规划建设和园区管理工作。但同时也可以看到，该领域的研究尚存在如下不足和缺憾。

（1）对开发区的发展阶段研究多倾向于产业经济领域的研判，开发区空间发展阶段的研究较少。

（2）既往研究多以静态研究为主，且多集中于开发区对母城空间结构的单向影响分析层面，缺乏在一个较长的时间尺度内对开发区空间动态演变规律及与母城空间互动影响的分析研究。

（3）目前对开发区与母城空间结构的研究多停留在发展格局、影响因子、作用机制等方面，对促进两者协同发展的具体举措研究较少。

（4）相关研究多从产业、交通、人口、生态等单要素方面着手，缺少相关因素的空间叠加研究，开发区与母城空间结构演变趋势预测、城市未来空间发展可能性与理想模式值得进一步研究和探讨。

（5）针对新时期的开发区空间应何去何从，缺少契合当今时代背景的分析和研判。

1.3 理论基础

1.3.1 空间利用与拓展相关理论

1. "功能分区"理论和"功能混合"理论

功能分区理论：1933年国际现代建筑会议（CIAM）在雅典召开，会上制定了一个城市规划大纲，这个大纲后来被称为《雅典宪章》。该大纲指出：城市要与其周围影响地区作为一个整体来研究，城市规划的目的是解决居住、工作、游憩和交通四大功能的正常运行。《雅典宪章》以提出城市生活的四大基本功能并实行分区而独树一帜，并在相当长时间内一直是城市规划的主流思想。在当时，城市发展面临困境，通过功能分区的方式解决工业革命引起的城市膨胀与农业背景的城市环境之间的矛盾，有效地解决了城市发展的问题。然而，《雅典宪章》提出的功能分区忽视了人与人的日常交往，过于死板的分区以及绿化带分隔措施肢解了城市的有机构成，使复杂的、丰富的城市生活走向单一化、简单化，与人类的心理需要背道而驰。

功能混合理论：功能混合区别于简单的功能分类，简单地说，即是指将各功能区以其功能间的内在联系进行组合，功能混合的目的在于混合后能产生整体的综合效益。这一规划思想和理论来源于《马丘比丘宪章》。1977年在利马召开的国际建协会议通过了《马丘比丘宪章》，宪章中批评了《雅典宪章》，指出这种把城市划分为各种分区或组成部分的做法，最终会为了追求分区清楚而牺牲城市的有机构成。该宪章还提出："规划、建筑和设计不应当把城市当作一系列的组成部分拼在一起来考虑，而必须努力去创造一个综合的、多功能的环境。"

"功能分区"和"功能混合"是现代城市规划中功能布局的两套平行不悖、并驾齐驱的规划理论，它们之间存在着兼容性、同一性和互补性的辩证关系。功能混合理论并不否定功能分区理论在规划中的重要作用，应该说混合理论是分区理论的进步和发展，是对分区理论有益的补充和完善。在具体运用这些理论时，应当具体情况具体分析，既可宏观分区、微观混合，也可宏观混合、微观分区，两者相互兼容、相互补充、相互完善。

开发区本身就是顺应经济发展规律而在城市中出现的一种必要的功能单元，针对城市空间的"功能分区"理论和"功能混合"理论自然也适用于开发区，开发区内部空间的每个功能区不是孤立的而是互相关联和发展的，从开发区与母城的关系来看，开发区设立之初虽是城市中一个特殊的产业园区，但也逐渐发展具备了生产以外的其他城市功能。

2. "精明增长"理论

20世纪90年代末，美国意识到城市低密度无限制向外蔓延的不良影响，即造成农田被大量占用、自然生态环境和社会人文环境被破坏、人口涌向郊区增加市政基础设施的投入、上班距离太远而带来能耗及时间成本过高等一系列"城市病"问题，因此于2000年提出了"精明增长"理论。"精明增长"是一种高效、集中、紧凑为目标的发展模式，其核心内容是充分利用城市存量空间，确保存量空间土地最大化、最高效利用，避免盲目的土地扩张，提出重新规划建设目前已有的社区，重新开发利用已被废弃或受到严重污染的工业用地，减少基础公共服务设施成本，各类城市功能空间集中建设，通过混合用地功能使得城市空间更加紧凑，提倡低碳的出行方式，减少汽车使用，保护生态环境。

在以往以经济发展、要素投入为首要导向的粗放式发展过程中，我国开发区的开发建设存在无序规划、土地面积不断扩张、土地利用率低等现象。在产业迭代升级和城市转型发展的要求下，开发区的空间利用势必将逐渐转向"精明增长"式的发展模式。

3. "有机更新"理论

"有机更新"的理论雏形在20世纪80年代初期便已呈现出来。1980年，吴良镛教授在对中西方城市发展历史和理论研究的基础上，结合北京实际情况，总结北京旧城规划建设长期经验及教训，提出了旧城改造中的"有机更新"理论，他认为城市中的建筑和设施总是新旧混杂的，城市在发展过程中不断剔除陈旧建筑，更新和补充新的设施。"有机更

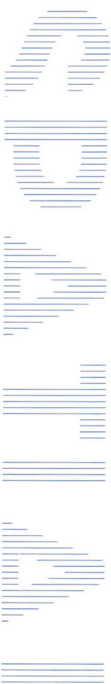

新"理论是指采用适当规模、合适尺度，依据改造内容与要求，妥善处理目前与将来的关系，不断提高规划设计质量，使每一片的发展达到相对的完整性，这样集无数相对完整性之和，促进旧城的整体环境得到改善，达到有机更新的目的。

我国现存的开发区尤其是国家级开发区，经历了三十多年的发展建设，空间资源已出现再次更新改造趋势，加之"产城深度融合"的发展需要，有机更新必然成为开发区空间利用再升级时所需遵循的重要方法。

4. "增长极"理论

"增长极"理论由法国区域经济学家弗朗索瓦·佩鲁（F.Perroux）于1950年在关于区域经济发展理论论述中首次提出，后来得到缪尔达尔和弗里德曼等学者的修正，成为一个比较完整的区域经济增长理论。该理论的基本思想为：一个区域内的经济发展不是均衡地出现在区内所有地方，而是先出现在区内某一点或几点上，其他部分则增长缓慢或处于停滞不前状态，然后这些增长点通过不同渠道和方式向四周进行扩散，最终对整个区域的经济发展产生积极的影响，这些快速增长的点就叫做"增长极"。增长极在区域经济发展中具有正、负两种影响，即极化和扩散效应。

开发区建立的目的就是为了"人为"形成区域经济发展的增长极，该增长极在运行过程中会促进开发区对外围地区资金、技术、人才的吸引。显著的政策优势和高标准的基础设施建设使得外围的劳动力、资金、技术、自然资源等生产要素在开发区内集聚，各种社会组织、经济组织也向开发区集聚，从而导致区域的空间分异。地理上的极化带来各种集聚经济或规模经济，规模经济反过来又进一步增强增长极的极化效应，从而加速其增长速度和扩大其吸引范围。另外，开发区不断向外界输送新技术、新产品甚至新观念，以强大的影响力向周边进行辐射，形成空间上的扩散。当扩散效应发展到一定程度以后，极化效应削弱，扩散效应加强，增长极的推动力通过一系列联动机制不断向周围地区发散，表现为开发区内各种生产要素向周围不发达地区扩散，从而带动周边落后地区的经济迅速发展，地区间的差距逐渐缩小。

极化与扩散效应反映了开发区的动态发展过程，它的时序性也使城市空间结构在演变的过程中表现出阶段性特征。作为增长极，开发区通过极化与扩散效应带动城市经济增长，推动城市产业结构的调整与重构，对于区别开发区与母城的功能关系，实现开发区与母城的协调、均衡、可持续发展具有特殊意义。

5. 扩散理论

扩散理论是在缪尔达尔的累积循环模型和美国著名发展经济学家赫希曼的"极化涓滴"效应论共同推动下得到广泛发展。扩散表现为一种离心的运动趋势，社会分工和专业化的发展是其存在和持续运动的基础，是经济发达的核心地区科学技术和经济结构逐步向周边经济落后的地区或边远地区进行扩散，并使周边和边远地区的科技水平、经济水平最终达到或接近核心地区的水平。[①]

① 张敦福. 扩散理论与中国区域发展研究［J］. 山东师范大学学报（人文社会科学版），2001（5）: 100-102.

图1-3　新技术扩散模式

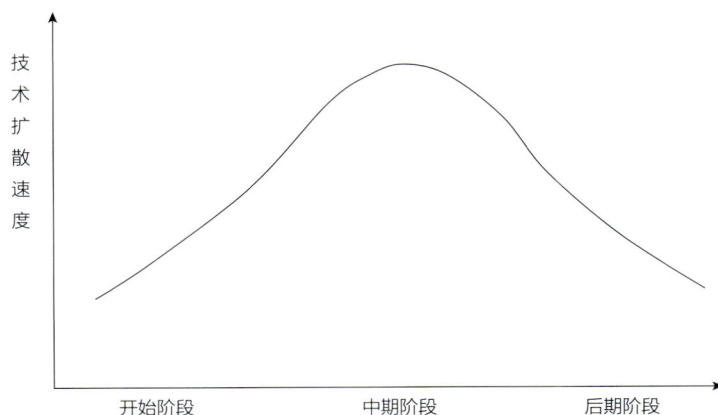

资料来源：胡序威，周一星，顾朝林. 中国沿海城镇密集地区空间集聚与扩散研究［M］. 北京：科学出版社，2000.

　　哈格斯特朗对一系列的技术创新活动进行统计研究，发现技术创新活动在时间和空间上扩散都有一定的规律可循。就时间上来说，在开始阶段技术扩散速度较慢，在中期阶段扩散加剧，在后期扩散再次变慢，呈正态分布曲线。技术扩散在空间上扩散有三种情况，分别为等级扩散（如由级别高的省会城市向级别低的地级城市扩散）、扩展扩散（扩散方式是由中心地区向四周近乎均匀地扩散）、跳跃扩散（扩散方式不是连续性的，而是跳跃式的）。[①]开发区内部的技术研发与产业成果和周边城市区域相比，具有明显的高势能，其势必会向四周传统产业区扩散，从而引领区域的整体产业升级和管理模式的革新（图1-3）。

6. 空间相互作用理论

　　空间相互作用理论由美国学者乌尔曼（E.L.Ullman）于1956年提出，他总结出了空间相互作用产生的3个条件，即互补性、中介机会和可运输性。任何城市在发展过程中都不会是独立存在着的，其在国民经济运行、城市职能发挥、社会生产生活中，自身内部或与外界城市之间无时无刻不在进行着人口、资源、信息、技术和资本的交流与互换，这些都称为城市空间的相互作用。

　　开发区与母城关系演进的过程实际上就是二者相互作用的过程，开发区作为城市的特殊区域，与母城有着不同的空间结构，承担着不同的城市职能，二者之间存在着强烈的资源与要素的互动。开发区与母城的相互作用就体现在各种生产要素的流动上，二者相互作用的规律客观存在，随着开发区产业结构和功能不断完善，依靠产业、资金、人才、体制等方面的优势，开发区通过以上三种形式的扩散效应，以点轴增长、网络增长等模式催化带动母城的整体发展[②]。因此，在研究开发区与母城关系以及二者互动要素时，空间相互作用理论能够为其提供理论基础。

---

① 埃弗雷特·罗杰斯. 创新的扩散［M］. 北京：中央编译出版社，2002.
② 顾朝林，甄峰，张京祥. 集聚与扩散：城市空间结构新论［M］. 南京：东南大学出版社，2000.

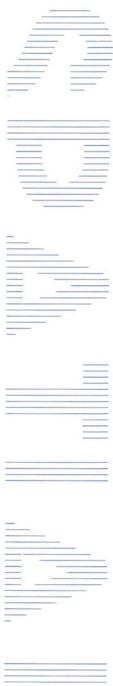

7. 区域经济梯度转移理论

1966年美国哈佛大学教授雷蒙德·弗农在《产品周期中的国际投资与产业结构》一文中提出了"产品循环说"，即工业生产生命循环阶段论。他认为工业各部门甚至各种工业产品都处在不同的生命循环阶段上，在发展中必须经历创新、成长、成熟、衰退四个阶段。区域经济学者将其引入区域经济学，创立了区域经济梯度转移理论。该理论认为，产业与技术存在由高梯度地区向低梯度地区扩散与转移的趋势，当一个区域产业发展到老年阶段后，就应该依据产品生命周期循环的顺序，将其成熟产业适时地由高梯度地区向低梯度地区转移。产业和技术的梯度转移与传播是区际关系协调和区域经济布局优化的需要。

开发区的产业一般为具备高智力、高附加值的新兴产业，是明显的高梯度区，按照区域经济梯度转移理论原理，其向低梯度区转移的过程也是开发区与城市其他区域发生联系的过程。

8. 社会空间分异理论

行为学派的发展壮大和基于人（people-based）的空间研究范式的兴起促使基于活动空间的社会空间分异研究的出现。Wongetal、Farberetal、Lietal等学者认为活动场所和空间作为时空间行为研究中的重要概念，已发展出一系列相对完善的刻画方法和测度体系，既可以作为社会空间分异研究中动态的地理背景，突破居住空间较为静态化的局限，也可以作为社会空间的重要测度指标，从日常活动与行为角度反映社会空间分异。目前形成了以活动空间为研究载体的社会空间分异理论，研究过程中强调从人的日常活动和行为模式出发审视城市的社会空间问题。

该理论认为，从社会地位和政治地位的角度来说，以开发区内的私营企业主、高级职员、技术创新受益者组成的城市新富裕阶层还未构成城市社会真正意义上的阶层，还只是社会边缘群体的角色，但由于他们在城市经济发展中所起到的重要作用以及在地域空间上的集中分布，正在悄悄地改变着城市的社会空间结构，在城市中新出现的高级公寓、高级别墅区、高档写字楼、高档饭店、高级俱乐部、高档娱乐场所和高档购物中心都与开发区及其所在的城市新富裕阶层有关。开发区建成以后，优惠的政策环境、良好的基础设施、优美的园区环境、蒸蒸日上的经济发展，不仅吸引了大批国外公司、创业型公司、各种代办机构入驻园区，就是很多分布在城市其他区域的金融、电信、商业、行政机构也纷纷迁入园区，其中包括一些发展不错的国有企业或私营企业。因此，大量专业化的研发区、高新技术产品的制造区、高级写字楼、相关机构的办公大楼广泛分布在科技园区内。大量高档住宅小区以及高级公寓、高级别墅在园区的不同位置建立起来，吸引了在园区工作的高收入者就近购买居住。而在城市的其他区域特别是旧城区，功能混杂的城市用地、混杂的居住区以及城区内环境、交通、居住等生活质量的不断下降，迫使富裕阶层首先向城区外围迁移。而开发区周边的城市区域是城市高档住宅的主要分布区，再加上园区优美的生活环境、良好的生活配套设施、与城市中心区适中的距离，因此成为园区以外的高收入者购买居住的首选地域。开发区也因此成为城市新富裕阶层的主要生活和工作的聚居区。随着开发区的不断发展，其面积远远超出了一个产业园区的用地规模，很多城市开始把其作为一个新的城区来建设，并且努力使其成为城市的一个空间发展的新极核。与旧城区商业、服务业、行政中心以及"老居民"居住地的定位不同，这里将发展成为集商务、技术创新、高新技术产业发展、高尚住宅区于一体的城市空间。但不论如何变，其作为发展民族高新技术产业的创新基地与产业基地的性质应该始终坚持，这也就内在地规定了高新区特殊的社会关系、结构与属性。可以说，社会空间分异理论是从研究社会阶层出发，从人的角度来研究开发区自身发展及其与母城空间关系。

1.3.2 产业发展相关理论

1. 产业结构演变理论

产业结构随着社会经济的发展而呈现有规律的变化，产业总是向更高层次的结构方向发展，特别是高新技术产业的出现，更加验证了产业变化规律是有章可循的，对此已经有很多经济学家作了详尽的研究。具体有以下几个规律。

霍夫曼定律：20世纪30年代初，由德国经济学家 W．C．霍夫曼根据工业化早期和中期的经验数据推算出来。消费资料产业与资本资料产业的比例（即霍夫曼比例）在不同的历史发展阶段数值不同。一般情况下认为霍夫曼比例在1以下时，社会已经进入重工业化时代。在知识经济时代，霍夫曼比例逐渐变小的趋势愈加显著，这也是高新技术产业集聚的必然结果。

产业要素地位变动规律："产业要素"指的是按照产业要素的密集度，将产业分为劳动密集型产业、资本密集型产业、知识密集型产业和资源密集型产业四种类型。产业要素的变动规律即先以劳动密集型产业为主，再转向以资本密集型产业为主，最后变为以知识密集型产业为主。

三次产业结构演变规律：新西兰经济学家费歇尔在1935年所著《安全与进步的冲突》中提出对产业的划分方法。英国经济学家、统计学家克拉克在其基础上对三次产业结构的变化与经济发展的关系进行了大量实证分析，总结出三次产业占比可以反映出社会经济发达程度，社会经济处在不同的阶段，其产业在社会经济中的占比不同，最终会形成以第三产业为顶的倒金字塔形状结构，高新技术产业的发展必然催生倒金字塔产业结构的提前到来。三次产业占比可以反映出社会经济发达程度，社会经济处在不同的阶段，其产业在社会经济中的占比不同，最终会形成以第三产业为顶的倒金字塔形状结构，高新技术产业的发展必然催生倒金字塔产业结构的提前到来。

在发展是第一要务的时代背景下，国家级开发区转型发展必然遵从产业结构规律，开发区内部空间变化在"以人为本"的方针下，在满足人民对美好生活向往的同时兼顾产业发展。产业结构演变理论为国家级开发区内部第二、三产业的空间配置提供了理论基础。

2. 产业生命周期理论

产业的生命周期指产业从出现到完全退出社会经济活动所经历的时间。产业的生命发展周期主要包括四个发展阶段，即幼稚期，成长期，成熟期，衰退期。产业的生命周期曲线忽略了具体的产品型号、质量、规格等差异，仅仅从整个行业的角度考虑问题。产业生命周期可以将成熟期划分为成熟前期和成熟后期。在成熟前期，几乎所有行业都具有类

似S形的生长曲线。而在成熟后期则大致分为两种类型：第一种类型是行业长期处于成熟期，从而形成稳定型的行业；第二种类型是行业较快地进入衰退期，从而形成迅速衰退的行业。产业生命周期是一种定性的理论，产业生命周期曲线是一条近似的假设曲线。识别产业生命周期所处阶段的主要指标有市场增长率、需求增长率、产品品种、竞争者数量、进入壁垒及退出壁垒、技术变革、用户购买行为等[1]。产业生命周期理论为研判开发区或者开发区内部产业功能板块的空间发展策略提供了依据（图1-4）。

图1-4　产业生命周期理论的S形生长曲线

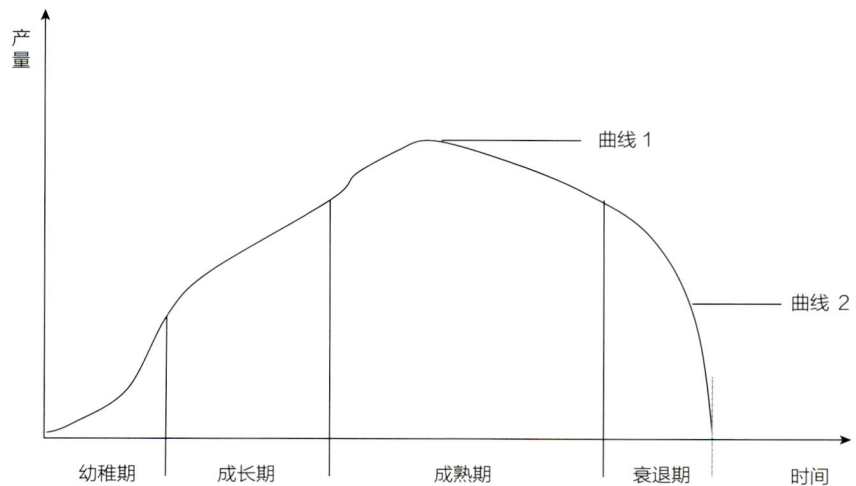

资料来源：李玲玉. 论产业生命周期理论［J］. 中国市场，2016（50）：64-65.

---

① 张会恒. 产业生命周期理论［J］. 财贸研究，2004,15（6）：7-11.

第2章
国家级开发区发展概况

    20世纪80年代改革开放初期，为抢抓经济全球化和世界科技革命机遇，肩负着诸多国家使命的国家级开发区逐渐在国内沿海与内陆重点城市成立。历经30余年的长足发展，国家级开发区的地区生产总值、产业创新均远远高于全国平均水平，已然成为我国经济增长的重要引擎和产业创新的核心阵地。这其中，国家级经开区和国家级高新区在各自经历了3个发展时期后，国内各省（直辖市、自治区）均已有相当数量布局，规模总量更是成为我国经济产业发展不可忽视的中坚力量。

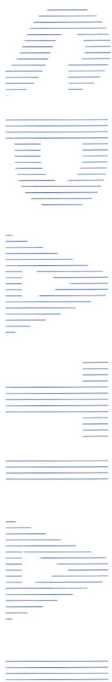

国家级开发区经历了近三四十年的长足发展，无论是对城市经济发展的贡献度还是对城市整体空间发展的影响力，都已扮演了举足轻重的角色。本章回顾解读了设立国家级开发区的时代背景与使命，系统梳理了国家级经开区和国家级高新区的历史发展过程，简要呈现了当前国家级开发区的发展成就。

2.1 背景与使命

2.1.1 时代背景

世界经济全球化和信息全球化为我国开发区的发展提供了千载难逢的优越条件。20世纪80年代，欧美等发达的工业化国家开始"去工业化"进程，以跨国公司为典型代表的企业逐步将制造业转移到一些劳动力成本较低的发展中国家，重组世界制造业格局。与此同时，以智能化、信息化为特征的新技术革命迅猛发展，顺势而生的信息全球化进一步深化国际分工，扩大各国经济相互依赖程度，实现产业结构世界范围内调整，为发展中国家与发达国家共同发展提供了历史机遇。为顺应经济全球化和信息全球化的发展趋势，发展中国家和地区竞相效仿发达国家设立出口加工区（经济技术开发区原型）、科技工业园（高新技术产业开发区原型）等经济特区，力争在世界经济舞台上占有一席之地。

同一时期，我国正处于由封闭发展向对外开放、由计划经济向社会主义市场经济转变的体制改革期，为积极把握经济全球化和世界科技革命的机遇，设立国家级开发区成为我国实施对外开放的主要选择。1978年，党的十一届三中全会做出了在自力更生的基础上积极发展同世界各国的经济合作、努力采用世界先进技术和先进设备的重大决策，从而确定了我国对外开放的基本国策。1979年，在学习借鉴出口加工区模式与经验的基础上，党中央、国务院批准在深圳、珠海、汕头、厦门四座沿海城市设立经济特区，作为对外开放试点。1984年，在经济特区成功实践的基础上，中央政治局确定在大连、秦皇岛、天津、烟台、青岛、连云港、南通、上海、宁波、温州、福州、广州、湛江、北海14座沿海城市逐步兴办经济技术开发区。1985年，为学习借鉴科技工业园模式与经验，国家科委在北京召开试办新技术开发区座谈会，会上正式宣布决定在北京中关村、武汉东湖等5个地区试办新技术开发区[①]。1988年，国务院批准建立我国第一个高新技术产业开发区——北京市新技术产业开发试验区（即北京中关村高新区）。1991年，基于北京中关村高新区试点的成功，国务院批准设立了涵盖武汉东湖在内的26个高新技术产业开发区。1992年，党的十四大提出了全面建设社会主义市场经济体制的重大决议，并在1993年国务院发布《关于严格审批和认真清理各类开发区的通知》，明确开发区设立实行两级审批制度，即由国务院审批设立的国家级和由省、自治区、直辖市政府审批设立的省、市级开发。此后，我国开发区进入常态化发展时期，2018年我国国家级开发区数量达552个，包含219个国家级经开区、156个国家级高新区、135个海关特殊监管区域、19个边境/跨境经济合作区、23个其他类型开发区[②]（图2-1）。

---

① 武汉东湖即指"武汉东湖新技术开发区"。
② 数据来源：《中国开发区审核公告目录》（2018年版）。

图2-1 国家级开发区发展脉络示意图

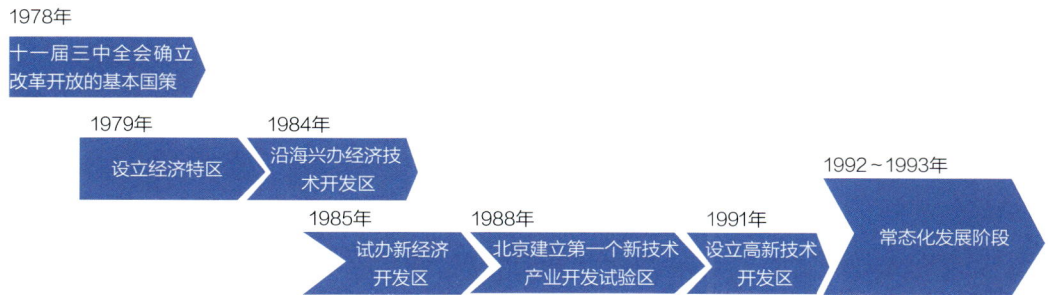

2.1.2 发挥的积极作用

国家级开发区作为我国改革开放的前沿阵地，中央、省、市各级政府在产业发展、税收金融、国土规划、招商引资等方面给予了大力扶持，取得了瞩目的成就。根据国家统计局发布的《中华人民共和国2018年国民经济和社会发展统计公报》、科学技术部发布的《2018年国家高新区创新发展统计分析》、商务部公布的《2019年国家级经济技术开发区综合发展水平考核评价结果》，2018年国家级经开区和国家级高新区实现地区生产总值约21.3万亿元（其中，国家级经开区为10.2万亿元，国家级高新区为11.1万亿元），约占全国生产总值的24%，已经成为我国经济产业发展的重要引擎。在投资政策环境诱导和集群化产业发展理念的双重驱动下，既有的和新增的企业均自发地向开发区聚集，在开发区内先后诞生了我国第一个电子信息、装备制造、汽车、化工、食品、智能制造、生物医药、物流、金融、研发、创意等产业集群，对我国的全产业体系培育起到了重要作用，也成为引领我国经济产业发展方向的试验田。同时，国家级开发区坚持自力更生，注重自主发展。根据商务部发布的《2019年国家级经济技术开发区综合发展水平考核评价》，2018年开发区内高新技术企业近8.2万家（经开区2.2万家，高新区6万家），占比超过全国（17.2万家）的一半；高新区每万人发明专利拥有量57个，是全国（11.5个）[①]平均水平的5倍；开发区每万人发明专利拥有量72个，是全国平均水平的6.3倍。国家级开发区已然成为我国经济产业创新发展的核心阵地。

顺应经济全球化而设立的国家级开发区一般均具备较强的外向属性，选址时也特别重视园区与外界的交通条件，一般均布局在毗邻港口、机场、交通干路等对外联系较为便利的区域，在以工业化为主导的城市化进程中，拥有先进生产力、领先建设管理理念和良好基础设施条件的国家级开发区成为城市空间拓展的优选方向和主要方向，成为城市现代化建设的靓丽名片。回顾过去三十多年的建设发展，国家级开发区从沿海城市扩展到沿江、沿边、内陆省会城市或区域中心城市，遍及各省、自治区、直辖市，已成为我国城市空间构成的一个不可忽视的重要功能单元。

---

① 数据来源于"2019年中国知识产权保护高层论坛"。

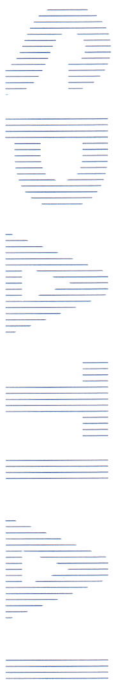

2.1.3　新时期的重要使命

新时期我国经济发展面临着"人力资源低成本优势逐渐消失、传统经济结构逐渐落后、经济发展环境逐渐恶化、经济体制改革愈加艰难、城镇化建设的速度逐年降低、出口对经济增长的贡献逐渐降低"等诸多新问题和新挑战。为适应新形式，党的十八届五中全会提出"创新、协调、绿色、开放、共享"五大发展理念，我国经济发展逐渐从高速增长向中高速增长、从外延式增长向调整结构和精细化发展转变，迈入以科学发展为主题、以加快转变经济发展方式为主线的转型发展新阶段。而在此新发展阶段中，开发区尤其是国家级开发区被国家委以重任，肩负着实施产业转型升级与创新发展、促进新型城镇化、推动体制改革以及实现中国梦的伟大历史使命。

2015年国务院出台《中共中央国务院关于构建开放型经济新体制的若干意见》，明确将开发区"建设成为新型工业化发展的引领区、高水平营商环境的示范区、大众创业万众创新的集聚区、开放型经济和体制创新的先行区，推进供给侧结构性改革，形成经济增长的新动力"；提出"开发区要坚持以产业发展为主，成为本地区制造业、高新技术产业和生产性服务业集聚发展平台，成为实施制造强国战略和创新驱动发展战略的重要载体""开发区要科学规划功能布局，突出生产功能，统筹生活区、商务区、办公区等城市功能建设，促进新型城镇化发展""开发区要继续把优化营商环境作为首要任务，着力为企业投资经营提供优质高效的服务、配套完备的设施、共享便捷的资源，着力推进经济体制改革和政府职能转变"；要求"经济技术开发区、高新技术产业开发区、海关特殊监管区域等国家级开发区要发挥示范引领作用，突出先进制造业、战略性新兴产业、加工贸易等产业特色，主动对接国际通行规则，建设具有国际竞争力的高水平园区，打造具有国际影响力的园区品牌"。

在新型工业化与新型城镇化的双轮驱动发展背景下，国家级开发区不仅是我国经济体制改革的试验田和排头兵，在某种意义上也是我国城市转型发展的先行和先试区。然而既往因粗放式的经济增长和城市管理模式导致的功能失调、交通拥堵、生态失衡、城区面貌"千城一面"等城市问题在国家级开发区同样存在甚至更为突出。"内涵发展""精明增长""产城融合"等需要进一步探索的发展模式，将作为国家级开发区在新时期引领我国城市空间转型的主要突破口，如何实现先行先试的引领作用也成为国家级开发区面临的重要挑战。而认清既往的空间发展问题和演变规律则是直面挑战和实现突破的基础与前提。俄国思想家赫尔岑曾说："充分地理解过去，我们可以弄清楚现状；深刻认识过去的意义，我们可以揭示未来的意义；向后看，就是向前进。"如今站在开启全面建设社会主义现代化国家新征程时代时间节点上，回顾过去三十余年国家级开发区的空间发展历程，总结历史经验得失恰逢其时。

2.2　历史发展沿革

2.2.1　国家级经开区发展历程

经济技术开发区直接源于我国对外开放总体格局的需要，它与经济特区、沿海开放城市一起构成了我国对外开放的三个不同层次。20世纪70年代末，我国开始转入以经济建设为中心的历史发展轨道，并实行改革开放的战略方针。1978年，广东省领导从国外兴办自由贸易区、出口加工区取得的成功经验中得到启示，提出可以利用广东毗邻港澳、华侨众多的优势，在沿海某个城市划出一块地方，设立类似于国外的自由贸易区或出口加工区的特殊区域，实行有别于其他地区的特殊政策，以促进经济发展。该建议得到中央的肯定，并计划先在深圳、珠海两地试办"出口特区"，待取得经验后，再考虑在汕头、厦门两地设置。1980年，中共中央在广州召开广东、福建两省会议，正式将"出口特区"定名为"经济特区"。同年，正式批准在广东省的深圳市、珠海市、汕头市和福建省的厦门市设立经济特区。

1980年初，邓小平视察经济特区时，肯定了建立经济特区的政策和特区建设的成就，并指出"特区是个窗口，是技术的窗口，管理的窗口，知识的窗口，也是对外政策的窗口"，还提出"除现在的特区之外，可以考虑再开放几个港口城市，如大连、青岛，这些地方不叫特区，但可以实行特区的某些政策"。1984年春，国务院召开了进一步对外开放14个沿海城市的座谈会。会上作出重大决策，在总结成功创办经济特区经验的基础上，创办经济技术开发区。座谈会之后，沿海经济技术开发区陆续建立。

国家级经开区作为我国改革开放系列决策中的一项重要制度尝试，对我国区域经济乃至全国经济的高速增长起到了重要作用，是现代化进程中的关键能指。

国家级经开区的设立由国务院统一规划批准，因此行政审批许可下的国家级经开区设立具有典型的批次性，存在鲜明的发展阶段。自1984年我国开始设立国家级经开区以来，经开区数量总体呈上涨态势，不同的发展时期有不同的国内外环境，因此国家级经开区的发展中心和建设重点也在不同时期存在不同特点。

国家级经开区发展大体可以分为三个阶段。

（1）20世纪80年代第一批（14个）。20世纪80年代共有14个国家级经济技术开发区获批建立，包括：1984年9~12月，大连、秦皇岛、烟台、青岛、宁波、广州、湛江、天津、连云港、南通10个经济技术开发区；1985年1月，福州经济技术开发区；1986年8月，上海闵兴、虹桥2个经济技术开发区；1988年6月，上海漕河泾经济技术开发区。第一批经济技术开发区的设立，呈现出较强的地方被动型与中央强力管制型的特点，批准设立时间一般大大超前于起步开发时间。

（2）20世纪90年代第二批（18个）。20世纪90年代，随着市场经济体制目标的确立和对外开放步伐的进一步加快，沿海地区发展外向型经济战略快速推进，更多的国家级开发区获批建立，包括：1992年3~10月，温州、营口、威海、福清融侨4个经济技术开发区；1993年4~5月，福建东山、哈尔滨、长春、沈阳、杭州、芜湖、武汉、重庆、萧山、昆山、惠州大亚湾、广州南沙12个经济技术开发区；1994年8月，北京、乌鲁木齐2个经济技术开发区。上述18个国家级经开区中，多数是贯彻"以发展现代工业、吸收利用外资、拓展外贸出口为主"的方针，少数另有特定目标。这批开发区的设立，使得经济技术开发区的地域分布从沿海走向了内地，选址主要位于内地中心城市。基于首批开发区的实践经验，开发区的规模进一步合理化，批准的规划面积都在10km²左右，起步区面积在3km²左右。此外，一个重要的特点就是普遍起步时间早于批准时间（如温州、昆山、营

口、沈阳等经济技术开发区平均起步时间比批准为国家级开发区时间早4年，其他开发区也早1~2年，显示出地方政府的积极性高涨）。

（3）2000年至今第三批（17个）。世纪之交，随着西部大开发战略的启动，我国的国家级经开区开始从沿海、沿江城市逐渐向内陆中心城市推进。1999年，国务院决定"允许中西部各省、自治区、直辖市在其省会或首府城市选择一个符合条件并已建成的省级开发区申办国家级经济技术开发区"。2000年2~7月，国务院批准合肥、西安、郑州、成都、长沙、昆明、贵阳、南昌、石河子、呼和浩特、西宁11个开发区为国家级经济技术开发区；2001年5~9月，南宁、太原、银川和拉萨4个国家级经开区获得国务院批准建立；2002年3月，国务院批准兰州和南京两个开发区升格为国家级经开区。

此外，1989~1994年还批准了5个实行经济技术开发区政策的园区，即苏州工业园、上海金桥出口加工区、海南洋浦经济开发区、厦门海沧台商投资区和宁波大榭经济技术开发区。

2.2.2 国家级高新区发展历程

我国高新区的发展历史要追溯到20世纪80年代。1985年3月，中共中央发布了《关于科学技术体制改革的决定》（以下简称《决定》），《决定》提出了"为加快新兴产业的发展，要在全国选择若干智力资源密集的地区，采取特殊政策，逐步形成具有不同特色的新兴产业开发区"，这是高新区首次作为国家战略被提出。《决定》发布后，1986~1987年国家科委委托原中国科学院科技政策与管理科学研究所（现"中国科学院科技战略咨询研究院"）联合全国多个学术部门和地方政府组织开展了关于在我国建设高新区的研究，即《中国高新技术开发区研究》。该研究首次提出在我国一些有智力密集优势的省市建设国家级高新区的建议，到1988年3月原国家科委和北京市政府关于在中关村地区率先建设新技术开发试验区的方案优先得到国家批准，随后国务院下发了对《北京市新技术产业开发试验区暂行条例》的批复，从此开启了我国国家级高新区建设和发展的历史。

回顾这30年的历史，国家级高新区建设过程大致可划分为三个阶段。

（1）一次创业阶段（1988~2000年）：此阶段正值我国改革开放的大幕开启，国家工业基础薄弱和高技术产业基本空白是当时的现实国情。此阶段高新区建设的主要着眼点是聚集生产要素，建设路径主要是打造园区开展生产的硬条件。总体而言，此阶段高新区建设实际表现为"工业园"或工业聚集区的建设，其内涵和形态都主要呈现出工业园的特征。

（2）二次创业阶段（2001~2010年）：二次创业阶段高新区核心强调的是要注入科技要素，科技成果转化和技术创新应是高新区发展不能偏离的根本。经历过一次创业的高新区在二次创业阶段普遍加强了对高新区科技内涵的强调，包括引进研发机构和科教资源、营造园区的知识氛围和搭建创新平台、促进科技成果转化和建设孵化器等，这就使得高新区开始真正走向了"科技工业园"的发展内涵和目标定位。整体而言，国家级高新区产业二次创业的主要目标更多转向于促进产业的价值链升级和以技术创新为本的内涵发展。

（3）三次创业阶段（2011年至今）：此阶段即高新区"全面创新"阶段。从全面创新着眼，高新区建设着眼于一切有利于创新的要素，建设路径致力于全面营造有利于创新的环境和开展自主创新，高新区开始向"创新经济生态"的全面发展转型，主流高新区逐渐向产城融合、新型城市（区）的空间形态转变（王胜光 等，2018）。

2.3 规模与分布

根据国务院签发的《中国开发区审核公告目录》（2018年版），全国国家级经开区数量达到219个，分布在30个省、自治区、直辖市（仅山西省暂未设立国家级经开区）。其中，江苏、浙江、山东、安徽、江西、河南、河北、福建国家级经开区超过10个；江苏、浙江、山东国家级经开区数量位居一、二、三位，分别为26个、21个、15个（表2-1，图2-2）。

2018 年国家级经开区数量统计			表 2-1
地区	国家级经开区数量（个）	地区	国家级开发区数量（个）
江苏	26	上海	6
浙江	21	广东	6
山东	15	吉林	5
安徽	12	甘肃	5
江西	10	云南	5
河南	10	陕西	4
河北	10	广西	4
福建	10	内蒙古	3
新疆	9	重庆	3
辽宁	9	贵州	2
湖南	8	青海	2
黑龙江	8	宁夏	2
四川	8	海南	1
湖北	7	北京	1
天津	6	西藏	1

数据来源：商务部官方网站数据。

自北京中关村高新区率先设立之后，1991年和1992年国务院分两次集中批复了全国共51个国家级高新区，形成了早期国家级高新区的群体建设规模。2007年之后，国务院在全国范围内分不同阶段和不同批次又陆续批复了新的国家级高新区，尤其是在2012年后，国务院批复国家级高新区建设的速度进一步加快，使得国家级高新区的队伍和规模不断发展壮大。根据《中国火炬统计年鉴》（2019年）统计，经国务院批复建设的国家级

图2-2　1985~2020年国家级经开区数量变化

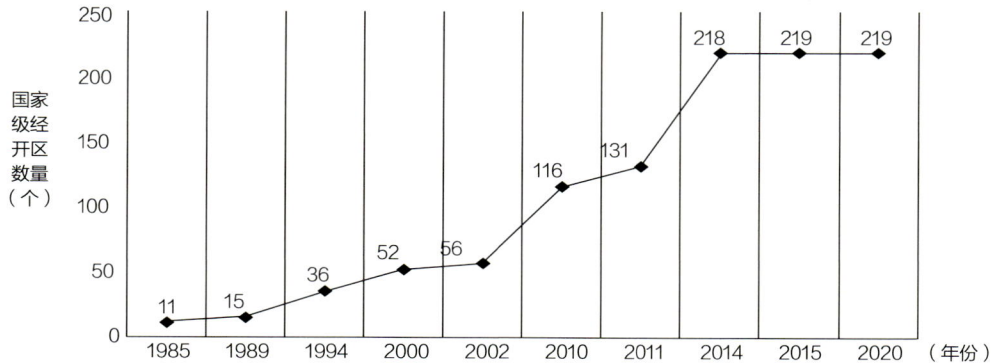

高新区数量达169个（含苏州工业园），分布在全国30个省、自治区、直辖市（仅西藏自治区暂未设立国家级高新区）。其中，江苏、广东、山东、湖北国家级高新区数量超过10个，高新区数量分别为18个、14个、13个、12个（表2-2，图2-3）。

2019年国家级高新区数量统计　　　　　　　　　　　　　　　　　表2-2

地区	国家级高新区数量（个）	地区	国家级高新区数量（个）	地区	国家级高新区数量（个）
江苏	18	河南	7	新疆	3
广东	14	陕西	7	山西	2
山东	13	安徽	6	上海	2
湖北	12	河北	5	贵州	2
江西	9	吉林	5	甘肃	2
辽宁	8	广西	4	宁夏	2
浙江	8	重庆	4	北京	1
湖南	8	内蒙古	3	天津	1
四川	8	黑龙江	3	海南	1
福建	7	云南	3	青海	1

数据来源：《中国火炬统计年鉴》（2019年）

图2-3　2000~2019年国家级高新区数量变化

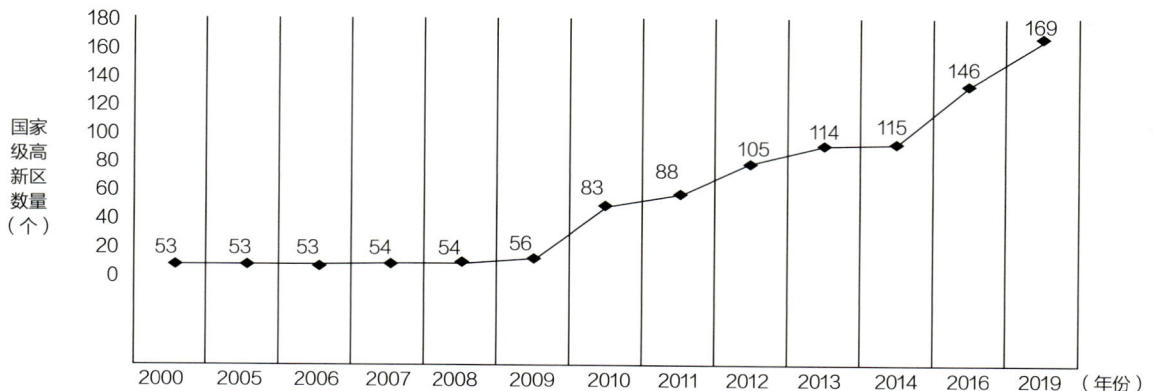

第3章
国家级开发区空间特征

　　从国家级开发区的自身角度而言，由于各开发区的设立初衷和依托资源不尽相同，所处发展时期及园区建设阶段也有所差别，空间静态特征存在空间区位、空间边界、空间体量、空间构成、空间属性等多维度的研究方向，归纳总结具有一定不确定性。而从城市内部空间构成的新兴特色单元角度不难看出，与母城空间区位关系、自身空间主导功能、园区特有空间管理模式等维度是国家级开发区空间静态特征研究的主要方向，也是探究国家级开发区空间动态演变规律的重要基础。

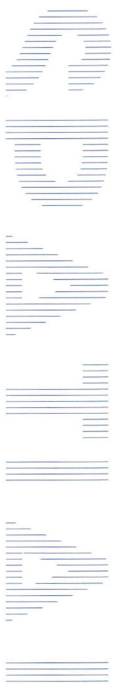

本章是在前一章全面研究国家级开发区发展历程和空间分布的基础上，通过对诸多国家级开发区实际案例的分析和研究，选取区位、主导功能、园区管理机制三个维度总结归纳空间特征，为后续进一步分析国家级开发区动态的空间演变奠定基础。

3.1 空间区位

国家级开发区类型多样，设立的初衷和发挥的资源优势都不尽相同，在开发区的区位选择时也都有不同的因素考量。从我国国家级开发区的开发建设实践来看，按照与主城的空间关系划分，可以大致分为主城边缘式、市域远郊式、城中包含式三种类型（图3-1）。

图3-1 开发区在城市中的三种空间布局模式

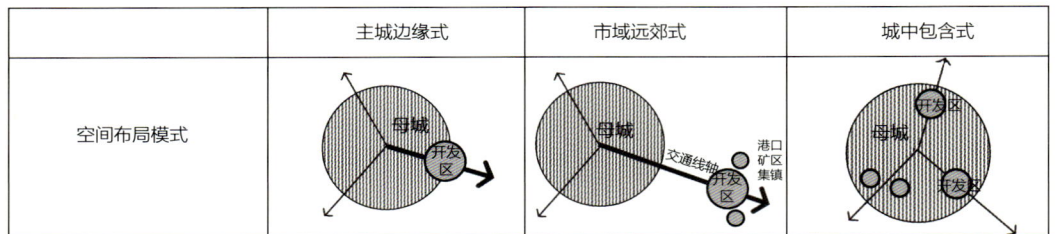

3.1.1 主城边缘式

主城边缘式开发区是我国目前最为常见的一种区位空间形态。边缘式开发区一般位于主城区即城市现状已建成的中心城区边缘，伴随着城市经济的发展和城市整体空间拓展而产生。从建设发展优势上来说，主城边缘式开发区离主城区较近，能够较方便地享受到主城区既有的城市道路交通、市政及公共设施服务，从而减少园区建设的前期投入成本。这类开发区受主城影响较大，具有延续主城区空间脉络特点，逐渐与主城区连成一体成为带动城市不断向外拓展的主要动力之一。

3.1.2 市域远郊式

市域远郊式开发区位于城市市域范围内距主城区较远的地区，大多依托城市远郊的小城镇（卫星城镇）或港口等发展，与主城区通过高（快）速路或专用公路连接，区位上通常会成为相对独立的区域。由于与主城区距离很远，远郊式开发区一般难以享受主城区基础设施和公共服务，因此在开发前期就必须进行大量基础设施建设，付出高昂的前期投入成本，同时一般需经过相当长的时间才能发展为城市功能较为齐全的功能区域。在空间发展上，远郊式开发区属于城市跳跃式拓展的功能组团，使城市呈现出离心化和郊区化趋势，在城市空间形态、功能布局上与城市存在一定差异。由于远离主城区，远郊式开发区在用地空间选择上基本没有太多限制，可供利用的土地规模较大，且对外交通条件较为便捷。

3.1.3 城中包含式

城中包含式开发区位于主城区内部，开发区内的产业以智力密集型或对居住和城市公共活动基本无干扰和污染的业态为主。由于在空间上与母城合为一体，其一般规模比较小，但可以充分依托母城的基础设施、公共服务设施，从而大大降低开发区前期开发建设的成本，但由于位于主城区内部，与主城区的其他城市功能交通干扰较大，开发区自身的对外交通联系不便捷，尤其是对外货运通道受限较多。对城市发展而言，城中包含式开发区建设是对城市局部地区的空间结构调整和功能更新，对城市内涵式发展具有积极意义（表3-1）。

开发区空间类型及与母城关系特点 表 3-1

空间类型	与母城距离	与母城空间联系	优缺点	代表开发区
主城边缘式	母城边缘布局	空间紧密连接	依托母城基础设施及服务，前期开发建设成本低	东湖高新区 西安高新区 南京高新区 苏州工业园
市域远郊式	母城远郊布局	空间分离	在设施和空间上与母城区相对独立，但前期开发成本高，建设空间充足	天津经开区 广州经开区 武汉经开区
城中包含式	母城内布局	空间高度融合	依托母城基础设施及服务，大大降低了开发建设成本，但发展空间有限	上海张江高科技园区 北京中关村科技园

3.2 空间功能

国家级开发区的用地功能可以归纳为两种模式，分别为功能区模式和新城区模式。[①]其中，功能区模式是指开发区完全依赖中心城区，逐步发展成为城市的某一特色功能区，如产业功能区或科技创新功能区等；新城区模式是指开发区逐步发展成为新兴的综合型功能空间。同一个开发区在不同的发展阶段其空间功能也会变化，如功能区模式一般出现在开发区建设的早期，随着开发区发展成熟，大多数会走向新城区模式。

3.2.1 功能区模式

功能区模式一般出现在主城边缘式或者市域远郊式发展的开发区早期建设阶段，或者贯穿于城中包含式开发区发展的全过程。一般来说，主城边缘式开发区在建设初期便选址于城市边缘或者城中，在功能上依托城市智力密集区发展，在交通上与城市融为一体，在基础设施、公共服务设施供应中完全依赖中心城区。因此，此类开发区在发展过程中功能

---

① 郭琦. 开发区发展与城市空间演变关系 [D]. 苏州：苏州科技学院，2009.

单一，但是专业化要求高，在具体功能上以产业功能如企业办公、生产研发为主，配套必备的服务功能以商务办公、行政服务、商业服务等为主，搭配少量的居住功能。从功能上来说，主城边缘式发展的开发区早期以功能区发展为主。而市域远郊式开发区虽然较少依托母城资源，但是更多依赖港口与机场等基础设施资源、工业基地、特色乡镇等产业资源发展，并因此成长为城市特色的"飞地型"功能板块，如天津开发区最早就依托塘沽港口发展，在距离天津市中心约50km的地方发展出以产业主导的功能区。相对来说，城中包含式开发区则大多数自始至终是属于功能区模式，这种功能模式是由城中包含式开发区的选址及定位决定的。一方面，城中包含式开发区选址于城市内部，周边已建区较多，在扩张空间有限的情况下，一般集中围绕核心功能发展，由城市作为其辅助功能的有效补充；另一方面，也是由开发区定位所决定的，城中包含式开发区作为开发区的一种类型，更多是政策特区，其规划建设思路与一般城区相比具有较大差异性，其考核机制（一般是考核利用外资、工业总产值）也与城市不同，由此强调激励核心功能，而压缩其他城市型功能。随着产业周期生长和城市发展，城中包含式开发区在发展后期也面临着功能转型、城市更新的新要求，其承担的城市功能将实现迭代和升级。

3.2.2　新城区模式

新城区模式一般出现在开发区发展的中后期。主城边缘式和市域远郊式开发区在发展的中后期，由于其强大的产业和人口集聚能力，一般会向新城区模式转型发展。其中，主城边缘式开发区在其发展过程中，初期依托母城强大的辐射力，后期成长具备了向外独立发展的能力，形成新兴城市区域，反过来疏解了母城的人口、交通等压力，成为缓解母城"大城市病"的主要空间。一方面此类开发区选址于城市边缘，一般依托大学、科研院所等智力密集区发展，后期逐渐成为城市外拓的主要轴线，有广阔的生长空间，可以在产业主导之外及时发展配套功能，变成城市的功能区；另一方面，主城边缘式开发区在经历了早期依托城市提供服务、依托政策优势发展产业之后，一般都出现"产城分割、职住分离"的问题，随着开发区产业规模的进一步扩大，配套服务能力的制约越来越突出。根据国内外的产业园区发展经验，在工业生产达到一定规模时，如果缺乏与之配套的城市化功能，将影响到开发区工业化功能的持续与放大[1]。所以在开发区以独立园区发展到一定阶段后，便走向"以区带城"阶段，从独立的产业园区向产业功能为主的城市地区转变，由于产业规模的扩大与升级，对配套的城市服务功能提出了更多、更高要求，其在城市建设过程中开始补充城市功能，同时其自身与产业发展配套的生产型、特色型服务功能逐步发育壮大，开发区成为城市新型的生长空间，由单一的产业基地向以创新和高端产业集群为特色的新城区转变[2]。至此，开发区跳出单一功能区模式，实现由园区发展模式向新兴城市发展模式的转变，实现由单一的工业经济发展向工业、高新科技、第三产业并举的方向转变，

① 陈昭锋. 论我国经济技术开发区城市化功能开发［J］. 城市开发, 1998（4）: 19-21.
② 买静, 张京祥, 陈浩. 开发区向综合新城区转型的空间路径研究——以无锡新区为例［J］. 规划师, 2011（9）:
　　20-25.

实现由单纯的园区管理向统筹城乡协调发展，经济、社会、文化共同繁荣发展的转变。市域远郊式开发区发展历程也类似，从单一的功能区逐步补充城市功能，配套必需的生活服务和城市居住等功能；从以产业集群及物流集群为主的产业功能到2.5产业的服务功能、住宅及酒店等衍生功能、行政和会展等辅助功能一应俱全，逐渐演变成新城区发展模式。

3.3 空间管理机制

经过三四十年的实践发展，我国开发区的园区管理逐步形成了具有中国特色的开发区管理体制模式，按照不同的机构设置和权限可划分为三种管理模式，即全政府型管理模式，政府＋企业型管理模式和全企业型管理模式。

3.3.1 全政府型管理模式

全政府型管理模式是开发区的管理和服务完全由政府或政府派出机构行使行政管理职能，其形式是由政府牵头组织有关职能部门组成领导小组，负责指导、协调、决策。开发区内成立管理办公室，作为政府派出机构，负责高技术企业审批及政府授权的包括规划审批、土地开发等国土空间范畴在内及其他行政管理工作，如北京、武汉、长沙、成都等地的开发区。这种管理体制的特点是，初期开发区管委会兼具管理者和开发商的双重功能，开发区管委会和开发公司两块牌子一套人马或者交叉兼职。开发区基本完成初始建设后，管委会又兼备管理者和服务商的双重功能。其优点是能发挥行政权威，就政府的法令法规进行宏观管理能提高办事效率；其局限性主要是难免导致机构膨胀、政企不分的弊端，出现管得过紧或过松现象，容易忽视服务功能。

全政府型管理模式可再细分为"托管"和"市区两级管理"两种模式。"托管"模式在空间上往往连片发展，伴随开发区不断发展，空间上将其他行政区范围内的土地纳入开发区范围统筹开发建设，管委会负责编制规划、土地管理、项目审批及提供公共服务等，管委会设立街道办事处行使托管区域的行政管理职能，具体负责将公共服务职能落实到基层。"市区两级管理"在空间上往往呈现"飞地跳跃"发展，各行政区划出一片区域作为开发区范围，行政管理由"市区两级政府"分工完成。市级管理机构（开发区管委会）由市政府授权行使市级经济管理权，编制开发区的总体规划、调研需求并提出政策建议、协调市政府有关部门推进园区发展建设、管理市级统筹资金等，区级管理机构（园区管委会）受市级管理机构（开发区管委会）的业务领导，负责所辖园区的规划建设和管理工作，负责权限范围内企业设立、登记、认定等管理工作，负责园区产业招商引资、产业服务等管理工作，使用权限范围内的财政专项建设资金，开展园区对外的日常联系等。

3.3.2 政府＋企业型管理模式

政府＋企业型管理模式试图将行政型与服务型的机构设置和管理手段相结合，在发挥行政管理优势的同时，强调服务功能，强调科技、经济、教育的有机结合，为企业的发展

创造良好的条件。在这种模式中，政府只负责包括规划审批、一级土地开发在内的行政事务，而二级土地开发和其他园区服务功能由企业来行使。一方面，这种模式有利于开发区得到政府的支持，另一方面，又可以避免政府行政权力的过多干预，如苏州工业园区实行完全的政企分开，开发区管委会作为管理主体，主要提供公共服务，不直接参与经营。开发主体由中新合资开发公司承担。开发区管委会将获准开发的土地空间资源通过协议交给中新合资开发公司，开发公司开发后进行招商转让。这一体制在机构精干、责权明确和进行大规模成片开发等方面的优势比较明显。

3.3.3　全企业型管理模式

全企业型管理模式的主要特点是开发区的管理机构本身是公司性质的单位，尽管该类单位被赋予一定的行政职能（如园区规划和审批、土地一级开发等），但更主要的是通过房地产、基础设施开发经营，技术和资金入股以及其他经济合同形式对开发区企业进行管理，即通过一个企业来整体规划、开发、管理一个开发区，开发公司实际上承担了一定的政府职能，进行公共事业开发。这种体制首创于蛇口，也称为"蛇口模式"。这种模式由于开发主体不是一级行政组织或行政派出机构，但又要进行大量的公共基础设施投资，开发主体无法从区域赋税中获得必要的补偿，只有把巨大的投资转嫁到地价上致使地价过高，或者不能及时收回基金，债务繁重而陷入财务困境。此外，由于行政职能少，许多方面无法推动，管理目标难以实现。

我国的开发区绝大部分是由国家和地方政府倡导成立的。这就必然要求有某种代表政府实施这些计划的管理机构，使管理体制或多或少地带有行政色彩。政府直接管理型是由政府或政府派出机构直接管理，层次少、协调能力较强、办事效率较高，但这种管理体制缺少全企业型管理模式的经营机制和目标利益相互制约、相互补充，易出现管得过多与包办代替现象，从发展上看，不利于建立起适应高技术产业发展的市场经济体制，影响开发区的效益。而带有一定行政职能的企业管理型吸取了国外开发区管理体制方面成功的经验，反映了一种新生的市场模式，有利于高技术产业的发展，但在目前我国条块分割状况难以改变的条件下，开发公司缺乏必要的行政权威来协调各方面关系，尤其是全国统一的、开放的市场体制尚未形成、市场发育不全，开发公司及区内企业更是困难重重。半政府管理型兼有前两者优点，并在一定程度上弥补了彼此的不足，缩小了原开发区的行政管理权限，扩大了企业经营自主权，企业机制与行政机制相互制约，避免了政府直接管理型易出现的盲目指挥等官僚作风，有利于引导企业服务直接面向市场。[①]

① 赵辉. 国家高新区管理体制和服务模式研究［D］. 西安：西北大学，2007.

第4章
国家级开发区空间
演变类型及趋势

　　空间演变的含义是在一定时间段内的物质空间动态变化过程。国家级开发区整体的空间演变受选址区位、运营模式、发展动力等因素影响，呈现出轴线、组团或者跳跃式的动态生长特征。与此同时，开发区与经开区因承担的发展使命不同，在区位选择、功能演化、空间演变、空间肌理上也呈现出一定的差异性。但是从未来的需求来看，经开区和开发区的空间发展都呈现出区域协同、集约、生态和高质量发展的趋势。

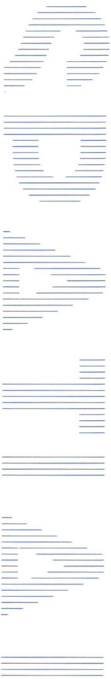

本章通过对诸多国家级开发区空间演变过程进行分析和研究，发现空间形态特征受区位影响较大。根据国家级开发区的区位及空间特征，可分为轴带延展型、组团生长型和飞地跳跃型三类。在分类的基础上，本章也结合具体案例，对不同类型的开发区空间演变的具体阶段进行了阐述。最后，并将国家级经开区和国家级高新区的空间演变规律进行差异化分析，进而预判未来国家级开发区的空间发展趋势。

4.1 轴带延展型

轴带延展型开发区一般由主城边缘式开发区发展而来，少数市域远郊式开发区也会在发展成熟期与主城区相连形成轴带发展态势。城市空间拓展可以分为六个阶段：初始生成期—轴线延生期—轴线丰富期—内向填充期—圈状扩展期—轴线生长、跳跃式扩展期。[①]位于主城边缘的开发区一般都是城市轴线拓展的主要空间载体，在城市历轮外拓中发挥着重要作用。此类型开发区在发展过程中，首先沿着城市交通轴线或者资源导向逐渐凝聚成簇团，汇聚成轴线，并且随着产业集中、人口集聚、经济规模和空间规模逐步增长，逐渐演化成新城区或者特定的功能区，与母城外拓的张力互相影响，最终形成城市的优势发展轴线，对城市空间形态产生较大影响（表4-1）。

典型的轴带延展型国家级开发区　　　　　　　　　　　　　　　　　　表 4-1

国家级开发区名称	空间发展轴带
北京经济技术开发区	东南向轴带：沿京津塘高速公路、京开高速公路、南六环路向东南方向拓展
天津西青经济技术开发区	南向轴带：沿卫津路、友谊路、解放南路的延长线拓展
石家庄经济技术开发区	东向轴带：石家庄东部产业带的重要组成部分，藁城西部新城的核心区域，沿307国道、石德铁路线、珠江大道、长江大道往东拓展
太原经济技术开发区	南向轴带：沿大运公路和208国道南向拓展
沈阳经济技术开发区	西南轴带：沈西工业走廊的起点，沿201国道、102省道、京哈高速公路拓展
松江经济技术开发区	G60科创走廊、沪杭经济发展轴上重要节点
杭州经济技术开发区	沿"两廊（风情科创走廊、时代智造走廊）两带（钱塘江新兴产业带、机场临空经济带）"南北向、东西向跨江发展
成都经济技术开发区	西南向轴带：沿318国道、成龙大道二段向西南方向拓展
西安经济技术开发区	北向轴带：沿西安南北中轴线未央路两侧北向拓展
兰州经济技术开发区	西向轴带：顺应城市带状结构特点，东西轴带拓展
太原高新技术产业开发区	南向轴线：沿汾河、平阳南路拓展
呼和浩特金山高新技术产业开发区	西向轴带：沿京藏高速公路、金山大道拓展
沈阳高新技术产业开发区	东南向轴带：沿101省道拓展
长春高新技术产业开发区	西南向轴带：沿硅谷大街轴线拓展

---

① LINDSEY C. Industrial space demand and freight transportation activity: exploring the connection [J]. Journal of Transport Geography,2014（37）: 93-101.

国家级开发区名称	空间发展轴带
合肥高新技术产业开发区	西向轴带：合肥滨湖科学城核心区，沿长江西路、望江西路拓展
南昌高新技术产业开发区	东西向轴带：沿紫阳大道、艾溪湖北路向东部轴线拓展，从青山湖时代、艾溪湖时代走向瑶湖时代
郑州高新技术产业开发区	西北向轴带：沿科学大道拓展
武汉东湖新技术开发区	东部轴带：沿高新大道、高新二路拓展
西安高新技术产业开发区	南向轴带：沿唐延路、沣惠南路景观轴线及太白南路、西沣公路南向拓展，形成"一区多园"空间结构
兰州高新技术产业开发区	东西向轴带：顺应城市带状结构特点，东西轴带拓展，形成"一区五园"空间布局

通过对轴带延展型开发区整体空间发展历程分析可以看出，开发区自身空间在发展过程中呈现出点状扩散、轴线延伸、轴上塑心和轴向跳跃等不同时期，并在各时期与母城空间形成互动互促的关系，同时随着开发区功能与空间的逐步完善，开发区在母城中形成优势发展轴线，进而影响着母城的整体空间拓展。下面将结合苏州工业园、西安高新区两个典型案例，对该类型开发区的空间演变特征进行分阶段阐述。

4.1.1 点状扩散时期

轴带延展型开发区在起步阶段表现出"大集中、小分散、成团成簇"的生长特点。在主城区人口疏散、功能疏解和空间外拓的推动下，开发区逐步在城市边缘产生。在选址上，与资源要素的区位关系是项目建设优先考虑的重点，这些资源要素主要包括高速公路、港口、机场等交通基础设施资源，大专院校、科研院所等产业转化资源，低廉的土地资源等。尤其是国家级高新区，因其一般依托创新资源优势，围绕母城的科研院所、大专院校、科技企业等空间发展，充分利用母城的人力、服务、设施等资源，在母城边缘形成团状、簇状空间。该时期的开发区空间主要承担着产业发展职能，同时也伴随着企业不断聚集，逐渐承担了越来越多的配套居住及商业、服务业等服务功能。总体而言，这一时期空间建设重点在产业发展，开发区空间对城市空间发展影响较小，开发区空间功能呈现产业为主、配套为辅的特点，并且空间在小范围内集中，对比母城建设尺度，开发区整体呈现出点状扩散的态势（图4-1）。

开发区呈现点状发展的主要原因为：①受发展阶段限制，在资金有限的情况下，必须从局部入手，集中有限力量快速启动，发挥国家级开发区的影响带动作用。先期以产业发展为先导，随着产业发展壮大，带动周围居住、商业和交通设施的开发建设，使"点"从功能单一的工业用地发展成为具有影响辐射力的生长簇团。②开发区建设在30年前的中国是初生事物，需要边建边看，因此点状簇团发展也是园区整体建设运营的选择。

苏州工业园于1994年2月经国务院批准建设，是中国、新加坡两国政府最重要的国际合作项目，既是国家级经开区也是国家级高新区。通过引入外资，同时政府在土地、资金、政策方面提供支持的方式共建产业园，是在20世纪90年代初期，我国刚从农业大国

图4-1 轴带延展型开发区点状扩散时期特征示意图

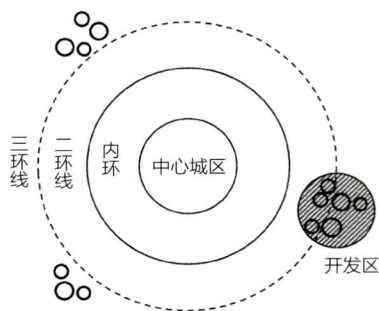

图4-2 苏州工业园区位图

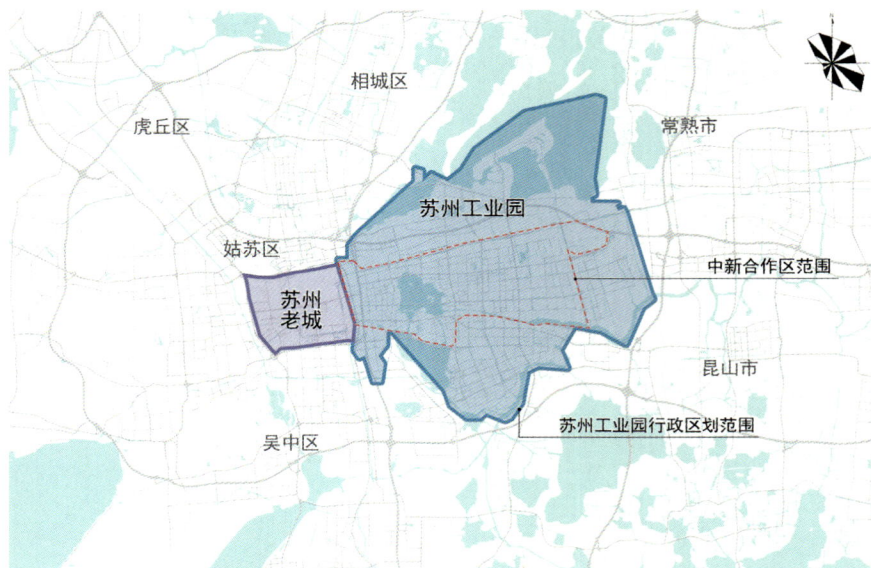

进入工业大国时期"苏南模式"转型的重要探索。苏州工业园选址于苏州古城东部，建设初期规划面积为70km²。在苏州古城西部已布局苏州高新区的情况下，在其东部布局苏州工业园，主要有以下三个原因：一是基于东部平坦的地势、良好的生态资源，著名的金鸡湖、独墅湖环境优良，能为新区开发建设提供良好的基础；二是该区域具有较好的区位优势，占据策略性区位，往东延伸至上海，可起到苏州与上海之间联系纽带的作用；三是为了与古城西部的苏州高新区形成平衡发展格局，使得开发在古城周边拓展，进一步突出古城中心地位（图4-2）。

苏州工业园初期建设集中在金鸡湖西侧，在全市层面沿东西轴线东拓形成新的集聚点。根据苏州工业园选址区位可看出，苏州主城区往东是苏州工业园，往西是苏州高新区，因此苏州工业园是城市向西拓展的主要载体。按照《苏州工业园区空间演变研究》的描述，苏州工业园在1994~2000年初步奠定基础，该阶段中在母城西侧紧邻古城的金鸡湖西侧，沿着干将路布局了新式现代中心，沿湖向外依次簇团布局居住区和商业区。在初始阶段，商业、居住、工业分散而有机地融合在一起，大大减少了城市基础设施投入，并且缩短居住与就业、服务的距离，园区从初期便具有良好、有序的空间关系。

从布局上看，苏州工业园初期建设依托古城，贴近苏州内城、沿着向东的轴线点状生长，降低了园区的前期开发成本，使园区的进一步发展有母城较强的支撑；园区内部功能组织上充分考虑与古城衔接，规划中延续了"干将路是苏州古城东西贯通的主要商业轴线"的格局。苏州工业园在初期建设的6年中总计开发用地约8km²，相对于苏州主城建设，呈现向东点状生长的空间格局，对苏州市整体空间影响较小（图4-3~图4-5）。

图4-3 苏州工业园点状扩散时期与母城关系示意图（2000年）

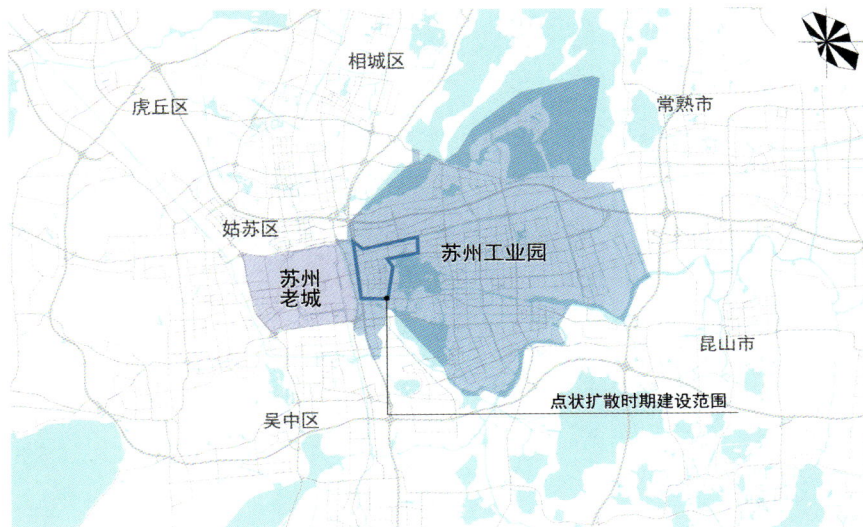

图4-4 苏州工业园现状空间结构（2000年）

资料来源：万迷靓. 苏州工业园区空间演变研究［D］. 合肥：安徽建筑大学，2015.

图4-5 苏州工业园现状用地图（2000年）

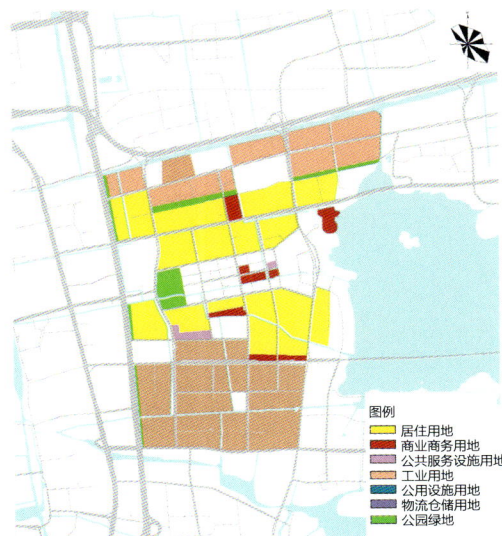

资料来源：万迷靓. 苏州工业园区空间演变研究［D］. 合肥：安徽建筑大学，2015.

西安高新区于1991年经国务院批准建立，选址于西安市科研、文教单位相对集中的西南部。参考《地域视角下西安城市边缘新城（区）空间发展研究——以西安高新区为例》的研究结论，西安高新区1991~1997年的初期主要空间沿着高新路和科技路拓展，在光华路和科技路的交叉口形成了两个商业金融服务设施的节点，产业空间则布局在高新二路一侧，商业空间与产业空间围绕高新路和科技路主轴线形成了若干簇团，高新区内部呈现出"簇团集聚"布局。本阶段从西安全市空间发展来看，西安高新区起步区3.2km²只是西安七个边缘新城中的一个，相对于中心城区而言属于小的点状空间，其在中心城区西南部贴边生长，对整个城市空间影响较小（图4-6~图4-9）。

图4-6　西安高新区区位示意图

资料来源：付凯. 地域视角下西安城市边缘新城(区)空间发展研究——以西安高新区为例［D］. 西安：西安建筑科技大学，2012.

图4-7　西安高新区现状空间结构图（1997年）

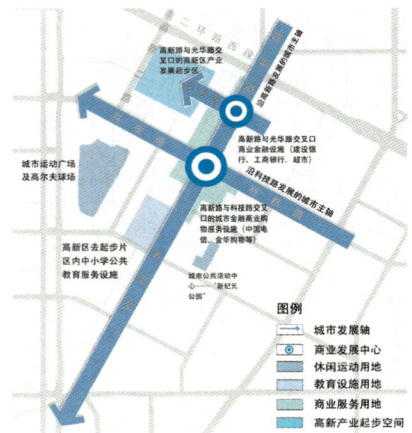

资料来源：付凯. 地域视角下西安城市边缘新城(区)空间发展研究——以西安高新区为例［D］. 西安：西安建筑科技大学，2012.

图4-8　西安高新区用地现状图（1997年）

资料来源：付凯. 地域视角下西安城市边缘新城(区)空间发展研究——以西安高新区为例［D］. 西安：西安建筑科技大学，2012.

图4-9　西安高新区点状扩散时期与母城空间关系示意图（1997年）

资料来源：付凯. 地域视角下西安城市边缘新城(区)空间发展研究——以西安高新区为例［D］. 西安：西安建筑科技大学，2012.

4.1.2　轴线延伸时期

随着经济社会快速发展，开发区建设呈现轴向延伸、簇团填充的空间特征。开发区在本阶段发展迅速，究其原因，存在外部条件改善、主城区外拓和自身生长三方面因素影响。一是外部环境发生变化，2001年中国加入世界贸易组织（WTO），进入快速、全方位承接国际产业转移阶段。发达国家将已经发展成熟的技术密集、资本密集型产业向中国东部沿海地区大规模转移，同时在国内沿海地区产业也在向内陆地区转移。国家级开发区承担了全方位、大规模的承接产业转移的使命，导致用地空间大幅度增长。二是主城区"大城市病"加剧，需要进一步向外疏解人口和功能，开发区已经进入产业集中、人口集聚的快车道，变成城市产业和人口增长的主要空间载体。三是产业园区自身生长周期影响，初期入驻企业进入稳产达产期，新涌入的产业正在建设，因此园区普遍进入快速发展时期。大多数开发区在此阶段进行了扩容。

开发区沿着交通干线、城市发展主轴线或发展阻力最小的方向不断向外轴向扩展。城市在此阶段一般选择多个轴线进行外拓，这类轴线区域主要是交通干线经过和城市资源丰富的地区。受城市对外疏散的推动力影响，开发区逐步围绕此类轴线形成轴向拓展趋势，并且开发区在轴线发展的过程中，若是在某一方向上时空距离加大，引起建设成本升高与种种不便，轴向扩展的经济效益逐渐下降，沿轴线拓展转为围绕轴线进行扩大片状功能组团。在此过程中，城市的发展轴线被加粗，轴线发展方向被进一步夯实。

与此同时，开发区轴线拓展增加了职工的交通成本，就近解决生活居住的需求相应产生，而开发区自身的进一步发展也要求其他配套设施更加完善，于是开发区内部不断出现其他功能空间，单一的工业区开始发展成为以产业为主导的新城区。在此阶段，城市功能进一步完善，工业、居住、公共服务等用地规模进一步提高，多数开发区在本阶段也开始从产业园区向"产城融合"的新城区转型（图4-10）。

图4-10　轴带延展型开发区轴线延伸时期特征示意图

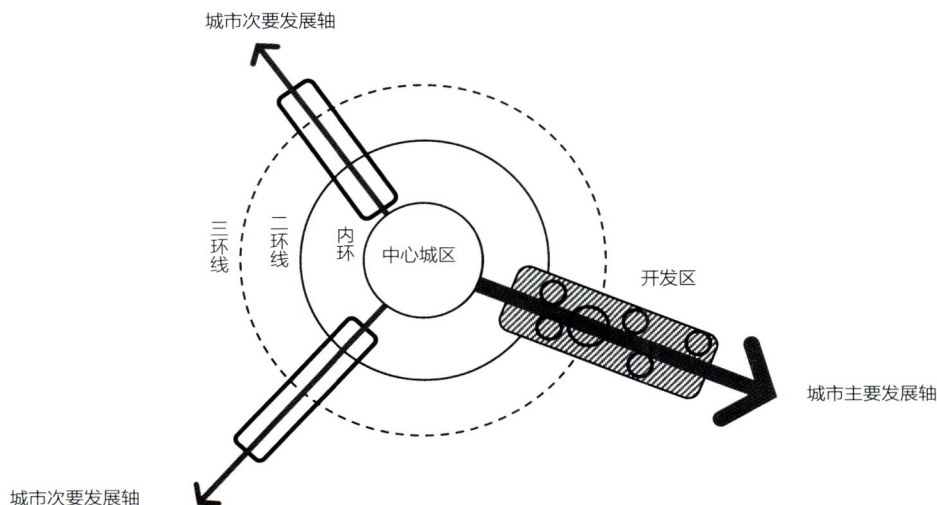

2001年中国加入世界贸易组织，同时中方财团取代新加坡成为最大股东主导苏州工业园的建设发展。苏州工业园在总结第一阶段发展经验的同时，与时俱进地阶段性调整开发目标与策略，确立新十年发展目标为打造"四个示范区"，分别为研发中心和高新技术产业集群效应突出的科技示范区、以承接跨国公司离岸外包业务为主的中国服务外包示范区、以虚拟口岸为依托的现代商贸物流运营中心示范区、资源节约型和环境友好型的生态示范区。根据外部形势变化和发展定位调整，苏州工业园及时对二、三期规划和建设进行修正，在发展理念上开始转向注重可持续发展，加大信息、通信等基础设施的投入，并学

图4-11　苏州工业园现状建设示意图（2007年）

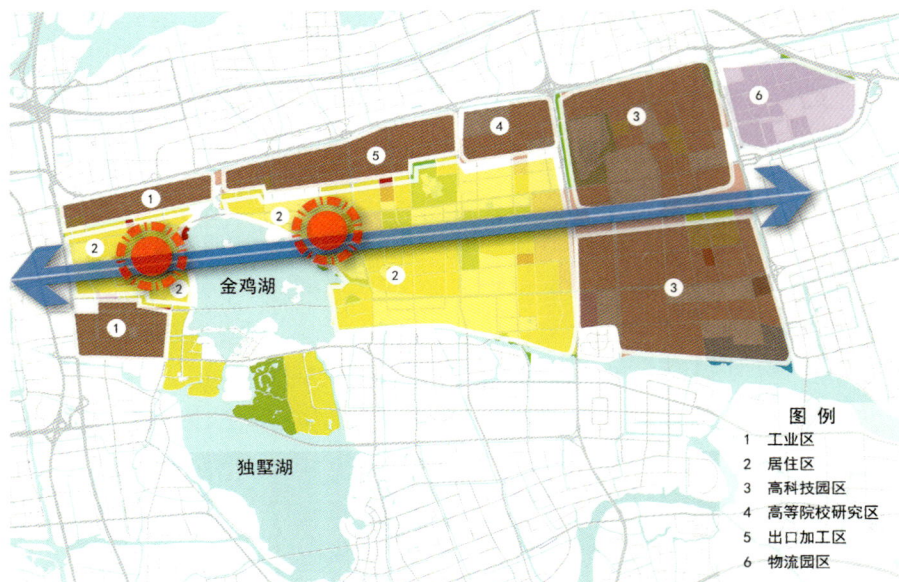

资料来源：万迷靓. 苏州工业园区空间演变研究［D］. 合肥：安徽建筑大学，2015.

图4-12　苏州市现状空间结构图（2007年）

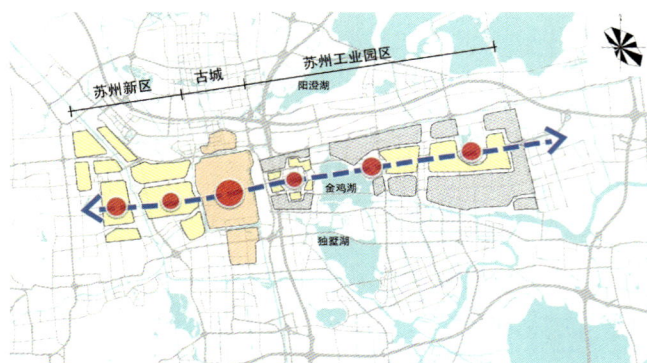

资料来源：万迷靓. 苏州工业园区空间演变研究［D］. 合肥：安徽建筑大学，2015.

图4-13　苏州工业园轴上塑心和轴向跳跃时期与母城关系示意图（2007年）

习国外园区建设经验导入"都市村落""生态园区"等概念，营造优越的生态环境，尤其是增加了绿地面积和新的城市功能。在空间拓展方面，苏州工业园二、三期建设延续了首期干将路轴线，布局沿三条主干路即苏春路、苏虹路、苏园路为骨架，由西向东发展，在轴线上布局有文化区、商业区、政务区，在轴向南北和东部延伸之处建设工业区，总体上形成"一轴、两核、三片区"的空间结构，园区整体空间在延续向东发展轴线的同时，也在进行南北部片状填充，使得东部轴线进一步加粗加密。经过近7年的发展，苏州工业园的建设用地规模达到105.4km²，拉开了城市向东发展骨架，进一步夯实了城市东部发展轴（图4-11~图4-13）。

2000年，党中央、国务院制定了"西部大开发"国家战略。西安作为西北地区中心城市，西北地区的高新产业基地逐渐形成了以西安高新区为总部基地的发展格局。西安高新区在此阶段产业获得较快发展，初步形成电子信息、生物制药、制冷产业集群。同时，随着产业空间扩张，城市基础设施和公共服务设施不断完善，城市的科技和服务资源不断向高新区倾斜，具体表现为沿唐延路建设了省交通运输厅、省邮政局、旺座现代城等一系列城市级的行政办公和商业办公设施，沿沣惠南路出现小型产业园区、城市公共服务组团等，西安的城市西南部轴线由高新路单线拓展变成"高新路+沣惠南路+高新六路"组合拓展，并且随着长约4.7km、宽125m的唐长安城遗址公园景观带建设，基本奠定了西安高新区向西南轴向发展的空间格局。在此阶段，西安高新区空间拓展了2.58km²，与已建成的4.52km²电子工业城、3.2km²的高新区启动区，在城市西南部形成了10.3km²的集中建设区，西安市西南发展的轴线基本形成（图4-14、图4-15）。

图4-14 西安高新区轴线延伸时期与母城关系示意图（2002年）

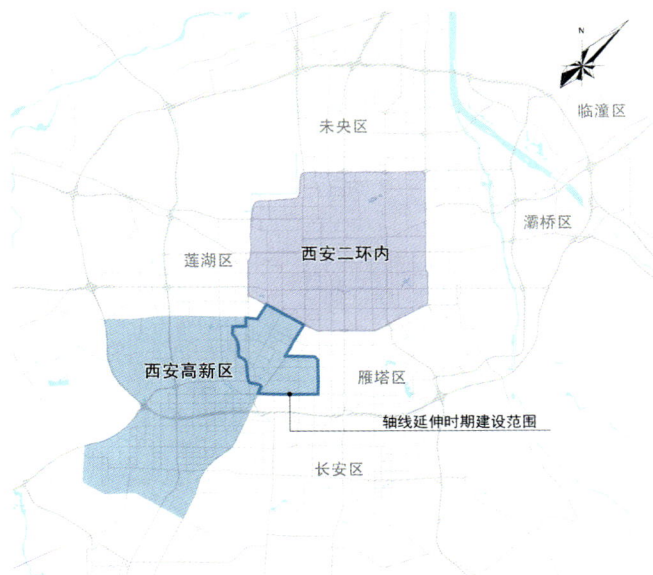

资料来源：付凯. 地域视角下西安城市边缘新城(区)空间发展研究——以西安高新区为例［D］西安：西安建筑科技大学，2012.

图4-15 西安高新区现状用地图及结构图（2002年）

资料来源：付凯. 地域视角下西安城市边缘新城(区)空间发展研究——以西安高新区为例［D］西安：西安建筑科技大学，2012.

4.1.3 轴上塑心与轴向跳跃时期

经过长期大幅度的轴向拓展之后，开发区逐渐进入新城建设阶段，出现了轴上塑心和轴向跳跃的特征。一方面，此时开发区轴向拓展到了一定规模，已成为母城整体空间架构中不可忽视的重要组成单元，再加上产城融合和职住平衡成为开发区建设主导理念，开发区新生长的空间距离母城较远，母城的服务支撑作用进一步减弱，迫切需要在开发区内建设新的公共服务中心；另一方面，国家级开发区在产业迭代升级和承担国家战略新兴产业发展方面的重任被逐渐加强，占地规模较大的战略性产业项目落户国家级开发区，易选址在开发区主要拓展轴方向有大规模增量空间的区位上，同时项目落地使原集体用地被征转，需要及时就近安置原住民，从而造成园区内部出现以"大产业+大社区"为表征的跳跃式扩张特征（图4-16）。

2008年之后，苏州工业园外部发展环境发生较大变化：一是《苏州工业园区（苏州东部新城）分区规划（2008—2020年）》将苏州工业园定位为苏州市未来的东部新城，规划面积扩展到288km^2，成为苏州市市域空间"一核四城"格局的重要组成部分；二是2008年苏州地铁规划获得批准，沪宁城际铁路、京杭高速铁路开工建设，园区迎来"高铁时代"；三是2010年中、新两国领导人共同确定了园区未来15年发展方向，即苏州工业园以金融产业包括股权投资为重点发展服务型经济，以纳米技术产业为引领发展新兴产业和创新性经济。

到2013年，苏州工业园大部分用地已经进行了开发建设，基本形成"双核、十轴、多片"的空间结构。首先在原湖西中央商务区（CBD）的基础上发展出湖东商业文化区（CWD），围绕金鸡湖形成了城市级的服务核心区。十字轴为沿东西向城市轨道线和南北

图4-16 轴带延展型开发区轴上塑心和轴向跳跃时期特征示意图

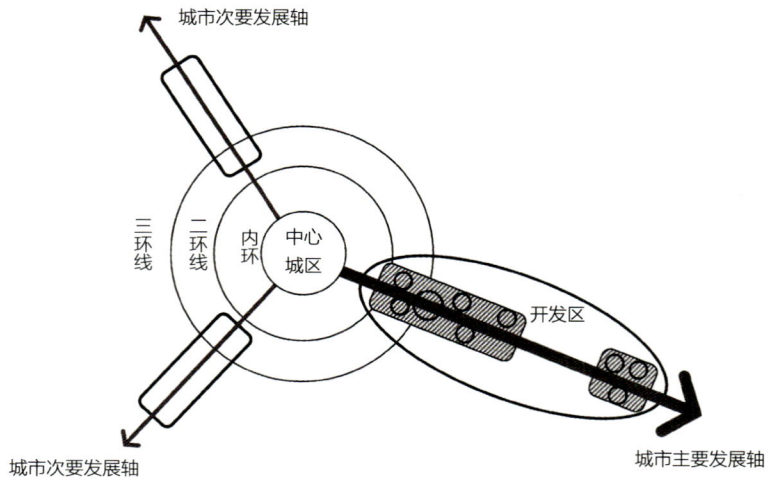

向城市公交走廊，在原东西向轴向的基础上，加强了南、北片区联系，利用双轴联系起娄葑街道、斜塘街道、唯亭街道和胜浦街道四个行政街道。从园区内部空间结构发展由功能单一的"一轴一核"到功能丰富复杂的"双核、十轴、多片"可以看出，新的空间结构有规律、有节奏地在原空间结构基础上进一步扩展和丰富，中心体系上由湖西单一商业中心增加为湖西商业中心和湖东商务中心两个核心；空间轴线上延续苏州市东西向主轴线后，增加了贯穿园区新城铁商务区和月亮湾城市副中心的南北向副轴线；园区在中部的中新合作区建设尚有余地的基础上，向东建设高新技术产业基地、向南建设科教创新区，产业用地出现沿着轴线跳跃式发展态势（图4-17～图4-19）。

图4-17　苏州工业园现状用地图（2013年）

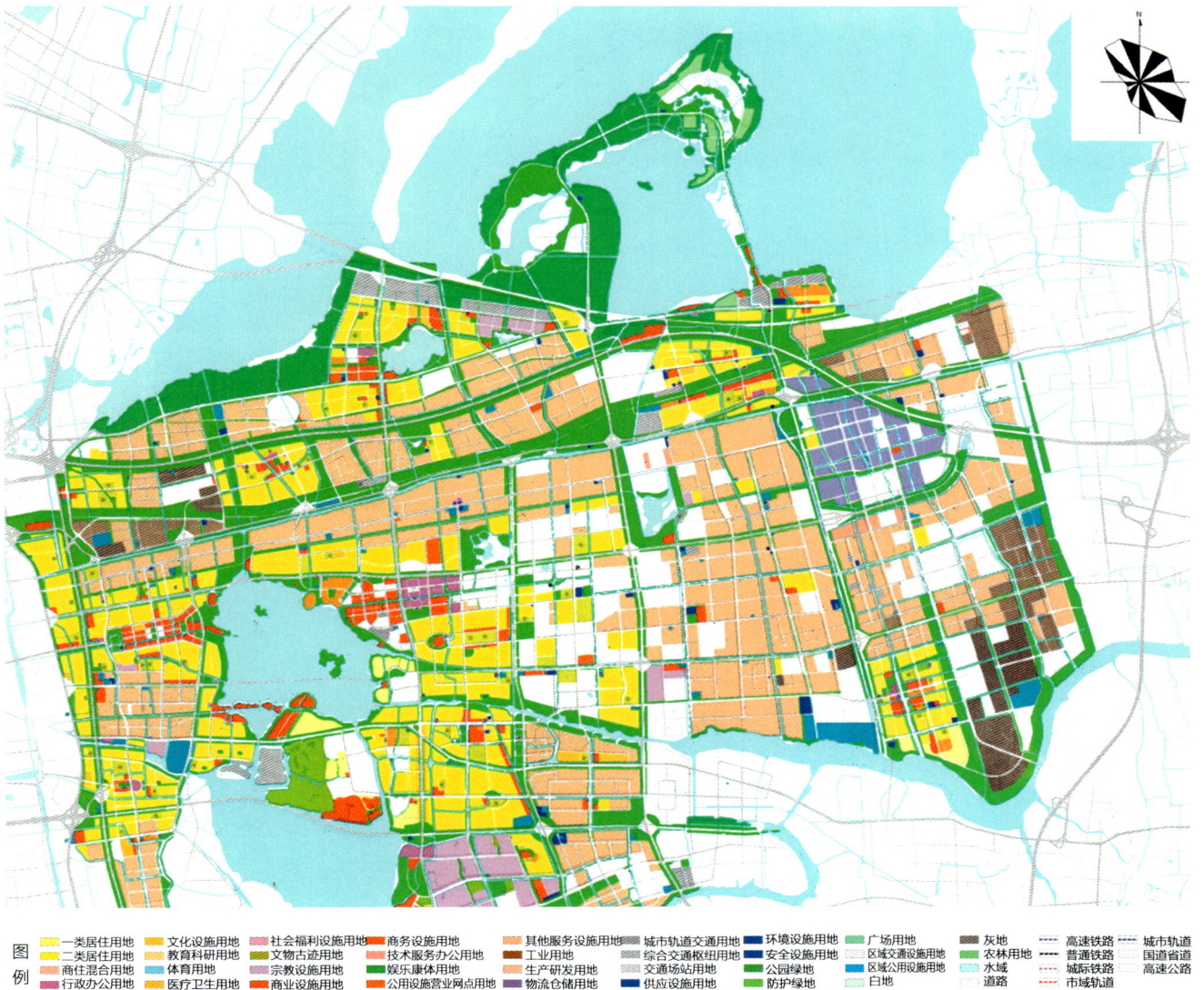

资料来源：万迷靓．苏州工业园区空间演变研究［D］．合肥：安徽建筑大学，2015.

39

图4-18 苏州工业园轴上塑心与轴向跳跃时期与母城空间关系示意图

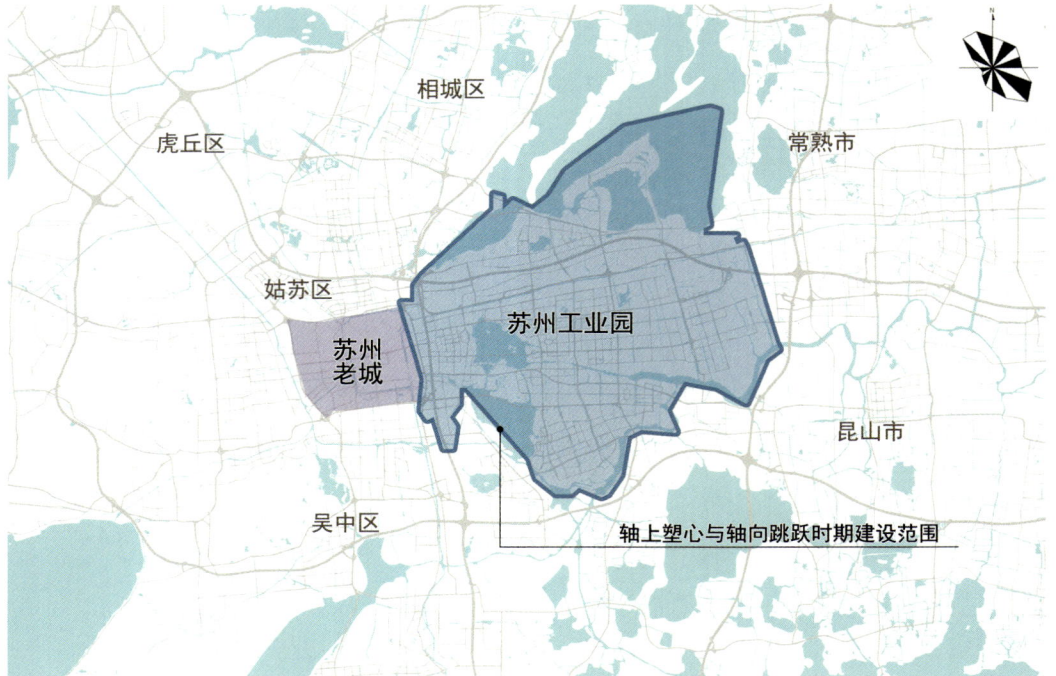

虎丘区

相城区

常熟市

姑苏区

苏州工业园

苏州
老城

昆山市

吴中区

轴上塑心与轴向跳跃时期建设范围

资料来源：万迷靓. 苏州工业园区空间演变研究［D］. 合肥：安徽建筑大学，2015.

图4-19 苏州工业园规划园区结构图（2013年）

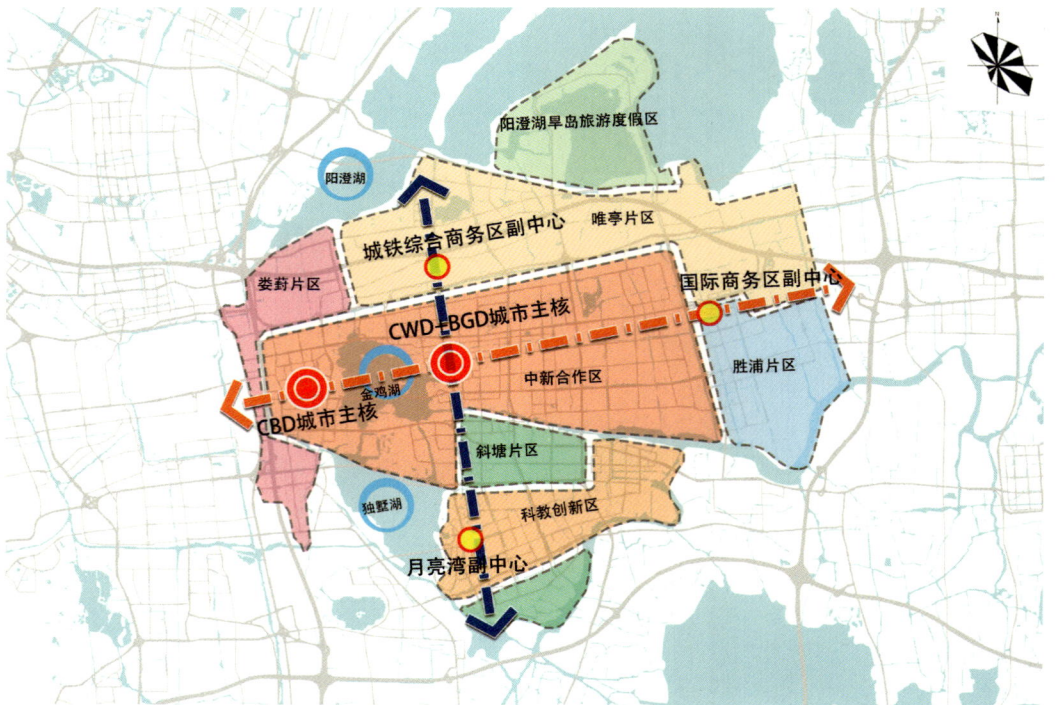

阳澄湖旱岛旅游度假区

阳澄湖

城铁综合商务区副中心

唯亭片区

娄葑片区

CWD-EBGD城市主核

国际商务区副中心

金鸡湖

中新合作区

胜浦片区

CBD城市主核

斜塘片区

独墅湖

科教创新区

月亮湾副中心

资料来源：万迷靓. 苏州工业园区空间演变研究［D］. 合肥：安徽建筑大学，2015.

苏州工业园整体变成市域东部新城，向东进行轴线填充和外部扩张，引领着苏州市整体空间向东发展①。并且在随后的发展阶段，随着城市进一步发展，东部轴线成网、成片，形成以苏州工业园为载体、向东发展的"高新技术产业带+公共服务带+旅游和文化发展带"，引导苏州与上海进一步对接融合发展（图4-20）。

西安高新区2005年之后出现沿着西南轴线跳跃和重新塑心发展空间特征。参考《地域视角下西安城市边缘新城（区）空间发展研究——以西安高新区为例》中描述，西安高新区在2005年之后，其产业进一步快速发展，受全市政策支撑、承接产业转移及利用外资影响，高新区内产业空间不仅沿沣惠南路继续向西拓展，一些大型国有科研院所（西北

图4-20　苏州市中心城区结构图（2011年）

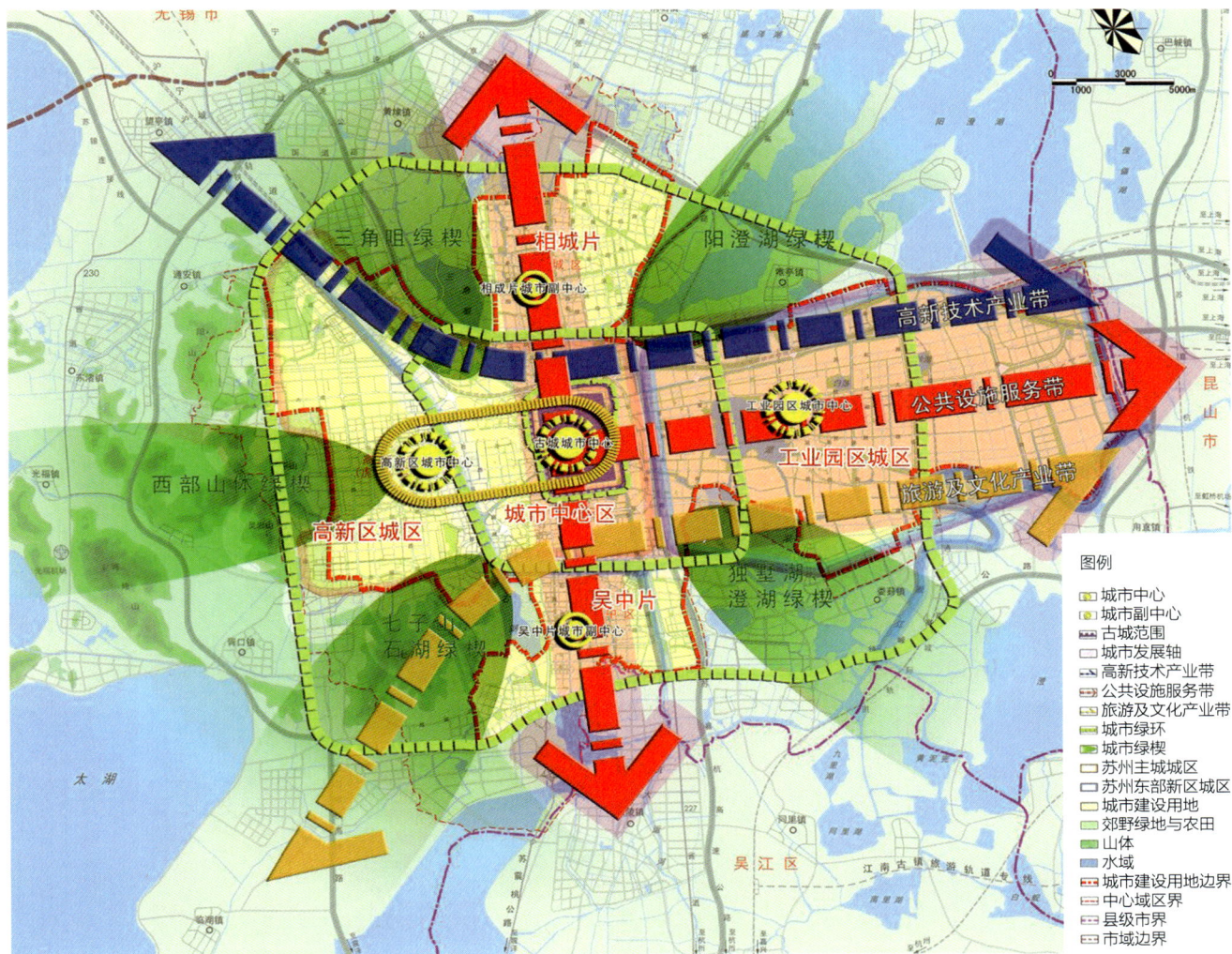

资料来源：《苏州市城市总体规划（2011—2020年）》

---

① 王凯，袁中金，王子强. 工业园区产城融合的空间形态演化过程研究——以苏州工业园区为例［J］. 现代城市研究，2016（12）：84-91.

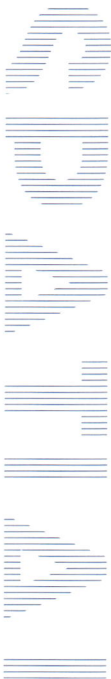

电力设计研究院、西安航天工业总公司等）、企事业办公单位（中国石油陕西分公司、秦煤实业集团等）和高新技术产业单位（康鸿产业园、唐兴数码、腾飞创新中心等）相继在高新六路、团结南路片区落户，跨越了西安绕城高速公路，远离已建区，形成了飞地式产业园区。随后西安市政府出台了一系列政策，鼓励高新区的产业与经济发展，西安高新区实现二次创业，在二次创业的过程中依托高新六路的飞地产业园，同时连接原高新路和科技路片区服务中心，形成了新的中心商务区。该中心商务区规划面积约2.2km²，建成后将成为配套功能齐全、市场氛围浓郁、现代特色明显的城市新区中心，同时建设14万m²的行政中心，标志着高新区的商业金融中心已由原来的"高新路和科技路片区"逐渐向"高新区CBD片区"转移。由此，在西安市绕城高速公路（南段）形成新的城市服务中心。所以在此阶段，西安高新区经历了从"轴向"到"飞地"，最终走向"轴向发展、联片带动"的空间发展形态（图4-21）。

西安高新区基本形成以电子信息、装备制造、生物制药、新材料四大主导产业为主的高科技产业，整体空间结构逐渐形成了以唐延路和沣惠南路为绿化景观轴线、以高新区 CBD 为空间核心的城市空间，建成区面积扩展到25.6km²，逐渐形成城市西南部重要的城市空间。随着城市功能和空间的进一步发展，2017年在《大西安（西安市—西咸新区）国民经济和社会发展规划（2017—2021年）》中，西安高新区所在的西南轴线归入大西安南部轴线，主导科技创新发展，成为大西安南北发展的主要空间（图4-22、图4-23）。

图4-21　西安高新区轴上塑心与轴向跳跃时期与母城空间关系图

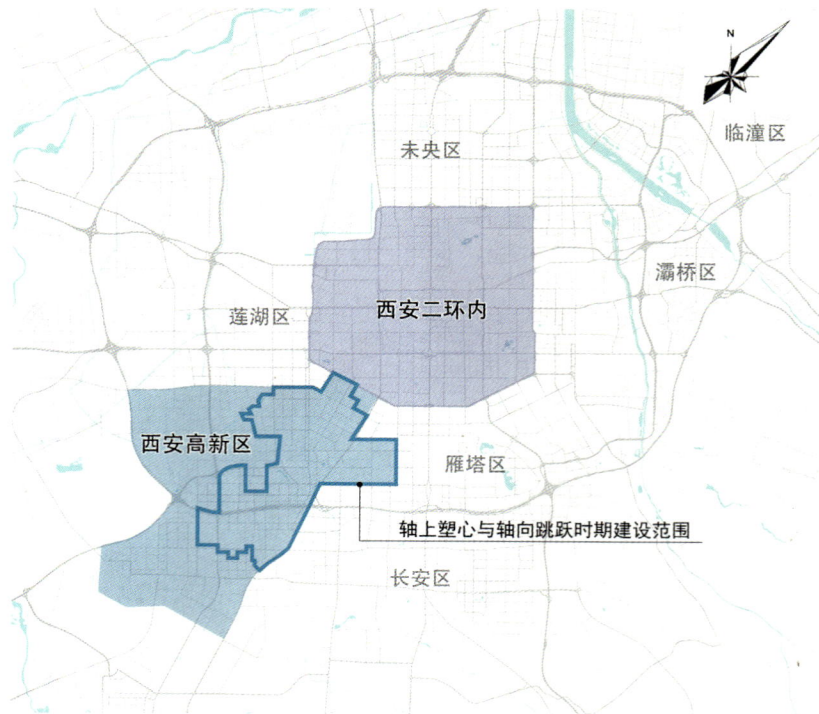

图4-22　西安高新区现状用地及结构图（2005年，2011年）

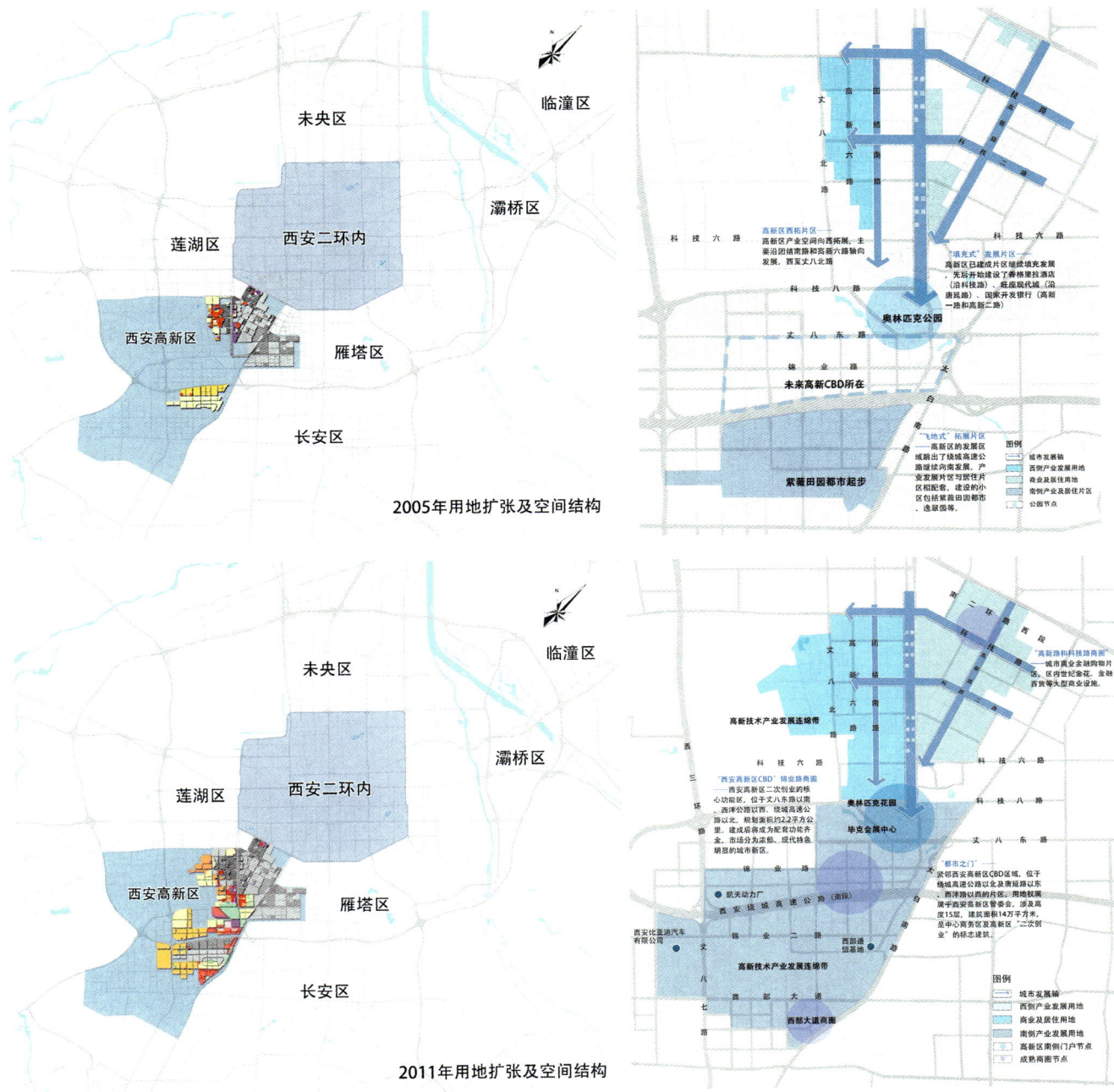

2005年用地扩张及空间结构

2011年用地扩张及空间结构

资料来源：付凯. 地域视角下西安城市边缘新城(区)空间发展研究——以西安高新区为例［D］. 西安：西安建筑科技大学，2012.

图4-23 大西安空间格局规划图（2017～2021年）

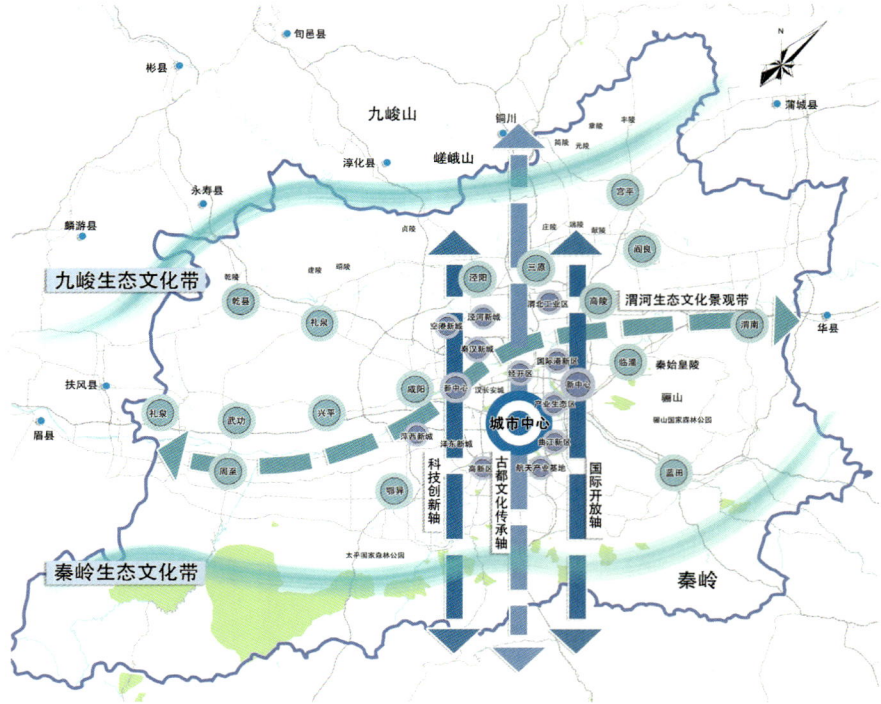

资料来源：《大西安（西安市—西咸新区）国民经济和社会发展规划（2017—2021年）》

4.2 组团生长型

　　组团生长型开发区一般出现在市域远郊式开发区的空间发展过程中，主要体现在我国前两批设立的国家经济技术开发区。市域远郊式开发区因选址在远离主城的对外交通便利地区，受主城辐射和影响较小，园区建设发展过程中无法利用主城成熟的各种配套服务和设施，因此在早期多采用"建设一片、成熟一片、收益一片"的模式集中力量滚动开发，进而在相对独立的外围远郊形成单一组团生长的空间特征。

　　组团生长型开发区空间发展演变过程大致可划分为三个时期，即起步期的单点簇团发展、快速生长期的多极组团发展、成熟完善期的极间填充发展。部分距离母城较近的市域远郊式开发区发展到一定阶段，受到主城与开发区相向拓展的影响，逐渐与母城连片发展，进而在空间上呈现出先组团生长再轴带延展的特点。下面将结合天津经济技术开发区、广州经济技术开发区、武汉经济技术开发区等典型案例，对该类型开发区的空间演变特征进行分阶段阐述（表4-2）。

典型的组团生长型国家级开发区			表4-2
序号	名称	区位特征	设立时与中心城区距离（km）
1	大连经济技术开发区	大窑湾港周边	27

序号	名称	区位特征	设立时与中心城区距离（km）
2	天津经济技术开发区	塘沽港口附近	约45
3	广州经济技术开发区	黄埔新港集装箱码头后侧，珠江与东江交汇处	35
4	宁波经济技术开发区	北仑港后方	27
5	武汉经济技术开发区	107国道、京港澳高速公路沿线	15

4.2.1 点状簇团时期

组团生长型开发区起步阶段呈现"紧凑团块状"生长特点。20世纪70~80年代，为融入世界经济全球化的浪潮，我国率先开放大连、天津、上海、广州等14座沿海港口城市兴办经济技术开发区。受社会意识及经济体制影响，我国首批设立的经济技术开发区建设基本上采取复制经济特区模式，大多选择靠近港口码头、高速公路、机场等对外交通便利的区域，一般远离母城，自成一体。开发规模受当时的经济水平影响基本控制在10km²左右[①]，但城市早期建设集中在起步区内，主要为城市基础设施（五通一平、七通一平）、工业厂房，兼具少量专家公寓、员工宿舍、食堂等组成生活区，形成以工业生产为主要功能的单簇团空间。该时期的开发区距离主城区较远，且处于产业、人群初始聚集阶段，空间上呈现出孤立生长的状态，对城市空间发展基本无影响（图4-24）。

首批开发区早期选择远郊进行点状簇团发展主要有三个原因：一是受社会发展阶段影响，因为人们对开发区建设将对城市、社会带来的影响不明确，为控制开发区可能导致的不利影响选择在距离母城较远、相对独立的地方划定独立区域试办；二是基于经济发展需求，为便于外来的招商企业快速抵达，尽快落地，而选址在对外交通发达的枢纽区域迅速

图4-24 组团生长型开发区点状簇团时期特征示意图

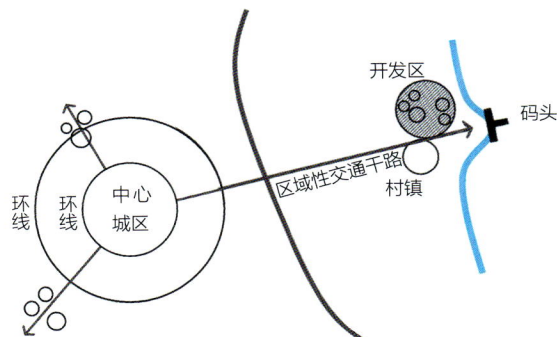

---

① 赵鹏军，彭建. "边缘城市"对城市开发区建设的启示——以天津经济技术开发区为例 [J]. 地域研究与开发，2000（4）：55-58.

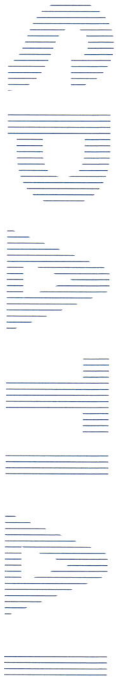

发展对外经济；三是财力制约，在城市建设上一般采取集中有限力量快速启动模式，进而形成单簇团空间格局。

天津经济技术开发区是我国首批建立的国家级开发区之一，位于渤海湾中心位置和天津塘沽区东北部的荒滩盐田，毗邻天津港，京津塘高速公路横贯其中。天津经济技术开发区距离天津市中心约45km，早期批复园区面积约33km²。天津经济技术开发区起步区临近塘沽区与京津塘高速公路，占地面积约4.2km²，设有3km²工业区和1.2km²生活区，于1988年全部建成。随着产业规模扩大和城市功能完善，随后天津经济技术开发区进入以起步区为核心向四周拓展阶段[①]。本阶段其与天津中心城区联系较弱，基本呈现围绕港口和高速公路独立生长状态（图4-25）。

同时期的广州经济技术开发区选址于黄埔新港集装箱码头附近，位于珠江与东江交汇处。区内分布有广深高速公路、广惠高速公路、广园快速路和港口铁路专用线、广九铁路等，对外交通便利。广州经济技术开发区距离广州市中心35km，设立时批复总面积为9.6km²（含大蚝洲岛面积约3km²，实际可使用面积仅6.6km²），划分为港前、北围、东基、西基4个工业小区（广州经济技术开发区西区）。首期开发的港前区仅为2.6km²，起步区为1.5km²，主要为工业用地（约1.06km²）。至1994年，广州经济技术开发区西区土地开发建设完毕，区内工业用地、居住用地和公共服务设施用地比例约为7：1：2，呈现以工业发展为主导、独立点状簇团生长的空间形态（图4-26）。

武汉经济技术开发区是我国第二批国家级开发区之一，始建于1991年，1993年4月经国务院批准为国家级经开区。武汉经济技术开发区位于长江以北，汉阳区以南，临近京

图4-25　天津经济技术开发区成立时期区位示意图（1984年）　图4-26　广州经济技术开发区成立时期区位示意图（1984年）

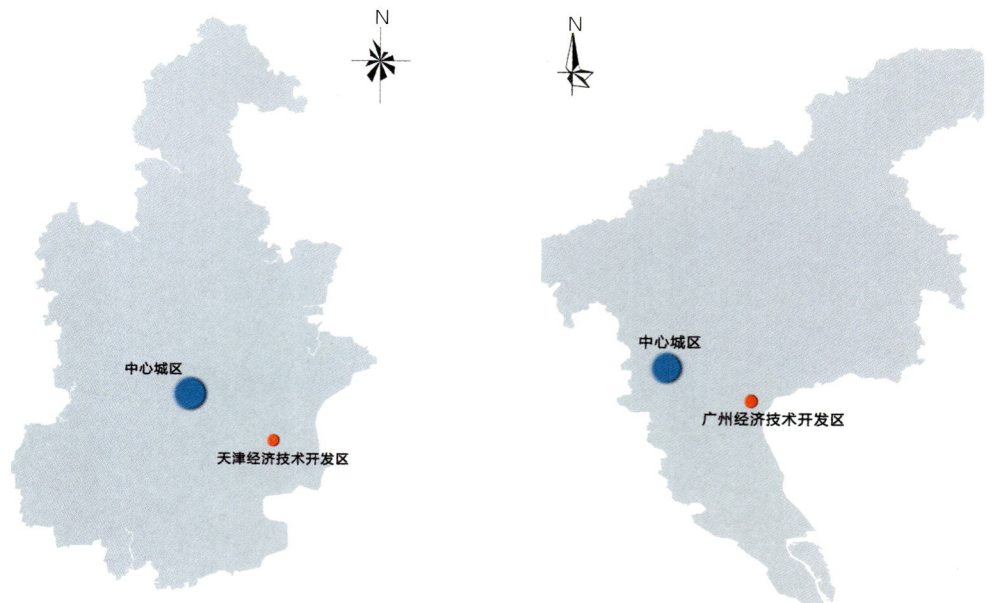

① 邢海峰. 开发区空间的演变特征和发展趋势研究——以天津经济开发区为例 [J]. 开发研究，2003（4）：39-42.

图4-27　武汉经济技术开发区成立时期区位示意图（1991年）

港澳高速公路和318国道，对外交通便利。武汉经济技术开发区距离中心城区约15km，设立时批复面积10km²，首期开发面积5.5km²，主要为三角湖外国专家公寓区和318国道沿线的汽车零部件加工区，周边被农林用地和水域围合，在武汉市外围呈现点状簇团生长格局（图4-27）。

4.2.2　多极发展时期

在国际企业注入、城市工业外迁、快速城市化等多重因素作用下，开发区从点状簇团发展阶段进入多极发展阶段。1992年国家明确对外开放是一项基本国策后，跨国公司、国际企业携带外资竞相进入开发区。与此同时，在快速城市化作用下，我国城市空间出现重构，城市结构由封闭单中心向开放多中心组团转变，制造业空间由城市向郊区扩散，母城工业对外疏解进入开发区。在国际、国内工业布局格局双重转移背景下，开发区的产业集聚效应和规模效应开始显现，开发区城市建设进入快速发展阶段，空间上呈现出依托对外联系干路或交通节点、功能节点多极发展的特征。在本阶段，开发区从初期的点状簇团式生长开始向周边拥有发展腹地、具有产业基础、对外交通便利的区域拓展，如联合周边乡镇、工业园和高速公路形成多极生长态势。开发区在功能上有意识地加强商业、居住建设，但普遍存在规模小、层次低、不能匹配产业需求的现象。《我国远郊工业开发区的空间结构转型研究》一文中总结道，该时期市域远郊式开发区工业用地占比一般在50%以上，处于主导地位；居住用地占比10%～20%，处于辅助地位；而包含商业用地在内的公共设施用地仅为2%～10%[①]。在该时期，距离母城较近的开发区开始强化与母城联系，借力母城人力、服务、设施等资源，推动园区进一步发展，空间上呈现出相向发展的形态。距离母城

---

① 王雄昌. 我国远郊工业开发区的空间结构转型研究 [J]. 规划师，2011（3）: 93-98.

47

相对较远的开发区也加强了与母城的交通联系，但空间上对母城影响较小（图4-28）。

以广州经济技术开发区为例，至1992年设立时其已批复的土地面积基本开发殆尽，开发区周边已沿对外联系干路形成带状城镇建设区，急需寻找新的发展空间。因此，在1993年广州经济技术开发区通过土地置换（将大蚝洲岛划出开发区）和新增的方式成立开发区东区。东区位于开发区以北3km处，区内有广深公路、广深铁路、广深珠高速公路与东江干流汇聚，周边分布有乡镇企业聚集的南岗镇、罗岗镇，产业基础优越，并且该区域处于"穗—深—港黄金走廊"的节点上。在随后的扩张过程中，广州经济技术开发区不断将"穗—深—港黄金走廊"沿线具有较好产业基础的工业区域纳入，先后吸纳合并永和经济开发区、广州高新区、广州知识城等。至2004年开发区面积增长至215.5km^2，在空间上形成以广州经济技术开发区西区为核心，沿垂直于广州城区与开发区的城市轴线方向多极拓展的模式（图4-29）。

武汉经济技术开发区在该阶段则呈现出顺江沿着国道、高速公路多极拓展的态势。1996年开发区采用托管方式将蔡甸区沌阳、沌口两街纳入管辖范围，开发区沿318国道方向向京港澳高速公路拓展；2005年后开发区扩展到京港澳高速公路边界，周边已无发展腹地，开发区进入新发展区域的拓展期。因距离武汉中心城相对较近，且2004年武汉市成立由汉阳旧城区、四新新区及开发区组成的武汉新区，明确在汉阳与开发区之间的四新区域大力发展生产性服务业，建设行政管理中心、企业总部基地、国际会议中心、博览中心等重要公共服务设施，形成辐射华中地区的生产性服务中心，同时结合生态水系开发建设现代化居住新区，以弥补开发区服务、居住功能缺失局面。因此，在随后的发展阶段，开发区空间演变整体呈现沿京港澳高速公路向长江、沿318国道向主城拓展的趋势，建设区域受山、水隔离，空间上呈现多极特征。一方面，其积极寻找产业拓展空间，因跨越京港澳高速公路后沿318国道轴线拓展方向现状为蔡甸常福工业园，因此开发区新拓展方向选择沿京港澳高速公路向长江拓展，于2006年托管蔡甸区军山街，将军山码头纳入辖区范围内，打通水运通道。另一方面，加强与主城联系，2010年采用共建方式将汉阳四新地区约10km^{2}用地纳入辖区内，希望加快四新区发展进而畅通与主城联系；同时，完成龙阳大道（即318国道）改造及江城大道、汉洪高速公路等骨干路路建设，空间拓展上呈现出主城相向发展的态势。在功能构成方面开始逐步加强商业、居住、公共服务建设，在临近主城的

图4-28　组团生长型开发区多极拓展时期特征示意图

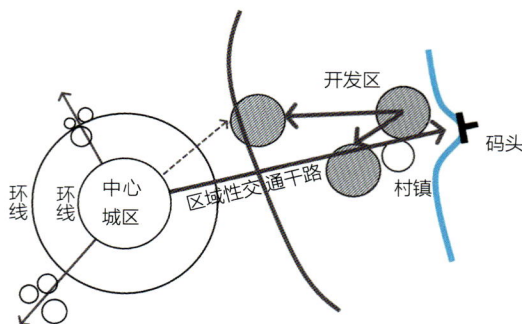

沌口组团内逐步形成318国道南侧为工业、北侧为居住生活组团的结构（图4-30）。

天津市为扩大开发集聚速发展效应，1996年将位于天津市北侧的逸仙科技园、西侧新成立的微电子工业区纳入开发区管辖区域内；随后结合天津经济技术开发区所在的区域优势，提出建设滨海新区拓展空间的设想（依托天津经济技术开发区、天津港、天津港保税区、塘沽区构建滨海发展核心区，拉动北部汉沽城区、南部的大港城区和西部海河下游工业区发展，形成"一心三点"城市空间结构），分别在开发区南、北、西三个轴线上，依托高速公路、铁路、港口、机场等陆续新增天津经济技术开发区西区、南港工业区、中心商务片区、南港新兴产业区、天津经济技术开发中区、一汽大众华北生产基地、滨海中关村科技园、现代产业园区等，形成"一区多园"的多级发展模式（图4-31）。

图4-29 广州经济技术开发区空间拓展示意图

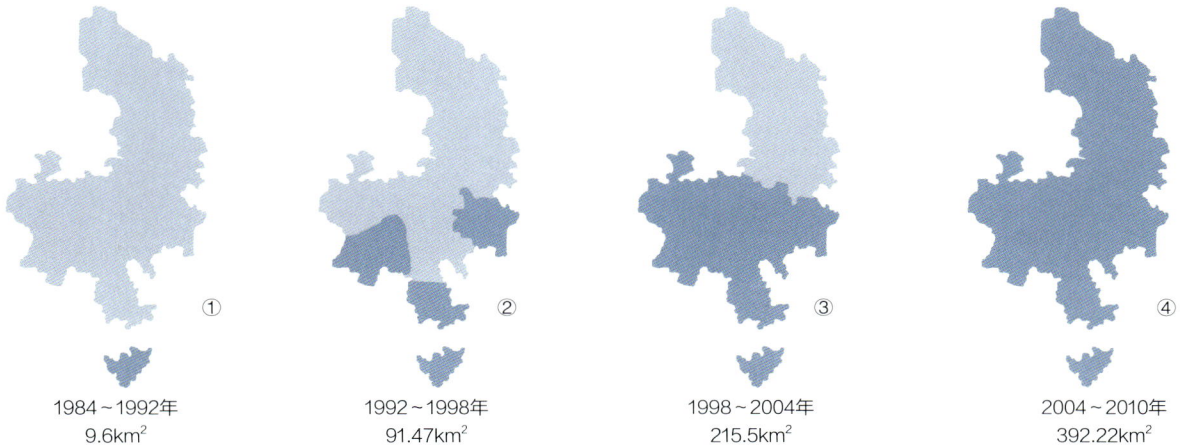

①	②	③	④
1984～1992年	1992～1998年	1998～2004年	2004～2010年
9.6km²	91.47km²	215.5km²	392.22km²

图4-30 武汉经济技术开发区区位空间拓展示意图

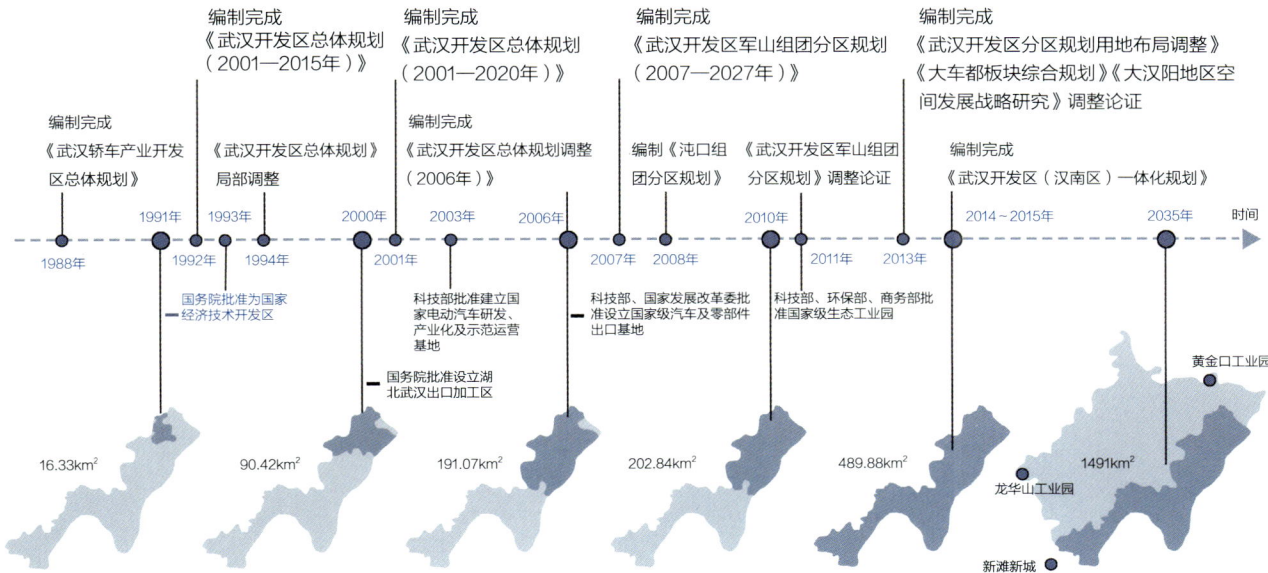

图4-31　天津经济技术开发区区位空间拓展示意图（部分）

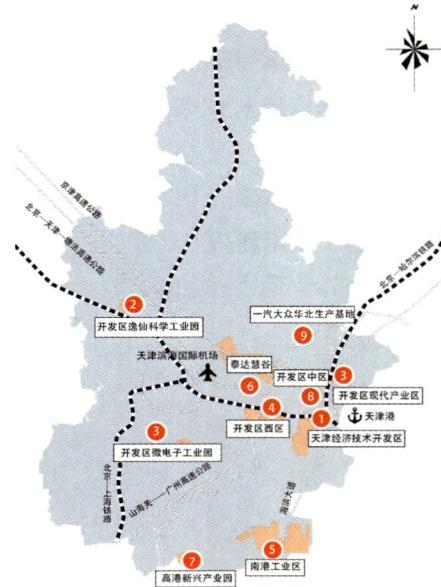

4.2.3　极间填充时期

　　伴随着财政、税收、土地等方面政策的调整，2000年后市域远郊式开发区进入转型发展阶段，开始重视开发区的环境质量、基础设施水平、商业金融和科技服务水平等，城市功能不断完善，拉动城市空间连片发展，实现极间填充；城市功能在"产城融合""精明增长"等理论引导下向建设综合性的新城区转型。开发区在完善内部城市功能的同时开始注重更大区域的统筹发展，联合周边的居住、公共服务、产业生产等功能用地，形成一个更大能级的功能明确、布局合理、可持续发展的城市功能区。在与母城关系方面，随着开发区、母城之间相向扩展以及开发区职能的加强，部分距离主城相对较近的开发区与母城在空间上连绵成片，成为母城外拓的主要发展轴，与轴带延展式发展对城市空间的影响一致。而距离母城较远的开发区则演变为城市外围具有相当人口规模的新市镇，与母城形成双核发展模式（图4-32）。

图4-32　组团生长型开发区极间填充时期特征示意图

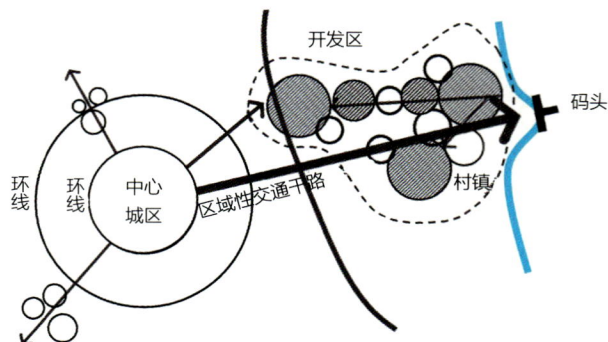

武汉经济技术开发区在城市空间相向拓展作用下空间上逐步与武汉市融为一片，空间呈现出与轴带延展型第三阶段类似的轴上塑心和轴向跳跃的特点。由于武汉经济技术开发区后期拓展区域军山街与原发展区域空间上不连续，且涉及大量农村土地，开发区自身非完整政府的管理机构模式，使城市建设，尤其是在土地储备、基础设施建设等方面受外围区域制约较大，供水、电力、道路等基础设施建设成本变大，连续成片开发困难，城市建设发展滞缓。针对上述情况，2014年武汉经济技术开发区全面托管汉南区，区域整体由经济技术开发区领导，但保留汉南区整体建制以实现区域一体化发展。在2019年武汉经济技术开发区的全区经济工作会议上，确立了"双核联动"发展思路，即大力推进沿江地区开发，进一步优化产业和空间布局，形成以沌口创新发展中心和纱帽（汉南城关镇）生态宜居中心为"双核"的城市空间格局。未来，武汉经济技术开发区除了沿长江和318国道两条轴线做强沌口创新发展产业轴，还将以整村集并为契机促进区域内新型城镇化建设，提升教育、卫生、文化等公共服务水平，塑造配套完善的宜居城区（图4-33）。

图4-33　武汉市空间结构示意图（2021年7月公示草案）

图例　　　城镇发展轴　　　生态绿楔　　　市域范围线

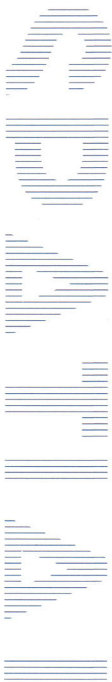

图4-34　天津市双城空间结构示意图（2009年）

　　天津经济技术开发区在城市发展过程中逐渐演变为滨海新区，与天津市的双城格局基本明晰。2005年为进一步提升京津冀及环渤海地区的国际竞争力，国家将加快推进天津滨海新区开发、开放作为全国区域协调发展总体战略写入"十一五"规划。《天津市滨海新区城市总体规划（2005—2020年）》落实国家战略要求，明确提出要将滨海新区建设成为我国北方对外开放的门户、高水平现代制造业和研发转化基地、北方国际航运中心和国际物流中心，逐步成为经济繁荣、社会和谐、环境优美的宜居生态型新城区。随着滨海新区快速发展及城市功能极大完善，2009年《天津市空间发展战略规划》提出"双城双港、相向拓展、一轴两带、南北生态"总体战略，同年撤销塘沽、汉沽、大港三区，成立具有整体建制的天津市滨海新区。通过十余年发展，天津经济技术开发区一方面吸引天津市城市空间向滨海区域发展，另一方面驱动滨海新区以开发区为支点沿环渤海方向拓展，2020年中共天津市委十一届九次全会明确提出，"十四五"期间，"津城""滨城"双城发展格局初步形成，标志着天津经济技术开发区已成为天津城市空间拓展的新核心（图4-34）。

4.3　飞地跳跃型

　　飞地跳跃型开发区与轴带延展型开发区在空间区位上相似，一般由主城边缘式发展而来。该类型开发区主要在承载国家使命和国家战略的一线城市中产生、发展，其所在的城市如北京、上海、深圳等，因其在改革开放初期，肩负着代表国家参与世界科技前沿产业竞争、引领国家科技体制改革、落实国家重大战略产业、满足国家重大需求等国家使命，同时其城市吸引力、产业发展活力在国内具有明显的比较优势，因此在产业空间上会呈现出短时间内较大规模的拓展需求，而轴带延展型和组团生长型的空间模式均难以满足其空

间快速拓展要求，因此在近郊区选址布局后，选择城市中有一定城市建设基础、产业发展
基础、产业要素资源相对密集等区域进行跳跃式空间扩张。

飞地跳跃型开发区在建立初期作为城市产业发展的先行先试区，在空间上是城市某一拓
展方向上的空间载体。在开发区快速发展期，因其所在城市吸引力和产业发展活力导致其空
间拓展的需求强烈，同时基于开发区已经积累的发展经验、优惠政策等优势，城市为又快又
好地履行其国家战略和区域使命，会在全市范围内统筹开发区空间拓展，选择城市主导产业
发展方向的空间进行"跳跃"，伴随着产业集群化发展和比较优势的积累，在开发区发展的成
熟期，会与城市发展战略高度融合，城市会进一步扩大开发区范围，选取城市中已存在的核
心产业空间纳入开发区，并将其作为城市产业发展的核心区域，引领城市产业高质量、高水
平发展。这些被纳入的空间一般是城市内其他行政区的产业园区的一部分，故在区位上呈现
出多处飞地的空间形态。该类型空间演变模式受城市承载的国家使命、城市整体发展战略、
开发区自身发展品牌影响力、优惠政策力度、开发管理模式和体制机制等多重因素综合作
用，飞地跳跃型开发区属于比例相对较少的类型，典型的案例包括北京中关村科技园区、上
海张江高新区，南京高新区、深圳高新区等（表4-3）。

飞地跳跃型国家级开发区典型案例 表4-3

序号	名称	园区分布	园区用地规模（km²）	与城市关系
1	北京中关村科技园区	一区十六园	488	城中包含飞地
2	上海张江高新区	一区十八园	470.5	
3	南京高新区	一区十五园	—	
4	深圳高新区	一区十一园	159.5	

通过对飞地跳跃型开发区内部空间进一步分析，可以看出其内部空间在发展过程中呈
现出不同的空间形态，大致划分为点状扩散、主方向飞地跳跃、多方向飞地跳跃三个时
期。在各时期，随着开发区功能和规模的逐步发展与完善，该类型开发区的空间拓展也一
直与城市向外拓展相生相长，形成对城市发展的良性影响。该类开发区伴随其起步—发
展—成熟，逐渐演化为所在城市最重要的产业空间载体。下面将结合北京中关村科技园
区、上海张江高新区两个典型案例，对该类型开发区的空间演变特征进行分阶段阐述。

4.3.1 点状扩散时期

在起步阶段，飞地跳跃型开发区与轴带延展型开发区空间发展特征相似。作为承载国
家战略和国家使命的产业先行先试区，在初期探索阶段，会选择发展条件相对成熟、具有一
定规模的区域。一方面可保证起步阶段较为充裕的腹地空间；另一方面会选择城市中最具优
势的区域，包括城市建设相对成熟、产业发展资源要素高度聚集的区域。在空间上会在主
城近郊划定一块区域作为开发区发展的载体。另外，选址区域可以提供产业发展所需的人
才、产学研转化的科教资源、产业基础以及交通条件，还可以充分利用主城已形成的较完
善的配套服务设施。在起步建设阶段，空间建设重点在产业发展和基础必要配套设施，开

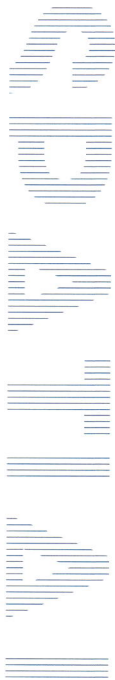

图4-35　飞地跳跃型开发区点状扩散时期特征示意图

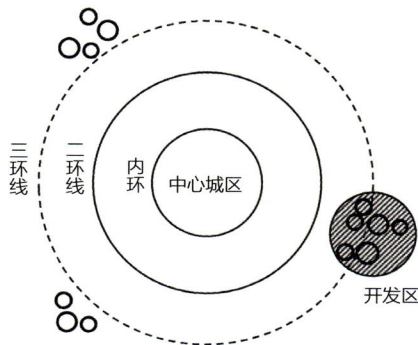

发区空间功能呈现产业为主、配套为辅的特点。空间呈现小范围相对集中，对城市空间发展影响较小，与轴带延展型类似。本阶段开发区对比母城整体呈现出点状扩散的态势。开发区在此阶段呈现点状扩散发展的原因与轴带延展型类似，具体内容参见前文（图4-35）。

　　北京中关村科技园区于1988年5月经国务院批准成立，源于20世纪80年代初期建设的"中关村电子一条街"，是我国改革开放的产物。作为我国第一个国家级高新技术产业开发区，是全国外向型、开放型的新技术产业开发试验区，其成立是国家实施科教兴国战略、增强综合国力的重大措施，面向未来其也将代表国家向具有全球影响力的科技创新中心进军。其选址以中关村地区为中心，在北京市海淀区划出100km²左右的区域为其政策区范围，该范围位于北京市西北郊的市区边缘。该选址主要基于三个原因：一是该区域是全国科技人员和智力资源最密集的地区，具有人才、科技和知识优势，高科技产业也有一定的基础；二是该片区与市中心有通达的道路相连，处于举世闻名的风景园林区（毗邻圆明园、颐和园），重点依托北京西北部文教科研区及"中关村电子一条街"形成；三是该选址也契合了北京市在该发展阶段提出的发展海淀城市亚中心的思路。

　　从空间布局上看，北京中关村依托"中关村电子一条街"，沿海淀大街、知春路、科学院南路沿线进行点状扩散，同时在开发区北部清河北上地村周围设立上地信息产业基地。"中关村电子一条街"主要指以"两通两海"（即四通公司、信通公司、科海公司、京海公司）为代表的近百家科技企业聚集形成大写的英文字母"F"形地区。上地信息产业基地一期占地1.81km²，总规划建筑面积在160万m²以上。在"中关村电子一条街"和上地信息产业基地建设的基础上，为促进海淀亚中心建设的起步，中关村周边区域形成为其服务的会议中心、展销中心、旅馆、开发公司办公楼等产业配套服务功能，道路和市政设施也不断完善。因此，本阶段中关村呈现以"中关村电子一条街"为基础，以上地信息产业基地及海淀亚中心等多点扩散性发展空间形态。上海张江高新区起源于1991年成立的漕河泾新兴技术开发区，在本阶段也是呈现出点状发展的空间形态[1]（图4-36）。

① 刘标. 中关村专业科技园区的规划、开发与管理研究［D］. 北京：清华大学，2005.

图4-36 北京中关村科技园起步阶段区位图（1988年）

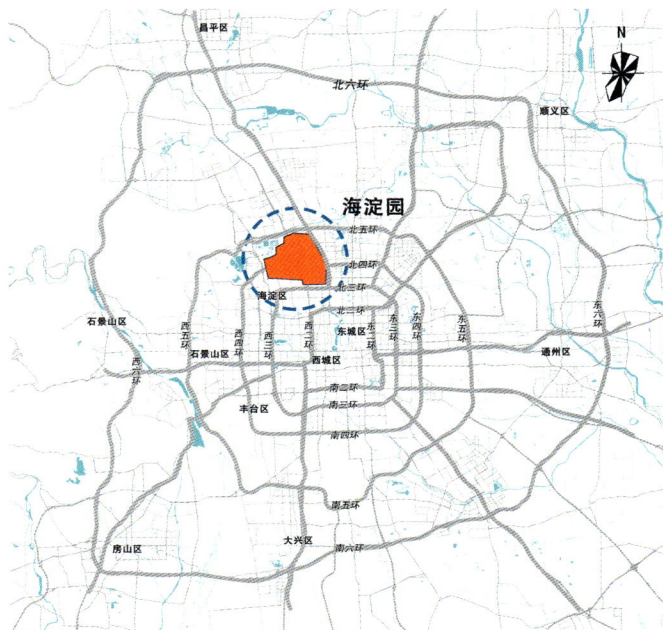

4.3.2 主方向飞地跳跃时期

经历点状扩散阶段后，开发区开始沿着城市发展主轴向进行飞地式跳跃发展。经历了点状扩散的发展阶段之后，开发区在空间拓展思路上面临两种选择：一种是在现状建成区范围周边进行连绵拓展；另一种是跳出现状建成区，在更广的范围内寻找可拓展空间。如前面所述，选择飞地跳跃型模式的城市一般有强大政策力和城市吸引力，城市发展迅速，置身其中的开发区也能够在短时间内实现产业聚集、空间快速拓展。因此，当开发区需要快速拓展空间时，开发区周边能够实现连绵拓展的空间已经不足，故开发区一般选择在与主导产业一致、具备一定产业基础、城市建设相对成熟的区域进行飞地拓展。这类飞地和周边与城市现状交通干线和设施配套相对成熟的未建设区域结合，形成多个组团式拓展空间。本阶段是开发区模式在城市内初期推广应用阶段，城市会综合选取城区与开发区的发展思路和相关政策更为契合的地区，以更好地发挥开发区效应，推动城市重点产业功能区发展。此时的飞地跳跃在空间上与城市主要的产业发展方向一致。飞地跳跃拓展的空间功能重点仍以产业为主导，配套设施需求通过开发区外的城市服务功能来解决。在空间、功能上飞地拓展的组团与城市发展是有机融合的关系（图4-37）。

北京中关村科技园区在本阶段开始一区多园布局，呈现出沿着城市发展主轴线拓展的空间特点。1990年8~10月，由北京市政府研究室牵头，对中关村试验区进一步发展与改革的若干问题进行了深入的调查研究。调查研究结果认为，中关村试验区发展很快，取得了"显著的成效"，但也存在一个突出的矛盾，即"硬环境的建设和改善大大落后于新技术企业的发展"，产业的进一步发展受到有限空间的限制。为缓解试验区现有空间不足的矛盾，由调查组建议和市、区两级政府共同推动，1991年11月9日，北京

图4-37　飞地跳跃型开发区主方向飞地跳跃时期特征示意图

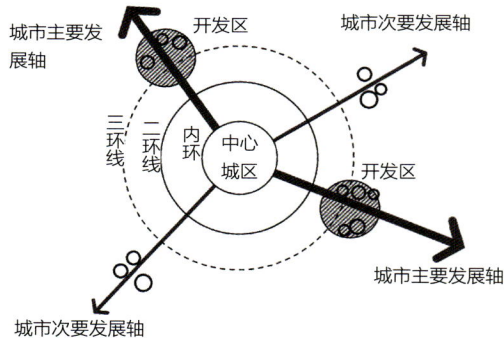

市政府正式批准将丰台园区和昌平园区划为北京新技术产业开发试验区的组成部分，弥补海淀建成区空间不足的问题，实现优势互补。这两个园区办公室分别作为丰台区人民政府、昌平县（现昌平区）人民政府的派出机构，对园区实行统一领导和管理。北京中关村科技园区开启一区多园的空间布局及管理模式，飞地跳跃式空间拓展也拉开序幕。1999年1月，经国家科委批准，试验区区域再次调整，将城市东南方向的北京经济开发区亦庄园、东北方向的电子城科技园、西南方向的丰台园纳入试验区、政策区范围。从此，北京市新技术产业开发试验区即中关村科技园区，形成了"一区五园"的空间格局。该时期纳入开发区范围的飞地园区基本分布在该阶段《北京城市总体规划（1991—2010年）》提出的城市四条发展轴线上，分别是京榆公路、京开公路、京津塘高速公路以及京石高速公路。本阶段飞地园区一方面具备较好的城市建设基础，与周边交通联系便捷，城市配套设施相对完善，可实现产业空间快速规模化的拓展；另一方面，拓展区域具有较好的产业发展基础，产业发展方向与开发区契合（图4-38）。

图4-38　北京中关村科技园区主方向飞地跳跃阶段一区多园空间布局示意图

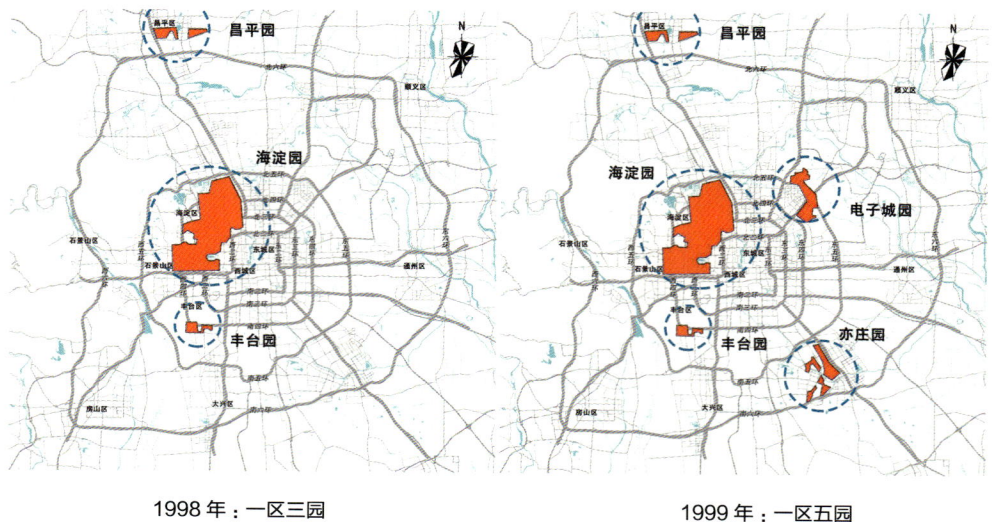

1998年：一区三园　　　　　　　　　　　1999年：一区五园

上海张江高新区经历三轮飞地扩区，在1998年形成"一区六园"的历史格局，占地面积达到42.12km²。其中，以漕河泾新兴技术开发区为核心，拓展的张江高科技园区、金桥现代科技园、上海大学科技园、中国纺织国际科技产业城和嘉定民营科技密集区，均位于上海城市发展的主轴线上。开发区呈现出沿着主轴线空间拓展的空间特点。

4.3.3　多方向飞地跳跃时期

伴随开发区不断发展壮大，开发区乃至整个城市均面临产城融合、高质量发展转型。开发区在国家层面承担着参与世界范围内产业竞争的重大使命，所在城市的产业空间需要更加高效、高质量的拓展。经过上一阶段的发展，开发区在规模上、重要性上都已成为城市产业空间布局的最主要、最核心的组成部分。开发区的品牌效应和开发经验进一步显现。在本阶段，城市将开发区模式进行全域复制推广，将发展过程中积累的经验，包括产业发展、管理模式、建设模式等在城市中复制。因此，结合城市地理区位、资源要素、城市格局、对外交通等因素影响，开发区在空间上则呈现出多方向飞地跳跃拓展特征。本阶段的开发区功能上仍以产业为主导，产城融合理念在开发区及周边城市区域中整体予以落实（图4-39）。

自从2001年加入世界贸易组织之后，我国全方位地融入世界经济体系，开发区更广泛地与世界各地的企业开放合作，在空间上也面临进一步快速高效拓展的需求。2006年1月，北京中关村经国务院批准园区总面积调整为232.52km²，包括海淀园、丰台园、昌平园、德胜园（含雍和园）、电子城（含健翔园）、亦庄园（包括通州光机电一体化园区和通州环保园区）、石景山园、大兴生物医药产业基地等，形成了"一区十园"的空间格局。北京中关村科技园区开始进入多方向飞地跳跃阶段。2012年北京中关村科技园区经国务院批复同意调整国家自主创新示范区空间规模和布局，由原来的"一区十园"增加为"一区十六园"，包括东城园、西城园、朝阳园、海淀园、丰台园、石景山园、门头沟园、

图4-39　飞地跳跃型开发区多向飞地跳跃时期特征示意图

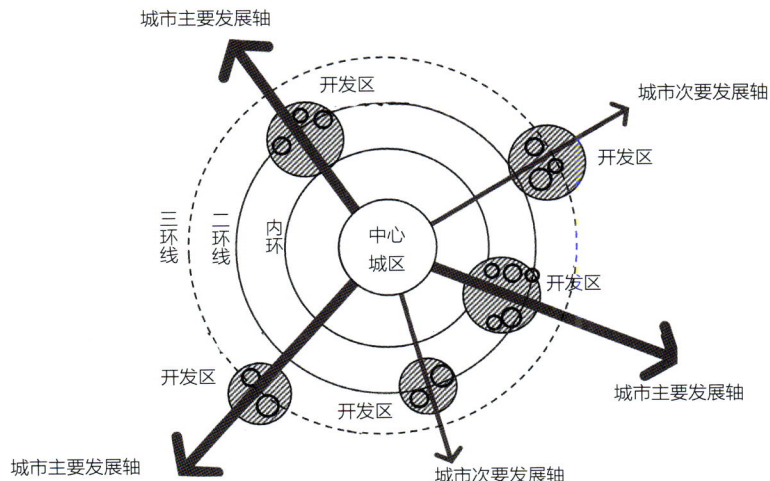

57

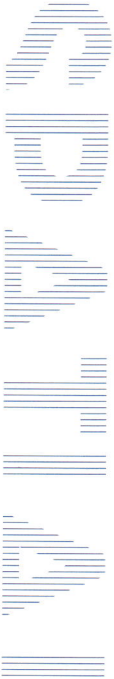

房山园、通州园、顺义园、大兴—亦庄园、昌平园、平谷园、怀柔园、密云园、延庆园；占地规模扩大到488km²，共计114个区块，约占北京市产业发展用地的70%，成为首都跨行政区的高端产业功能区。北京中关村科技园区在高质量发展阶段，为进一步实施科教兴国战略、提升城市整体产业用地效能，结合城市全域产业发展基础、交通条件、用地空间等情况，结合各区产业发展板块，进行多方向飞地跳跃拓展空间（图4-40、图4-41）。

从1999年开始，上海市政府启动"聚焦张江"战略，张江由此步入多方向快速发展的轨道。为了凝聚上海高新技术产业力量，上海市先后分两次将上海其他科技园区及创新基地陆续纳入张江高新区管理范畴。2011年1月19日，经国务院批准将上海高新技术产业开发区建设成为国家自主创新示范区；2011年10月，形成上海张江高新区"一区十二园"格局，扩区后面积达到296.4km²。进入到高新区扩大发展和高质量转型发展阶段，上海张江高新区再次扩大版图，规划面积扩大到"一区十八园"，共约470.5km²。至此，上海张江高新区分布在全市的各发展方向，覆盖了全市大部分高新技术产业园区，成为全市高新技术产业发展的主要空间载体。

国家级开发区是城镇化快速发展重要的空间载体，其中飞地跳跃型开发区更是快速成型的典型，其主要出现在北京、上海、深圳等国家一线城市。而随着大量的国家级开发区进一步发展，其面临着连绵扩展空间缺乏、高效集约高质量发展、增量为主转变为存量挖潜，全市甚至在区域上，整合现成的、不连续的、跳跃性的产业空间成为开发区空间增长的主流方向。2019年，南京高新区整合全市15个高新

图4-40　北京中关村科技园区多方向飞地跳跃阶段一区多园空间布局示意图

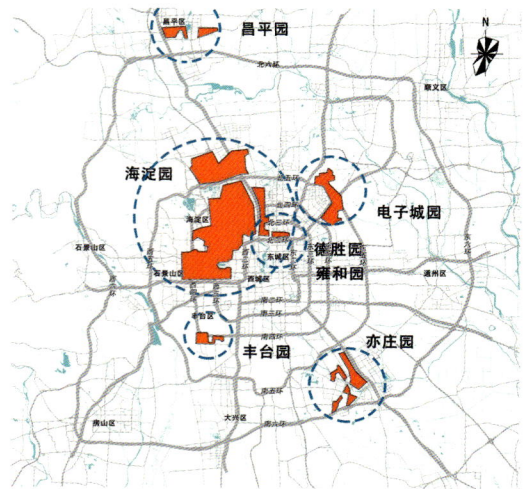

2003年：一区六园

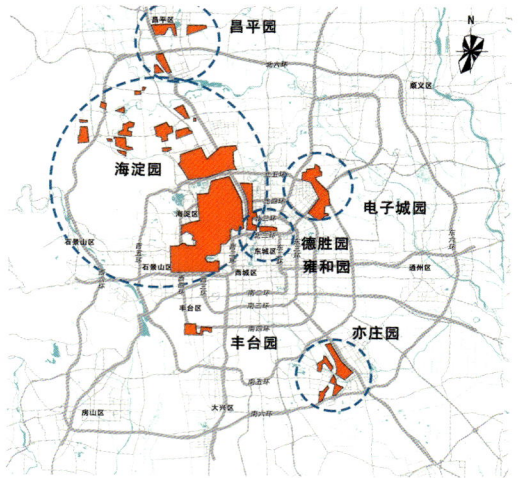

2004年：一区七园

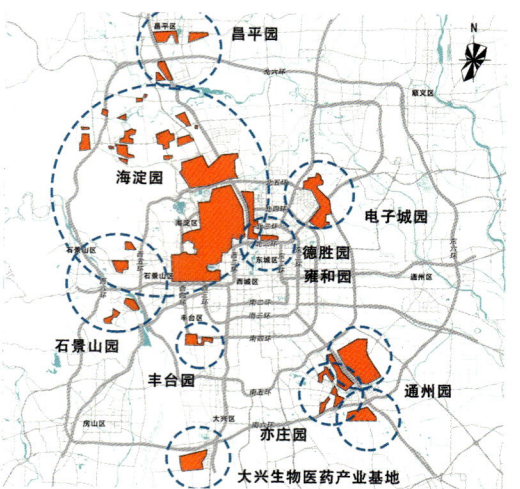

2006年：一区十园

图4-41 北京中关村科技园"一区十六园"空间布局示意图

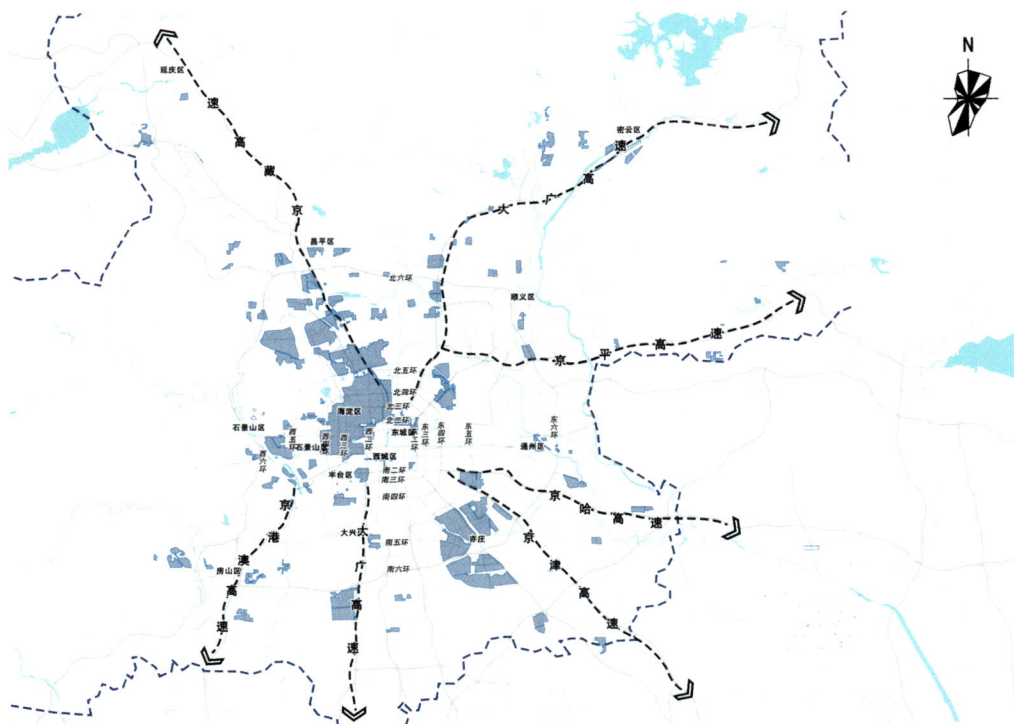

区,探索"空间有界、服务无边、管理有级"的都市型高新区发展模式,打造"1"个高新区总部和"N"个高新园区。2020年,杭州市提出到2021年整合全市各类开发区(园区),空间上相对集中连片,推动产业集聚向产业集群转型升级,打造高能级平台。纵观飞地跳跃型开发区的空间演变过程,开发区依托城市现状产业空间,与城市共享基础设施、配套设施,打造"园外园""共建园",城市产业空间与其他功能充分融合将成为越来越多国家级开发区空间拓展的选择。

4.4 经开区与高新区的差异性

4.4.1 区位选择

剥离城市快速发展带来的干扰,经开区和高新区在区位选择上存在显著差别,尤其是国家级经开区和国家级高新区,经开区倾向于选址在与城市主城有一定距离的市域郊区,而高新区则倾向于选址在主城边缘或主城区内。

国家级经开区早期发展目标是大规模地利用国外资金,引进国外先进技术和管理经验,加快对外开放步伐,以及推广经济特区取得的经验和成就;后期发展目标是通过营造有利于外商投资的良好环境,吸引国外资金、技术和设备,开拓国内外市场,扩大出口创汇,推动所在地区经济发展。因此,早期在没有先例可循的情况下,国家级经开区发展模式普遍参照深圳模式,选择与主城有一定距离且对外交通便利的封闭区域独立发

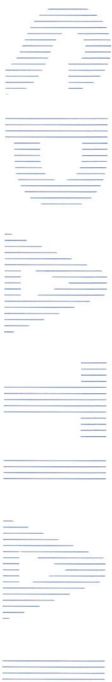

展，与主城区有一定距离的封闭区域可以防止市场体制对原有体制的冲击，对外交通便利则利用外向产业结构的发展。后期虽然对市场体制认识发生了转变，但受土地财政影响，国家级经开区设立之初仍普遍选择与主城区有一定距离（土地资源充足）的对外交通便利的区域发展。国家级经开区快速发展的进程与我国快速城市化的发展阶段基本一致，在双重扩展下，部分距离老城较近的经济开发区由原来的城市远郊转变为近郊或者与主城连绵成片。仅国家级经济开发区空间拓展而言，在带动区域经济发展目的下基本呈现两种方式：位于城市远郊的向主城方向发展和位于城市近郊的向外拓展。

国家级高新区设立的初衷是促进科研向生产转化，推动科技与经济的一体化发展，故高新区不能脱离城市独立存在，必须依托城市内的高等院校、科研机构和科研实力雄厚的大型企业等营造局部优化环境、培育创新型企业，发展高新技术产业，改造传统产业，实现高新技术成果商品化、产业化和国际化。而高等院校、科研机构和科研实力雄厚的大型企业比较集中的区域多是知识、技术密集的大中型城市和沿海发达城市。同时，高新区作为产业区需要产业承载空间，即具有一定用地存量的区域，城市内很难找到适宜的区域，临近智力聚集区的城市边缘地带则成为高新区的最佳选址区位。同样，经过四十余年发展，部分高新区被城市包围，后期采用飞地的模式寻找新的拓展空间，部分高新区与城市形成连绵区后逐步向外拓展。高新区高于城市一般空间的扩展速度使得高新区所在方位成为城市拓展的主要方向。

4.4.2　功能演化

回顾经济开发区和高新区的发展历程，设立的出发点不同导致两种类型开发区的功能演化存在差异。经济开发区可分为生产区、产业园、综合功能区三个功能演进阶段，高新区则分为产业园和综合功能区两个阶段。

为大规模地利用国外资金，引进先进技术和管理经验，国家制定"三为主一致力"的发展方针（即以发展工业为主、以利用外资为主、以出口创汇为主和致力于发展高新技术产业）。经济开发区设立之初确立了以产业为主导的建设理念，城市投资与建设均围绕产业诉求展开，"五通一平"乃至后期的"七通一平"等基础配套设施建设以及生产性企业大量引入，使区域快速成长为以生产、制造为主导的功能单一的产业空间。1997年后，国际制造业格局基本稳定，以外资为主导的经开区稳步发展，普遍成长为城市经济的增长极，2005年国务院出台的《关于促进国家级经济技术开发区进一步提高发展水平的若干意见》提出，经开区在产业主导的基础下向多功能综合性产业区转变和发展。同时，面对发展过程中出现的服务孤岛、定向通勤等问题，打造功能齐全的产业园区，实现职住平衡，成为经济开发区该阶段建设的重点。经济开发区园区建设开始向与产业发展有密切联系的功能区扩展，园区内出现一定的居住空间和部分如商业服务和公共服务等城市功能，同时注重与主城区的互动。2000~2008年系列政策调整后，经济开发区发展速度变缓，但经过前两阶段的积累，经济开发区优越的基础配套设施及完善的产业链成为产业聚集新动力。2012年，商务部在《国家经济技术开发区"十二五"发展规划》中明确国家级开发区在"十二五"期间"先进制造业与现代服务业并重、利用境外投资与境内投资并重，经济发展与社会和谐并重"，"促进国家级开发区向以产业为主导的多功能综合性区域转变"。产城融合的理念应时而生，经济开发区的功能定位由以生产功能为主过渡到生产与城市功能并重，部分开发区空间的扩展程度甚至略高于产业空间，经开区由产业园区向综合性城区转变，摆脱单一工业区的局限，居住、商业、金融、文化、教育、科研等其他城市功能逐步完善，区内竞争力和持续发展能力持续增强。

高新区创建的根本目标是在一定的地域空间内建立起各行为主体交互作用、协同创新的网络关系和有利于创新的社会物质文化环境，打造一个包括研发、制造、孵化、金融、中介、管理等服务的空间功能混合、目的明确的综合地域空间，构建有利于创建各类学习、交流的空间环境。高新区内各种建设及要素配置围绕创新经济的发展需求展开。早期高新区建设定位在产业园建设方面，着重结合创新活动的需求形成若干专业化的单元，如软件园、生物园、电子信息园等产业园区，大学园、大型企业园、大型研究机构园等创新园区，以及针对某一特定创新人群建立归国留学生园、某一国家或地区的专业园区等。土地利用以产业用地为主，配套少量住宅用地，而生活配套服务设施则几乎没有考虑。但随着高新区的不断发展，大量的技术、资金、劳动力从区外进入园区，高新区在进一步深化、细化产业空间配置的同时，通过市场化的房地产开发建设了大批居住空间并配以学校、医院、商场等生活配套设施，在产业区附近建设了俱乐部、大型会议中心等公用设施，营造更好的生产生活环境，吸引创新人群、创新企业聚集，形成集研发、制造、商务、居住等功能于一体的综合性功能区。

4.4.3　空间演变

受设立园区初衷和利用资源类型的影响，高新区多位于主城区内部或边缘，属于主城边缘型或城中飞地型，空间演变多具有轴带延展型和飞地跳跃型开发区的特征；而经济开发区因位于相对独立的区域，与城市主城的距离较远，属于市域远郊式开发区，在空间演变方面具有典型组团生长型开发区的特征。部分距离主城区较近的经济开发区，在经济开发区与城市主城相向拓展的演变下，后期空间特征也逐步表现出轴带延展和飞地跳跃的特点。

4.4.4　空间肌理

经济开发区和高新区作为我国改革开放的主要成果，都具有改革试验场、开放窗口以及示范、带动等功能，但两类开发区在内部空间构成方面存在差异。经济开发区在产业为主的发展模式下，建设过程中重工业轻服务业，从而形成了小则几平方公里，大则数十平方公里的工业连绵带，体现在空间上表现为大尺度的工业用地和稀疏畅达的道路网。高新区作为注重科研向生产转化的区域，引入的企业以高新技术企业或科技企业为主，该类企业呈现占地少、人员密集、高知多元等特点，体现在空间上表现为多元复合的用地构成和密集道路网络。

近年来，在产城融合和创新引领的作用下，经济开发区在大力发展现代工业的同时，

也积极致力于高新技术产业发展，经济开发区和高新区在空间肌理上也逐渐趋同。

4.5 未来趋势研判

在坚持科技创新和体制创新的双轮驱动下，国家级开发区已经成为我国国民经济发展的一个重要支撑点和增长点，走出了一条中国特色的产业发展道路。经历几十年的高速增长后，我国经济从高速增长时期进入高质量发展时期，要素驱动、投资驱动向创新驱动的转型要求迫切。党的十九大提出了我国2035年和到2050年两个阶段的国家发展目标，实现这两个目标的根本点都在创新，而国家级开发区作为创新驱动发展的主力军和主阵地，在我国新时代的发展中需要肩负引领发展和支撑发展的新使命，这是新时代国家对开发区建设提出的新要求。面对新的外部环境和新的发展使命，国家级开发区在前三四十年发展的基础上，将不断发展和优化现有的城市功能、空间格局来更好地适应未来发展的新要求。

4.5.1 大区域协同发展

2006年国家"十一五"规划提出，把城市群作为推进城镇化的主体形态，"城市群"第一次出现在中央文件中。之后，2007年党的十七大报告、2012年党的十八大报告、2017年党的十九大报告以及2013年中央城镇化工作会议、2018年中共中央国务院《关于建立更加有效的区域协调发展新机制的意见》等中央文件精神均要求将城市群作为推进国家新型城镇化的主体形态，实施区域发展总体战略的重要空间载体。2019年12月，习近平总书记在《求是》发表的《推动形成优势互补高质量发展的区域经济布局》一文中指出，"我国经济由高速增长阶段转向高质量发展阶段，对区域协调发展提出了新的要求"，并提出应积极"推动形成优势互补、高质量发展的区域经济布局"。可以预见，我国经济从高速增长转向高质量发展的同时，"中心城市""都市圈""城市群"等将成为我国经济发展要素的主要载体，空间形态上将呈现区域一体化发展趋势。

国家级开发区将走向更加广阔的大区域，参与构建跨区域协同发展的空间格局，成为城市群发展的主要媒介。国家级开发区作为城市的主要产业引领区，经过快速发展积累了丰富的品牌效应和产业比较优势，将作为城市对外辐射引领的先行区，参与区域协同发展，通过产业链上下游联动发展，在所在的城市群大区域内进行产业协同发展，在空间上表现出跨行政区互联互通，构建跨区域的产城融合单元空间网络。国家级开发区应不断发挥自身体制优势和产业优势，不断创新自身地域特色的同时，在经济上和空间联系上逐步与周边地区相融合，形成一种功能互补、生产协同配合、基础设施共享的地域一体化的发展模式，同时辐射周边地区，带动周边地区的发展与产业升级。

4.5.2 集约内涵式发展

党的十九大报告强调，统筹发展和安全，增强忧患意识，做到居安思危，是我们党治国理政的一个重大原则，增量发展将逐渐被存量发展所取代。这就需要转变过去的粗放式发展模式，秉持集约内涵式发展理念，资源开发利用既要支撑当代人过上幸福生活，也要为子孙后代留下生存根基，在转变资源利用方式、提高资源利用效率上下功夫，全面促进资源节约集约利用。国家级开发区作为我国新型城镇化发展的重要载体，将致力于提升城镇化质量，积极探索集约化、内涵式新型城镇化发展路径，从而成为国家新型城镇化集约发展的重要引擎。可以预见，未来大多数国家级开发区将延续原有用地规模和边界范围，通过内部挖潜、提升用地效率的方式进行空间拓展和功能提升。

4.5.3　创新要素更加集聚

"十三五"以来，我国战略性新兴产业发展质量不断提高，产业层次不断提升，日益成为落实供给侧结构性改革、驱动新旧动能转换的关键领域。从产业结构看，传统制造业引领转变为制造业、服务业双轮驱动，新兴产业成为增长热点；从产业动力看，传统依靠土地、劳动力、资本要素投入的增长模式转变为创新驱动，创新人才和核心技术成为关键要素。当今世界正面临百年未有之大变局，伴随经济全球化趋势的日益复杂和多变，我国在"十四五"乃至更长一段时间内，国家级开发区作为我国应对世界经济发展复杂化和推动国家战略性产业高质量发展的主战场，将以自主创新驱动为核心动力，围绕原始理论研究、核心技术研发、产业技术转化、创新配套服务等各创新环节，加大各类创新要素的集聚，营造自主创新氛围，提升国家创新能级，同时，将加强全产业链与自主创新链的衔接，实现国家整体产业竞争力和自我控制力的显著提升。

4.5.4　绿色生态可持续

气候变化、水资源短缺、生物多样性锐减、空气污染已成为当今主要的全球性环境问题，实现绿色可持续发展成为世界各国追求的长远发展目标。"既能满足当代人的需求，又不对后代人满足其需求的能力构成威胁的发展"，这一1987年就提出来的可持续发展概念在当下显得尤为重要。近年来，生态文明建设已上升为国家战略，成为关系人民福祉、关乎民族未来的长远大计，国家机构改革新组建自然资源部和生态环境部，目标就是强化国土空间用途管制和生态保护修复，实行最严格的生态环境保护制度，着力解决突出环境问题。在生态文明建设的大背景下，自然资源和生态环境的强约束进一步凸显，国家级开发区在土地利用、污染型产业退出和新产业引入方面都将执行更为严格的标准，通过管理机制的不断完善倒逼开发区的产业转型升级，对生态空间的关注度也会持续加强，生态空间的塑造和赋能将是国家级开发区在新时期提升其综合竞争力的一个重要抓手。

4.5.5　"以人民为中心"的产城融合发展

过去几十年，在取得巨大发展成就的同时，我国的区域和城乡不平衡问题依然突出，各类社会问题层出不穷，经济发展和城市建设要回归"以人民为中心"的理念，满足人民

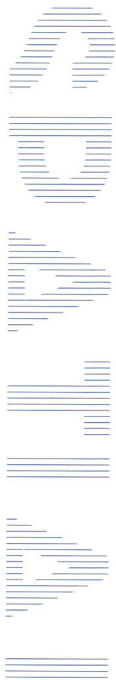

日益增长的物质文化的需要，不断完善城市基础设施，从而提升城市的内涵。在我国新型城镇化迈入高质量发展的更高阶段的同时，城市空间也将由原来"干城一面"、标准化配套向需求特色化、精细化方向转变。国家级开发区站在新的起点上，将更多地关注和塑造自身的地域、文化特色，促进空间环境更加的特色化、品质化，内涵不断提升，在秉持"以人民为中心"的理念下，为不同群众提供特色化、品质化、具有针对性的城市管理和公共服务，建设一批特色化、高品质、高等级的大型公共设施，促进开发区服务功能由仅面向开发区向服务更广阔的城市片区转变，承担起部分城市的服务功能，引领开发区向空间布局多样化方向发展。

第5章
东湖高新区概况

　　东湖高新区是我国中部地区、依托特大省会城市——武汉发展的高新技术园区。成立30余年来，始终践行推动科技体制改革、引导高新技术产业发展、带动地方经济增长，并承担着进一步将先进技术和知识辐射到其他产业和后发地区的使命，助推城市和区域产业升级。其在科技部火炬中心2019年度国家高新区评价中名列全国第四。东湖高新区的发展史，就是一部与城市、与政策、与时代俱进的编年史。

5.1 总体情况

5.1.1 地理区位

东湖高新区位于武汉市东南部，总辖区面积518km²，辖区西北分别与武汉市中心城区洪山区、东湖风景区、青山区接壤，南部临近新城区江夏区，其东部界线为武汉市域边界，与鄂州市无缝衔接（图5-1）。

东湖高新区交通条件优越，距离武汉天河国际机场41km，鄂州通用机场50km，武昌火车站8km，武汉火车站约15km，汉口火车站28km，通过客运快线可实现4h内到达北京、上海、广州等国内主要城市。通过市辖区内三环线、四环线可实现半小时内到达长江新港各货运码头。

图5-1 东湖高新区区位图

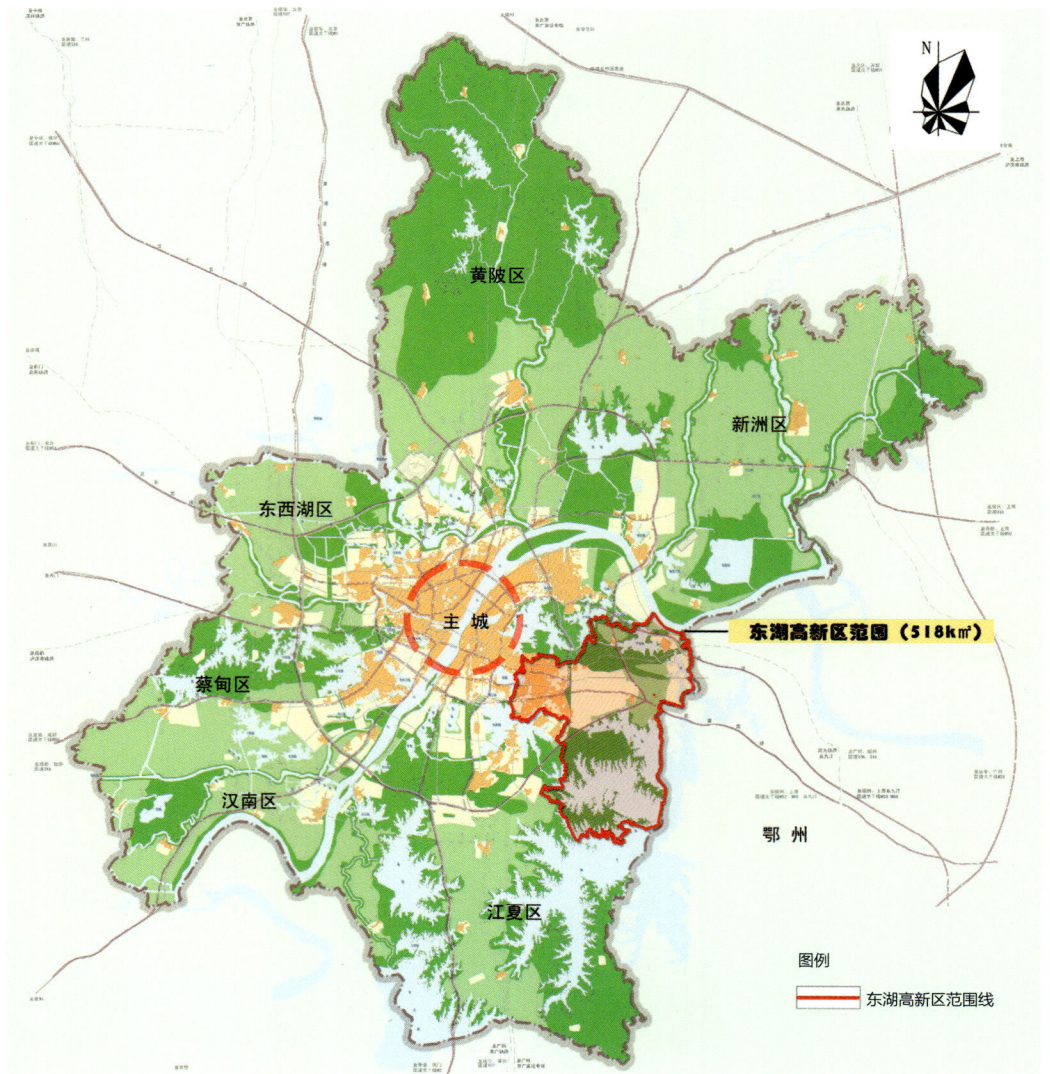

5.1.2 自然环境

东湖高新区依托南北环绕、两山横贯东西的自然生态格局，构建了"两山七湖"的生态系统和"多廊多点"的生态格局。目前，东湖高新区现状生态用地面积占辖区面积的四分之一，约143km²，主要包含"两山七湖"，即北部的东湖、严东湖、严西湖和九峰国家森林公园（九峰山系），南部的牛山湖、梁子湖、汤逊湖和龙泉山风景区。南、北两侧的自然山、水等生态资源是武汉市六大城市绿楔中的大东湖绿楔和汤逊湖绿楔的重要组成部分，也为东湖高新区塑造南、北两道城市级天然生态屏障（图5-2）。

为营造绿色宜人的城市环境，东湖高新区利用南、北天然屏障之间现有的水渠、地势低凹区，控制了5条东西向、3条南北向的生态廊道和多处点状公园，构建了"多廊多点"的生态格局，高新区内规划生态用地面积282hm²，占辖区面积的55%。

图5-2　东湖高新区山水资源分布图

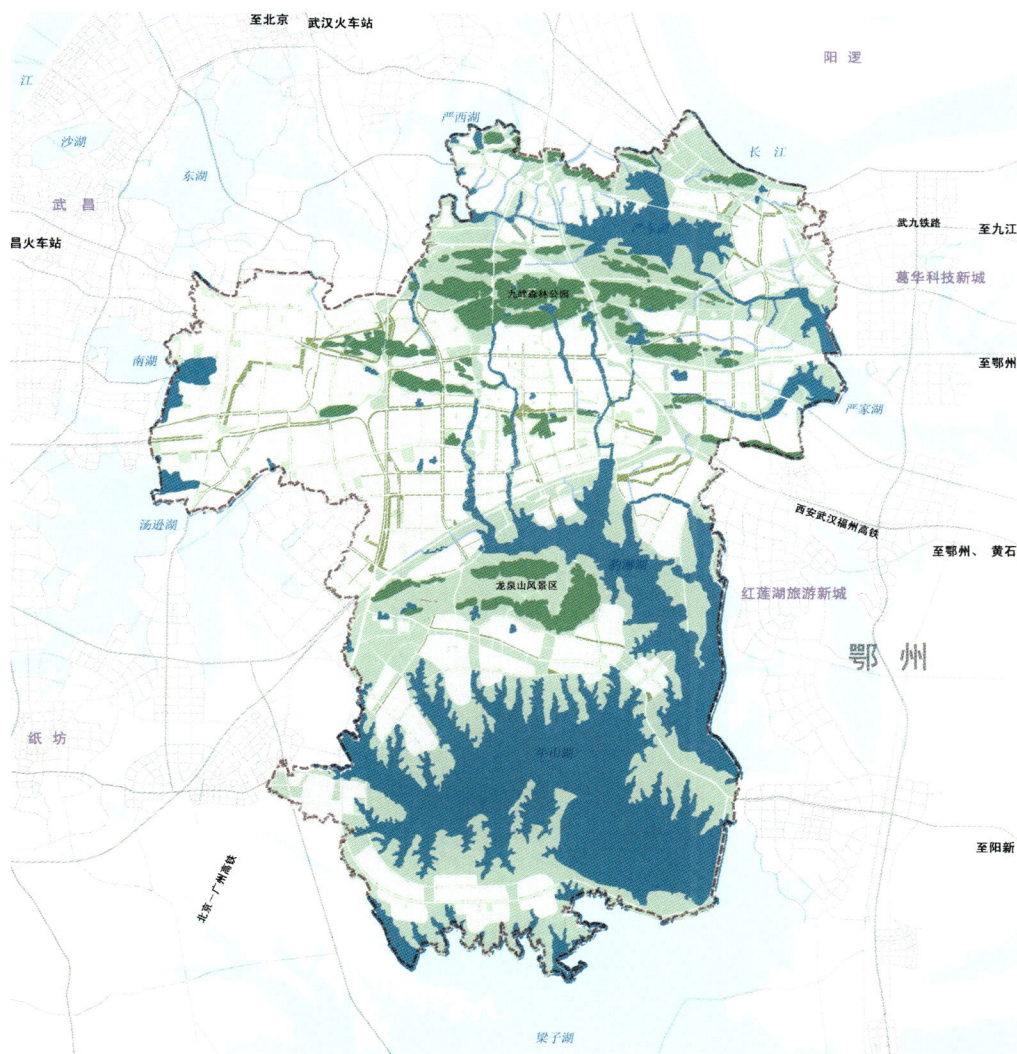

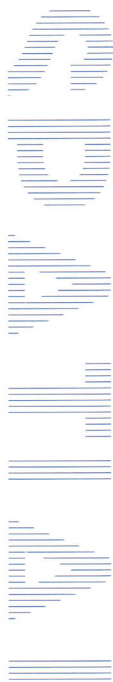

5.1.3　人口概况

　　根据由东湖高新区管理委员会联合光谷创新发展研究院编制的《2019东湖高新区创新发展报告》，2019年东湖高新区人口达204.3万，年均增长率达31%。其中，户籍人口为53.9万，年均增长率达11%，远高于武汉市平均水平（2.6%）；参保就业人口为46.8万，年均增长率达13%，高于武汉市平均水平（10%）（表5-1）。

近年来武汉市及东湖高新区人口情况一览表（单位：万人）　　表5-1

年份	武汉市			东湖高新区		
	常住人口	户籍人口	就业人口	常住人口	户籍人口	就业人口
2015	1060.77	829.27	544.92	105.1	33.9	29.3
2016	1076.62	833.85	550.37	122.4	35.7	32.4
2017	1089.29	853.65	564.08	140.5	41.6	36.2
2018	1108.1	883.73	585.98	156.0	48.5	41.2
2019	1121.2	906.4	610.23	204.3	53.9	46.8

资料来源：《2018年武汉市统计年鉴》，2018年、2019年《武汉市国民经济和社会发展统计公报》《2019东湖高新区创新发展报告》

　　东湖高新区人口近年来以净流入为主，现状人口构成相对于武汉市具有外来人口多、常住人口密度大等特征。人口结构呈现年轻化、高知化的特征。据统计，2019年，东湖高新区44岁以下人口占比达77%，较2018年提升1.2%。东湖高新区内集聚了武汉大学、华中科技大学等42所高等院校，56个国家及省部级科研院所，65名两院院士，高校师生约22万人，是中国三大智力密集区之一。2019年，东湖高新区内新增落户大学生2.5万人，占新增落户总人数的27.5%，本科及以上学历人口占新落户大学生的68.4%（图5-3、图5-4）。

图5-3　东湖高新区人口年龄构成示意图

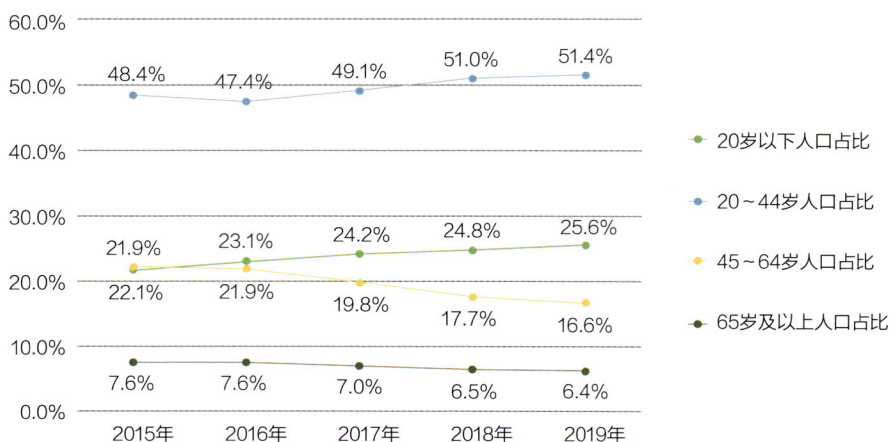

资料来源：《2019东湖高新区创新发展报告》

图5-4　东湖高新区落户大学生学历分布示意图

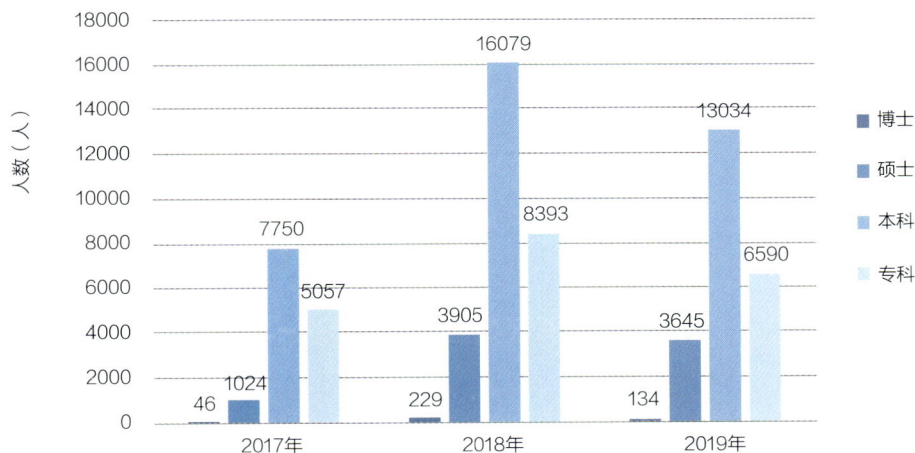

资料来源：《2019东湖高新区创新发展报告》

5.1.4　经济产业

30年来，东湖高新区始终把握世界科技经济发展大趋势，坚持高标准、高起点大力发展特色高新技术产业。2019年，"中国光谷"成为我国参与全球光电子竞争的知名品牌，生物产业综合实力位列全国108个生物产业园区前三位，高端装备制造业获批"中国制造2025"试点示范城市核心区域，高技术服务业获批国家现代服务业综合试点。东湖高新区2019年共有909家企业通过高新技术企业认定，有效期内的高新技术企业总数达2318家，数量居全国高新区第五、中部地区第一。

根据科学技术部火炬中心公布数据显示，2019年东湖高新区综合实力在全国高新区排名第四，在评价的四个一级指标中，东湖高新区知识创造和技术创新能力位列全国第二，产业升级和结构优化能力位列全国第四，国际化和参与全球竞争力与高新区可持续发展能力均位列全国第六（表5-2）。

2019 年全国高新区综合排名前十位　　　　　　　　　　　　　表 5-2

名次	园区名称	名次	园区名称
1	北京中关村科技园	4	武汉东湖高新区
2	深圳高新区	5	苏州工业园
3	上海张江高新区	6	合肥高新区

资料来源：根据科技部火炬中心每年对各园区单独通报统计结果，结合各园区网上信息收集整理形成。

2019年，东湖高新区以全市6%的土地创造出全市11.6%的地区生产总值，已成为武汉市高新技术产业发展的主阵地。根据《2019东湖高新区创新发展报告》，2019年东湖高新区地区生产总值达1876.77亿元，同比增长10.2%。其中，高新技术产业增加值达1176.7亿元，同比增长21.6%，占地区生产总值比重达62.7%；设立第二总部的企业

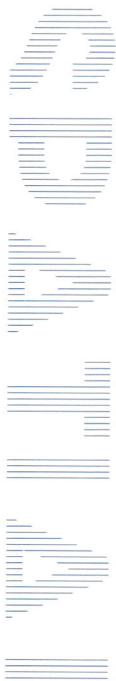

总数达86家，东湖高新区经济首位度进一步凸显。

"光芯屏端网"是东湖高新区的主导产业集群，区内拥有烽火科技、长飞光纤、华工科技、长江存储器、武汉华星光电、武汉天马微电子、锐科光纤、高德红外、华灿光电等一批知名光电子信息企业，重点光电子信息企业达1100余家，已建成国内最大的光纤光缆制造基地、光电器件生产基地及最大的光通信技术研发基地和最大的激光设备生产基地。受国际环境影响，2019年光纤、光缆、光器件等产量略有下降，但在全国、全球的比重均有一定幅度上升，涵盖光学材料、元器件、激光器、激光设备及应用的全产业链条的激光产业稳步向前；光纤激光器国内市场占有率达24.3%，国际市场占有率达10.6%，较2017年分别提升13.1%和4.1%，"光芯屏端网"万亿级光电子产业集群正在快速形成。

万亿级生物产业集群加速构建。东湖高新区拥有人福医药、友芝友生物、禾元生物、博沃生物、联影医疗、致众医疗器械、康测科技、华大基因、科诺生物等企业1000余家，在高端影像设备、新型体外诊断、激光医疗设备、生物医用材料等领域拥有很强的竞争力，在作物育种、生物饲料、生物兽药及疫苗等领域形成发展特色，在细胞治疗、医学影像、基因检测、医药研发外包等方面的业态创新活跃。2019年，东湖高新区内一类新药累计27个，三级以上医疗器械注册证478个，新兽药证书59个，国审作物新品种69个，生物医药、医疗器械等领域优势地位巩固，精准医疗和生物农业等领域快速发展。

智能制造产业创新实力不断增强。东湖高新区拥有武重集团（武汉重型机床集团有限公司）、华中数控、汉迪科技、都市环保、四方光电、长江动力、盛隆电气、国网武汉南瑞等高端制造企业470余家，形成以智能制造、工业机器人、环保、智能电网为代表的产业特色。2019年东湖高新区智能制造试点示范项目达12个，其中国家级智能制造试点示范项目5个。工业互联网标识解析国际顶级节点1个、二级节点6个，智能制造领域发展优势凸显，工业机器人领域技术创新水平国内领先。

数字经济产业蓬勃发展。东湖高新区培育斗鱼网络、奇米网络、飓拓科技、灯塔财经、福禄科技、石墨文档、颂大教育等互联网+企业2800家，在线教育、网络直播、人工智能、网络完全、云计算、大数据、文化科技等领域创新业态蓬勃发展，在操作系统、数据库、反病毒引擎等领域拥有一批自主可控的产品。

5.1.5　城市建设

1. 管理机制

根据2015年施行的《东湖国家自主创新示范区条例》，东湖高新区采取省市共管、以市为主的管理体制，形成由省、市领导组成的管理小组、东湖高新区管理委员会、开发区和市级行政职能部门、区级管理部门的机构设置模式。除法律、行政法规规定外，省、市人民政府有关部门在示范区内不再设立派出机构，依法设立的派出机构应当接受管理委员会的组织协调。

东湖高新区成立的领导小组包括：2010年国务院成立东湖高新区建设国家自主创新示范区部际协调小组；1990~2010年湖北省和武汉市先后成立东湖新技术开发区领导小组、国家光电子信息产业基地领导小组、国家生物产业基地建设领导小组、建设国家自主创新示范区领导小组、武汉未来科技城建设领导小组和武汉未来科技城建设工作协调小组等。领导小组和协调小组为开发区建设发展及时作出决策，将中央的方针政策贯彻落实到开发区发展的实践中。

武汉东湖新技术开发区管理委员会（以下简称管委会）作为市政府派驻机构，行使市人民政府相应的行政管理权限，对区域产业发展、经济社会建设实行全面管理，依法履行以下职责：①组织编制、实施示范区国民经济和社会发展规划、土地利用规划、城乡规划、产业发展规划等；②负责示范区内发展改革、经济和信息化、教育、科技、民政、财政、人力资源和社会保障、环境保护、住房和城乡建设、交通运输、水务、商务、文化、卫生和计划生育、知识产权、市场监督管理、审计、国有资产、安全生产、体育、统计、外事侨务、人防、城市综合管理等工作；③依法对示范区的土地进行管理，并负责土地及地上建筑的征收和补偿工作；④负责审批、管理示范区内的投资项目；⑤为示范区各类主体创新创业提供政策支持和公共服务；⑥履行本条例以及省、市人民政府赋予的其他职责。

管委会内设职能部门实行"大部制"，按照精简、统一、效能的原则，在省、市机构编制管理部门核定的机构总数内自主设立、调整工作机构，实行集中封闭式的管理体制，营造了小政府、大服务、高效率、相对独立的运行环境。目前管委会设有22个行政职能部门和3个直属事业单位（表5-3）。

东湖高新区内设机构　　　　　　　　　　　　表 5-3

机构类别	机构名称
党工委管委会内设机构	武汉东湖新技术开发区党政办公室
	中共武汉市委东湖新技术开发区工作委员会组织部
	中共武汉市委东湖新技术开发区工作委员会宣传部
	中共武汉市委东湖新技术开发区工作委员会政法委员会
	武汉东湖新技术开发区纪检监察审计办公室
	武汉东湖新技术开发区发展改革局
	武汉东湖新技术开发区财政和国资监管局
	武汉东湖新技术开发区科技创新和新经济发展局
	武汉东湖新技术开发区企业服务和重点项目推进局
	武汉东湖新技术开发区投资促进局
	武汉东湖新技术开发区建设管理和交通局
	武汉东湖新技术开发区自然资源和规划局
	武汉东湖新技术开发区社会事务局
	武汉东湖新技术开发区教育局
	武汉东湖新技术开发区政务服务和大数据管理局
	武汉东湖新技术开发区城市管理综合执法局
	武汉东湖新技术开发区市场监督管理局
	武汉东湖新技术开发区生态环境和水务湖泊局

机构类别	机构名称
党工委管委会内设机构	武汉东湖新技术开发区卫生健康局
	武汉东湖新技术开发区应急管理局
	武汉东湖新技术开发区自贸综合协调局
	武汉东湖新技术开发区自贸改革创新局
党工委管委会直属事业单位	中共武汉市委东湖新技术开发区工作委员会党校
	武汉东湖新技术开发区创新发展中心
	武汉东湖新技术开发区综合保障中心

资料来源：东湖新技术开发区文件

2013年7月，东湖高新区共成立16个派出机构，分别为8个街道办事处和8个园区建设管理办公室。按照"园区服务企业、街道服务群众、机关服务基层"的原则，8个街道办事处主要责任是将公共服务落实到基层。8个园区建设服务机构在管委会领导下相对独立开展工作，主要负责规划建设、招商引资和企业服务工作。管委会职能部门按照压缩事项、压缩环节、压缩时间的要求，清理现有审批事项、管理职能，除财政、土地、规划等职能部门中专业性较强、需要管委会统筹安排的工作外，将管理事项的代办权、初审权和审批权尽可能下放到园区办事处，增强园区办事处规划建设、招商引资、服务企业的能力。2019年东湖高新区又对派出机构设置进行了调整（表5-4）。

东湖高新区派出机构（2019年）　　　　　　　　　　表5-4

机构类别	机构名称
园区建设服务机构	武汉国家生物产业基地建设管理办公室
	武汉未来科技城建设管理办公室
	武汉东湖综合保税区建设管理办公室
	武汉光谷光电子信息产业园建设服务中心
	武汉光谷现代服务业园建设服务中心
	武汉光谷智能制造产业园建设服务中心
	武汉光谷中华科技产业园建设服务中心
	武汉光谷中心城建设服务中心
街道党工委办事处	中共武汉东湖新技术开发区关东街道工作委员会武汉东湖新技术开发区关东街道办事处
	中共武汉东湖新技术开发区佛祖岭街道工作委员会武汉东湖新技术开发区佛祖岭街道办事处
	中共武汉东湖新技术开发区豹澥街道工作委员会武汉东湖新技术开发区豹澥街道办事处
	中共武汉东湖新技术开发区九峰街道工作委员会武汉东湖新技术开发区九峰街道办事处

机构类别	机构名称
街道党工委办事处	中共武汉东湖新技术开发区花山街道工作委员会武汉东湖新技术开发区花山街道办事处
	中共武汉东湖新技术开发区左岭街道工作委员会武汉东湖新技术开发区左岭街道办事处
	中共武汉东湖新技术开发区龙泉街道工作委员会武汉东湖新技术开发区龙泉街道办事处
	中共武汉东湖新技术开发区滨湖街道工作委员会武汉东湖新技术开发区滨湖街道办事处

资料来源：东湖新技术开发区文件

2. 城市建设

2019年现状城镇建设用地为168km²，占规划建设用地总量的92.3%，人均城镇建设用地为156m²/人（表5-5）。

东湖高新区城乡用地现状　　　　　　表 5-5

序号	代码	用地性质	2019年用地现状（km²）	占建设用地比例（%）
1	R	居住用地	28.08	16.71
2	A	公共管理与公共服务用地	19.75	11.76
3	B	商业服务业设施用地	3.06	1.82
4	M	工业用地	43.48	25.88
5	W	物流仓储用地	1.33	0.79
6	S	交通设施用地	19.11	11.38
7	U	公用设施用地	1.99	1.18
8	G	绿地与广场用地	6.35	3.78
9	H14	村庄建设用地	22.87	13.61
10	H2	区域交通设施用地	2.69	1.60
11	H3	区域公用设施用地	0.85	0.51
12	H4	特殊用地	0.84	0.50
13	F	待建用地	46.97	10.48
		合计	168	100

资料来源：东湖新技术开发区文件

目前，东湖高新区作为武汉东部的桥头堡，秉承"强力东拓，簇团联动"的发展战略，依托复合交通走廊，沿东西向高新大道、高新二路主要轴带拓展，形成了"三区两城"的空间结构，鲁巷、中心城、未来城3个功能区建设规模初显；南、北2个生态组团处于启动建设初期（图5-5）。

图5-5　东湖高新区现状用地图（2019年）

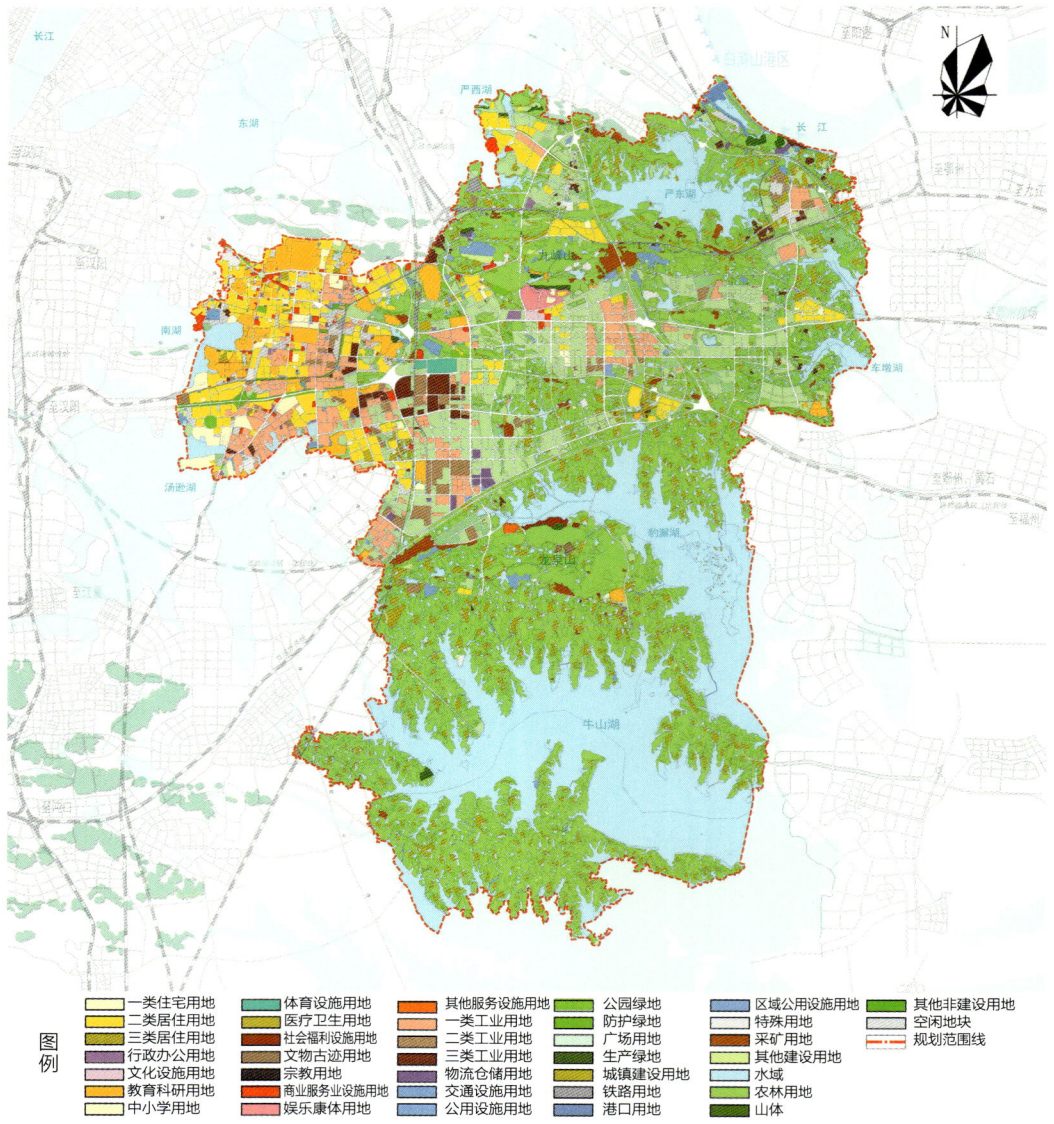

图例

一类住宅用地	体育设施用地	其他服务设施用地	公园绿地	区域公用设施用地	其他非建设用地
二类居住用地	医疗卫生用地	一类工业用地	防护绿地	特殊用地	空闲地块
三类居住用地	社会福利设施用地	二类工业用地	广场用地	采矿用地	规划范围线
行政办公用地	文物古迹用地	三类工业用地	生产绿地	其他建设用地	
文化设施用地	宗教用地	物流仓储用地	城镇建设用地	水域	
教育科研用地	商业服务业设施用地	交通设施用地	铁路用地	农林用地	
中小学用地	娱乐康体用地	公用设施用地	港口用地	山体	

在土地供应方面，2012年以前，东湖高新区年土地供应量呈倍数增长，供地类型以增量土地为主。该时间段区内产业、居住、基础设施用地大量增长，同时完成了大量划拨公路用地的供应。2012年以后，示范区年供地量逐步减少。在远城区拓展建设的同时，示范区部分已建成区开始进行城市更新，存量土地利用趋势初现。据初步统计，东湖高新区存量用地置换功能集中在居住、公共服务设施、商业服务业设施以及市政服务设施等类型。

3. 下一阶段建设目标

东湖高新区经过30年发展，正大步迈向新的历史时期。2018年东湖高新区提出"三步走"发展方略，明确了全面推进"世界光谷"建设时间表：到2020年，光电子信息产业全球竞争优势进一步巩固，基本建成"芯—屏—端—网"万亿产业集群，"中国光谷"影响力大幅度提升。到2035年，进入全球高科技园区前列，初步建成"世界光谷"，其中电子信息产业全球领先，生命健康、智能制造等重点产业进入全球价值链中高端，科技金融、人才集聚等领域形成区域优势，创业活跃度位居全球前列，千亿企业、瞪羚企业与独角兽企业大量涌现。到21世纪中叶，武汉东湖高新区将成为具有全球影响力的创新创业中心，全面建成"世界光谷"。

5.2 历史沿革

根据《武汉东湖高新区志》（1984~2010年），东湖高新区经济社会发展可分为筹办期、试行期、起步期、成长期和建设期五个时期。

5.2.1 开发区筹办期（1984~1987 年）

为迎接世界新技术革命挑战，将武汉的科教优势转化为发展动力，武汉市政府于1984年成立东湖技术密集经济小区规划办公室，负责在智力密集的东湖地区兴办新技术密集经济小区。经济小区按"从项目搞起，择优发展，逐步形成新产业开发区"的模式，结合区域内大学、大所、大中型企业聚集特征，坚持转化高校和科研院所的成果，在光纤通信、激光技术、生物工程等领域出现一批以大专院校、科研院所为依托的高新技术企业，并诞生我国第一家孵化器——面向从事新技术开发、推广、应用的创业者、科技企业家以及帮助高等院校和科研院所的科技人员走出校园创办科技企业的光谷创业者中心。

1. 重大事件

1984年2月，在"新技术革命武汉对策讨论会"上，武汉地区专家学者呼吁，为迎接世界新技术革命挑战，在智力密集的东湖地区兴办新技术密集经济小区，发挥武汉的科教优势，促进科技成果转化成生产力。同年，武汉市政府批准成立"东湖技术密集经济小区规划办公室"（简称"小区办"）。

1984年6月，时任武汉市委第一书记王群批示："先干起来，成熟一项干一项，把牌子挂起来，干出了成果就会得到承认和支持"。7月，湖北省委科教部和武汉市科技领导小组组成联合调查组，对东湖地区的大学、大所、大中型企业进行为期二十多天的调查，提出《东湖技术密集经济小区筹建方案》（讨论稿）。12月，时任中共中央总书记胡耀邦在武汉听取东湖技术密集经济小区情况汇报时指出："东湖要把教学、科研、新兴产业开发相结合，与引进国外最先进的技术相结合，先搞项目，后搞特区，逐步开发。"

1985年4月，时任省委书记关广富、省长黄智真，市委书记王群、市长吴官正联名向党中央、国务院上报了《关于筹建东湖技术密集经济小区的请示》，得到了时任中共中央总书记胡耀邦的肯定。5月，武汉市委、市政府向省委、省政府上报《东湖新技术开

发区筹建方案》（试行稿），并请转报中共中央、国务院。12月，国家科委在北京召开试办新技术开发区座谈会，会上正式宣布在北京中关村、武汉东湖等5个地区试办新技术开发区。

1988年4月2日，湖北省人民政府向国务院转报《武汉市人民政府关于加快建设武汉东湖新技术开发区请示》，请求国务院在东湖地区划出43km^{2}左右的区域，建立外向型、开放型的新技术开发区。

2. 主要成就

（1）东湖高新区创立第一家孵化器

为给从事新技术开发、推广、应用的创业者、科技企业家创造良好环境，并吸收、帮助一批高等院校和科研院所的科技人员走出深墙大院创办科技企业，武汉市人民政府东湖新技术开发区规划办公室于1987年6月成立了东湖新技术创业者中心，为申请进入中心，从事通信、生物技术、光电子、新材料、新能源、传感等新技术领域的技术开发、技术咨询、推广、应用及技术贸易的各类科技企业、民办科研单位提供服务，还为创业者进行技术出口、对外贸易提供帮助。同时，利用国家科委下拨的70万元扶助资金作为担保，向银行贷款210万元，大胆投资在孵企业，成立了全国第一家为下海科技人员服务的"孵化器"。

（2）开办第一家民营激光企业

原华中工学院激光专业的毕业生孙文于1985年在武汉创办了全国第一家民营激光企业——楚天激光集团（开始名称为楚天光电子公司，简称"楚天激光"），该企业在全国率先使激光技术实现产业化。

（3）汇聚全国一半以上的光电子研发力量

1974年国家以武汉邮电学院和国家电信总局528厂作为基础，组建了武汉邮电科学研究院（WRI），集中力量投入光通信系统的研究，并于1976年生产出了中国的第一根光纤，1982年首次开发完成的市话光纤通信系统投入实际应用。武汉地区的许多其他高校和科研机构，如武汉大学、中国科学院武汉分院、七零九所（中国船舶重工集团公司第七零九研究所）、七一七所（中国船舶重工集团公司第七一七研究所）等都开展了光电子领域的人才培养或科研工作，使武汉成为光电子领域的科研和人才培养中心，为光电子产业的发展提供宝贵的人才、技术积累。

5.2.2 开发区试行期（1988~1990 年）

1988年3月，国务院在发布的《关于深化科学技术体制若干问题的决定》中提出，"智力密集的大城市，可以积极创造条件，试办新技术产业开发区，并制定相应的扶植政策"。武汉市政府一方面积极向国务院申请在武汉东湖地区设立新技术开发区，争取类似于北京中关村科技园的优惠政策；另一方面，按照新技术开发区模式同步推进区域建设，如颁发《关于加快东湖新技术开发区的若干试行规定及实施方案》（武政〔1988〕51号文），界定了东湖高新区发展的产业领域为光纤通信技术、生物技术、激光技术、新型材料、微电子计算机等；确定了东湖高新区的性质是有地域界限非行政区划的科技特区；规定了东湖高新区内从事高新技术研究、开发、生产、经营的经济实体所享受的企业经营管理、税收、产品进出口等10个方面的政策优惠，同时撤销东湖技术密集经济小区规划办公室，设立武汉市人民政府东湖新技术开发区管理办公室，行使开发区的总体规划、分步实施计划的相应职权。随后该办公室迅速成立并组织实施"火炬计划"项目，核定高新技术企业和开展新技术一条街建设。

从1988～1990年，东湖高新区延续"项目起步、滚动发展"的建设理念，积极培育、吸引依托"大院""大所"和大中型企业（简称"三大"）的高新技术企业入驻，并按照武汉市政府制定的新（高）技术标准累计核定104家新（高）技术企业享受开发区优惠政策，初步呈现以光纤通信、激光技术、生物技术、新材料、微电子技术为主导的产业格局。

1. 重大事件

1988年4月，湖北省人民政府向国务院转报《武汉市人民政府关于加快建设武汉东湖新技术开发区请示》，请求国务院在东湖地区建立外向型、开放型的新技术开发区。1988年6月11日，武汉市人民政府发布了《关于加快建设东湖新技术开发区的若干试行规定和实施方案》（武政发〔1988〕51号），决定成立东湖新技术开发区指导委员会和武汉市人民政府东湖新技术开发区管理办公室。12月5日，武汉市人民政府东湖新技术开发区管理办公室正式挂牌办公，标志着东湖高新区正式成立。

1988年12月，武汉市人民政府发布《光谷管理试行办法》和《武汉市光谷新（高）技术企业核定实施办法》。

1989年5月15日，湖北省人民政府向国务院转报《武汉市人民政府关于加快建设东湖高新区的再次请示》（鄂政发〔1989〕34号），请求中央政府给予东湖高新区类似于北京中关村科技园的优惠政策。

1990年2月，国务院听取了国家科委关于全国高新技术产业开发区等工作的汇报，对北京、武汉等地的新技术开发区工作给予了充分肯定。

1990年11月，《光谷总体发展规划（1990—2000年）》编制完毕，上报武汉市人民政府审批。规划纲要编制工作从1989年3月开始，历时20个月，最后形成了25万字的规划纲要、12个支撑报告及规划图集。

2. 主要成就

（1）建设新技术一条街（一期）

新技术一条街由珞瑜路、珞狮路、广八路、八一路连成"P"字形，全长约10km，地段区域内大专院校、科研院所林立，新（高）技术企业众多。新技术一条街的建设对各单位的用地则采用土地所有权与使用权分离的原则，采取"统一规划、一次定位、分段实施、统筹安排"的原则，一期工程为洪山石牌岭至卓刀泉临街路段，长3km，通过两权分离引导科技企业入驻，率先形成以科技为主、商业为辅的格局（图5-6）。

图5-6　"新技术一条街"范围示意图

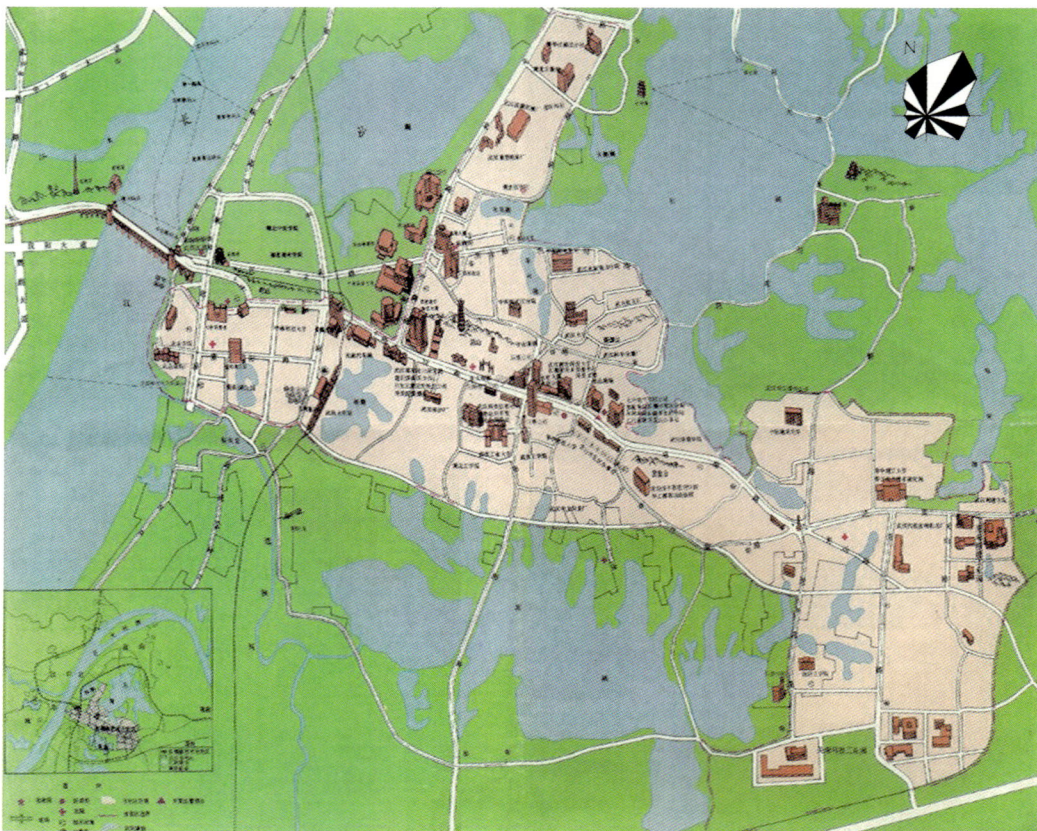

资料来源：武汉东湖高新区志编纂委员会. 武汉东湖高新区志（1984—2010）［M］. 武汉：湖北人民出版社，2015.

（2）制定市级高新技术企业核定标准

按照市政府制定的新（高）技术标准，东湖高新区共核定104家新（高）技术企业享受开发区的优惠政策。企业以院所办的企业为主，涉及计算机与信息技术（含光纤通信）、光机电一体化、生物技术（含生物医学）、节能技术、激光技术、新材料、地球科学、核应用技术等多个领域。

（3）形成5个初具规模的产业基地

5个产业基地包括以武汉邮电科学研究院、长江光通信产业集团、长飞光纤、武汉电信器件公司等单位为主体的光纤通信综合开发基地，以华工科技开发总公司、湖北激光产业集团、楚天光电子公司、武昌激光设备厂等单位为主体的激光技术研制和产品开发基地，以东湖复合新材料总公司和武汉大学先导新材料公司为依托的新材料和高技术元件生产基地，以武汉数字公司、天问电脑公司、中国科学院武汉分院计算机公司、中国科学院武汉物理所新技术服务公司、武汉四通公司为主体的计算机软件工程开发基地，以武汉水生所科技开发公司、长江生态研究院、武汉科华公司、湖北生物技术研究所等单位为主体的生物技术开发基地。其中，科研人员占全国同类人员的1/3、年产量达全国产量的一半、光电器件产量覆盖2/3国内市场的光纤通信综合开发基地成为国内最大的光纤通信综合开发基地。

5.2.3 东湖高新区起步期（1991~1998 年）

1991年国务院批准武汉东湖高新区为国家级高新技术产业开发区（由紫阳湖片、中北路片、咖路片、关山片、关南片五大片组成，总面积为24km^2，集中新建区仅4km^2，主要为以光通信产业为主的关东科技工业园和以生物工程、工业材料为主的关南科技工业园），赋予其类似于经济特区的优惠政策，武汉市依据国务院文件制定了包括高新技术企业认定、税收、财政、金融、外经外贸外事、劳动人事、发展内联、科技工业园建设、开发区管理体制等的9个配套性政策文件。1992年，一方面邓小平同志发表南方谈话，坚定了改革开放的路径，进一步解放了"大院""大所"和大中型企业的思想，促使其积极参与创新与创业，到市场中整合资源；另一方面，东湖高新区成为全国高新技术产业开发区综合改革试点区，要求"在鼓励、吸引大院、大所、高等院校、大中型企业进入开发区等方面，积极探索，勇于实践，创造出好的经验和启示"。双重机遇叠加，在湖北省、武汉市政府的大力支持下，东湖高新区迅速确立了新的管理体制和运行机制，政策环境的大幅度改善极大地催发了"三大""三资"、民营、股份制企业参与开发区建设的积极性。城市建设理念由"项目起步、滚动发展"转变为建设科技园区，先后启动关东科技工业园（以通信和信息为主导产业）、关南科技工业园（以新材料制造为主导产业）、生物工程科技园（以生物医药为主导产业）、光谷信息产业园、湖北软件产业基地等建设，初步实现高新技术企业集群发展。

此外，为了规范和促进东湖高新区科技成果转化，促进高新技术产业的快速发展，东湖高新区在科技门店聚集的新技术一条街区域逐步建立了一个以产业建设为中心的支撑服务体系，陆续引入财政、税务、保险、工商、政法、涉外律师事务所、会计事务所、技术合同登记站等支撑服务部门，银行、保险公司、证券公司、风险投资公司等金融单位，以及民营企业资产转让中心、无形资产评估中心、科技文献信息中心、保安服务公司等服务机构。

1991~1998年，东湖高新区保持增长状态，企业收入增长近30倍，达到147万元；高新技术企业由1991年的154家增加到1998年的702家，累计新注册企业约4500家，形成以现代通信、生物工程和新医药为支柱，以新材料和机电一体化为优势产业，以软件、激光、环保为新兴产业的发展格局。一批以红桃K集团股份有限公司、长飞光纤光缆有限公司、武汉邮电科学研究院等为龙头的高新企业逐步发展。至20世纪90年代后期，东湖高新区每年新增产业均占武汉市新增产业的40%以上，拉升武汉市工业增加值5~7个百分点，成为武汉市新的经济增长点。

1. 重大事件

1991年3月6日，国务院正式批准武汉东湖高新技术开发区为26个国家级高新技术开发区之一，颁布了《国家高新技术产业开发区高新技术企业认定条件和办法》《国家高新技术产业开发区若干政策的暂行规定》和《国家高新技术产业开发区税收政策的规定》。10月，国家体改委和国家科委确定东湖高新区为全国高新技术产业开发区综合体制改革5个试点开发区之一。12月，国家科委发布了《关于审定部分国家高新技术产业开发区区域范围、面积的函》，明确东湖高新区面积。

1991年6月，中共武汉市委、市政府发布了《关于加快光谷建设和发展的意见》，武

汉市人民政府印发《武汉东湖新技术开发区高新技术企业认定办法》《武汉东湖新技术开发区税收政策暂行规定》《武汉东湖新技术开发区财政政策暂行规定》《武汉东湖新技术开发区金融管理试行办法》《武汉东湖新技术开发区外经外贸政策暂行规定》《武汉东湖新技术开发区劳动人事管理试行办法》《武汉东湖新技术开发区发展内联暂行规定》《武汉东湖新技术开发区科技工业园暂行规定》《武汉东湖新技术开发区管理体制暂行规定》9个配套政策规定。

1992年4月，武汉市科委、市经委、市工商局、光谷管理办公室联合发布了《武汉光谷企业推行股份制暂行办法》。5月，国家体改委和国家科委正式确定武汉东湖高新区为全国高新技术产业开发区综合改革试点区。

1993年9月30日，武汉市人民政府办公厅下发《关于光谷科技工业园地域范围及规划建设管理问题的批复》。

1994年10月12日，湖北省第八届人民代表大会常务委员会第九次会议批准了《武汉东湖新技术开发区条例》。

1997年3月，经国家海关总署的批复，在东湖高新区内设立公共保税仓库。

2. 主要成就

（1）高新技术产业聚集推动经济发展迅猛

近10年间，东湖高新区的企业总收入由1991年的4.26亿元增长到1999年的179亿元，年均增速达到70%。高新区内聚集了一批以武汉邮电科学研究院、长飞光纤、日电光通信（武汉NEC）、力兴（火炬）电源、精伦电子等为代表的国际一流通信企业，以红桃K药业、人福医药、科诺生物等为代表的国内一流生物医药企业，以凯迪电力、远东绿世界环保等为骨干的环保企业，以中地信息、适普软件、开目软件为龙头的软件企业，以及楚天激光、团结激光、华工激光等激光企业，众多高新技术企业聚集，推动武汉市传统工业主导的产业结构的调整和升级。据统计，1998年武汉市约30%的重点增长企业位于开发区，东湖高新区成为武汉市经济的重要组成部分。1999年，东湖高新区在全国26个高新区中仅排名第14位。

（2）推动企业股份制改革

1992年5月经国家科委、国家体改委确定为全国高新技术产业开发区综合改革试点区后，东湖高新区持续推行以股份制为重点的综合改革试点工作。1992年，批准36家股份制企业，改造10家老企业；到1994年，开发区内股份制企业达273家，注册资金约6.2亿元。1996年，开展以东湖高新、当代、凯迪改造上市为标志的企业上柜上市工作。通过股份制改造，实现资产的重组集成，盘活传统企业资产存量，吸纳社会资金，按现代企业制度规范企业行为，取得了显著成效。到1998年，形成"三大"企业、"三资"企业、民营及股份制企业"三足鼎立"的格局。

（3）启动关东、关南等科技园建设

自1990年关东科技工业园和关南科技工业园相继启动建设。到1998年，关东科技工业园现状用地规模达1.2km²，净工业用地0.8km²，入驻企业约10家，形成了以通信和信息产业为主导的科技园。关南科技工业园现状建设规模达1.8km²，入驻企业22家，形成以新材料制造、生物工程和医药为主导的科技园。此外，东湖高新区启动了生物工程科技园、武汉海外学子创业园、湖北软件产业基地的建设，形成一区多园的产业格局。

1995年底，武汉市中草药厂从武汉市卫生局正式移交东湖高新区管委会，开发区将其投资改造为东湖高新区生物工程科技园，使之成为继关东科技工业园、关南科技工业园之后的第三个区域功能和产业主体明确的高科技工业园。

1998年设立湖北软件产业基地和武汉海外学子创业园。国家科学技术部火炬高技术产业开发中心颁发证书的湖北软件产业基地占地124hm²，采取"一个基地、三个园区"的发展格局，形成武汉大学等为依托的华软软件园、以华中理工大学等为依托的天喻软件园、以中船总公司七零九所等为依托的曙光软件园以及配套建设的软件研究开发生产中心、学术交流中心、商务管理中心、生活服务中心等。为落实武汉国际企业孵化器建设，由武汉市政府批复建立武汉海外学子创业园，按科研、开发、生产、生活、休闲的格局建设，已建成按国际标准装备智能化系统的5000m²的标准孵化园区，4000m²的6层复式建筑作为留学生公寓，以及东湖钓鱼台俱乐部。

（4）建成公共保税仓库

1997年，经国家海关总署正式批准，东湖高新区在关南科技工业园内设立占地面积2.8hm²的公共保税库（仓库区占地0.7hm²，加工贸易区占地2.1hm²），成为武汉市继武汉经济技术开发区公共保税库之后的第二个公共保税库。

（5）创建6个国家工程研究中心

以市场为导向的国家工程研究中心的建立，代表东湖高新区加入到一系列重大关键技术的研发中，成为高科技产业化的重要研发基地。东湖高新区依托实力雄厚的科技院所和高等院校创建了6个国家工程研究中心，分别是以武汉邮电科学研究院为依托的国家光纤通信技术工程研究中心，以华中理工大学为依托的国家激光加工工程研究中心，以武汉大学为依托的国家多媒体软件工程研究中心，以华中理工大学、清华大学为依托的国家CAD支撑软件工程研究中心，以华中农业大学、湖北省农业科学院为依托的国家家畜工程研究中心，以武汉测绘科技大学、国家地震所、中国科学院测量与地球物理研究所、武汉市工程科学技术研究院等单位为依托联合组建的国家全球定位系统（GPS）工程技术研究中心。国家工程研究中心促成科技成果产业化、规模化生产，带来较大的经济效益。1998年，国家光纤通信工程中心（武汉邮电科学研究院）开发生产的光纤光缆、光电设备等产品已累计实现销售收入27亿元，成为中国百强高新技术企业之一；国家激光工程中心（华工激光工程公司）开发生产的激光设备、国家多媒体软件工程中心（武大华软有限公司）开发生产的多媒体教育软件、国家CAD支撑软件工程中心（华中软件集团公司）开发生产的CAD软件等产品年销售收入均达1000万元以上；国家家畜工程中心（华中农业大学养猪科学研究所、湖北省农业科学院畜牧所）已建成年供种猪3万头的原种基地和拥有300多家规模猪场的推广网络。

（6）总结提出科技成果转化"四级跳"模式

经过十余年发展，东湖高新区初步形成了一个校园周边、科技园区以及其他各类创业

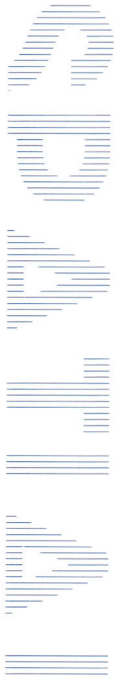

中心、孵化器相结合的多层次的高新区孵化网络体系，探索出了科技成果转化"四级跳"模式，即科技成果在高校产生—成果在高校周边孵化—孵化企业在大学科技园成长—再到专业科技产业园规模发展。该模式得到科学技术部、教育部的肯定，并在2001年的大学科技园现场会上得以推广。

5.2.4 "武汉·中国光谷"品牌成长期（1999~2009年）

辖区分割、科技园分散使得开发区内城市基础设施建设成本居高不下，光电子、机电、生物等产业无差别发展使得园区内企业门类混杂、规模普遍偏小，导致在20世纪90年代后期东湖高新区出现建设缓慢、在全国的排名逐步下降的现象。针对上述情况，东湖高新区从五个方面调整发展思路：一是从以产品企业的孵化为主向产业集聚转变，培植一批骨干企业和支柱产业；二是从注重资本积累向注重资本集中转变，建立通过市场优化配置资源的新机制；三是从依靠政策优惠向依靠功能驱动转变，营造与国际市场接轨的、高效率的、法制化的市场环境；四是从建设产业基地向建设科技新城转变；五是从管理人力资源向开发人力资源转变。同时，湖北省委省政府、武汉市委市政府听取了专家学者的建议，结合现有的科教优势和产业基础，树立建立国家光电子信息产业基地，建设国内一流、国际知名的"武汉·中国光谷"的战略目标。

在"武汉·中国光谷"的旗帜下，以建设武汉科技新城为蓝图，不断完善配套设施、突出城市职能，1999~2009年累计投入资金达1200亿元，实施"八通一平"和宽带网络、城市道路、公园绿化、公共服务设施等建设，实现在辖区范围不断向东拓展、向南延伸的变化过程中，开发区的投资环境、居住环境、城市形象依然得到大幅度提升，为区域产业迅速发展奠定良好基础。

10年间东湖高新区累计新注册企业近7600家，企业总收入近亿万元，综合实力在全国55个国家级高新区中排名第六位。在产业发展方面，遵照科技新城规划指引，引导各类企业向专业化产业空间内聚集发展，形成光电子信息、生物、新能源、环保和消费电子五个产业集群，衍生激光、生物医药群、光通信、半导体和光伏5个成长型产业集群。东湖高新区已成为我国最大的光电子信息产业基地，建成国内最大的光通信技术研发基地、光电器生产基地、激光产业基地，在全球光电子信息产业分工中占有一席之地；能源与环保、现代装备制造、高科技服务产业（主要为软件及服务外包）年收入均超过300亿元；生物医药作为开发区第二个刚获国家认可的产业正在加速发展中；且五个主要产业集群中都培育了一批重点龙头企业。在创新建设方面，出台了涵盖税收、科技成果转化、融资等内容的一系列扶持政策，引入或新建联合办公中心、孵化器、孵化园区、中介机构，东湖高新区出现一批具有世界水平的创新成果，诞生中国第一根光纤、第一个光传输系统和5项国际标准、80项国家标准，拥有专利的企业达到1500多家，一批如烽火科技、长飞光纤、华工科技、华中数控、人福医药等本土品牌企业崛起。

2009年，东湖高新区成为我国重要的光电子产业基地、自主创新中心，成为拉动武汉经济增长的重要力量。

图6-4 1988~2000年武汉市都市发展区建设用地扩展分布图

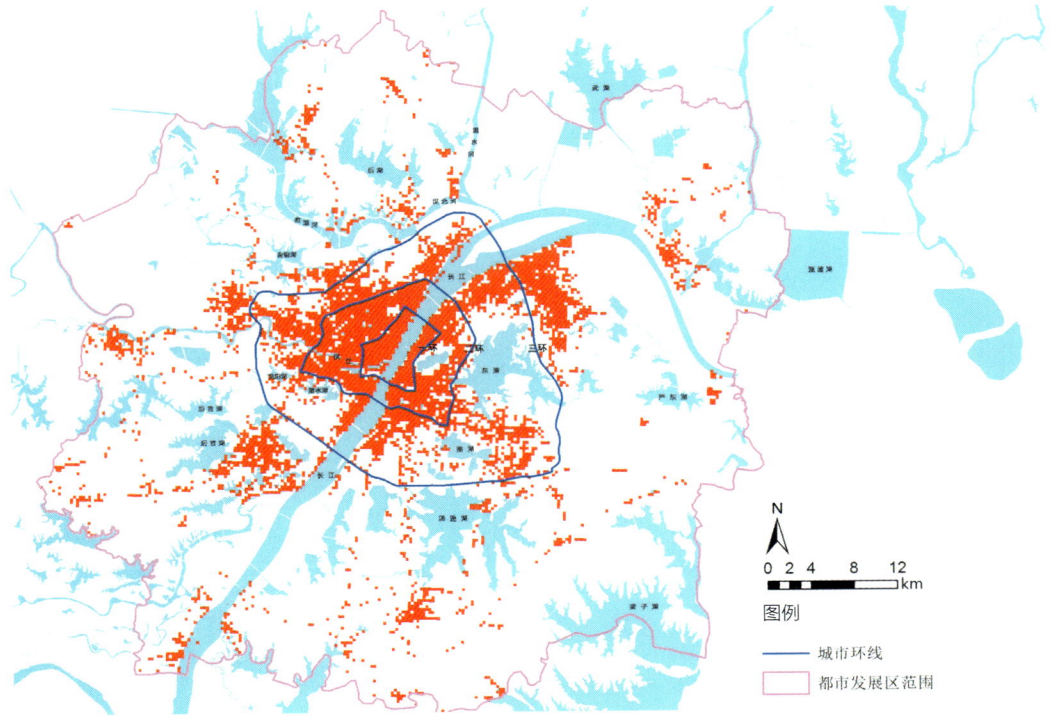

N

0 2 4 8 12 km

图例

———— 城市环线

☐ 都市发展区范围

图6-5 1988~2000年武汉市都市发展区城市建设用地增长变化
分析图

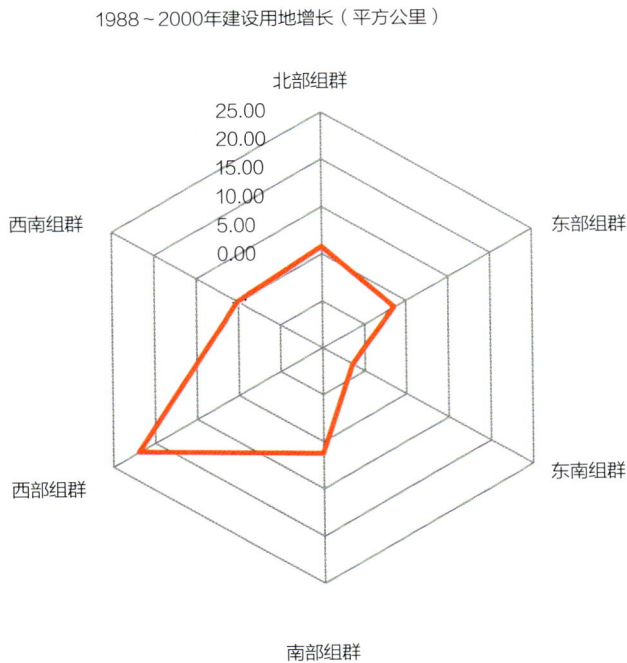

1988~2000年建设用地增长（平方公里）

北部组群

25.00
20.00
15.00
10.00
5.00
0.00

西南组群   东部组群

西部组群   东南组群

南部组群

图6-6 1990~2000年武汉市与东湖高新区空间发展关系示意图

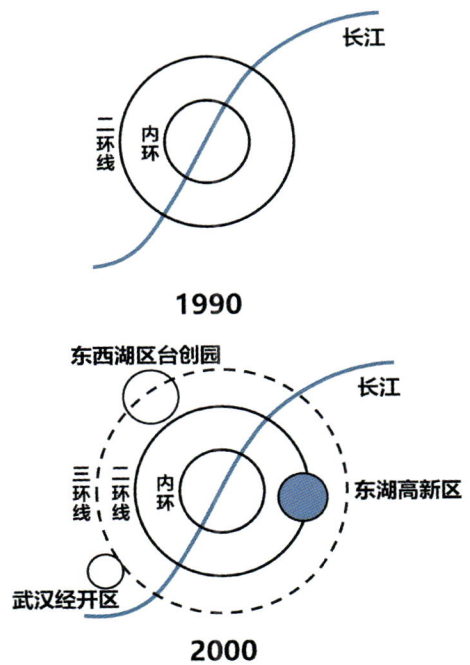

长江
二环线
内环

1990

东西湖区台创园
长江
三环线
二环线
内环
东湖高新区
武汉经开区

2000

图6-7 1988~2000年武汉市都市发展区各组群建设用地扩展分布图

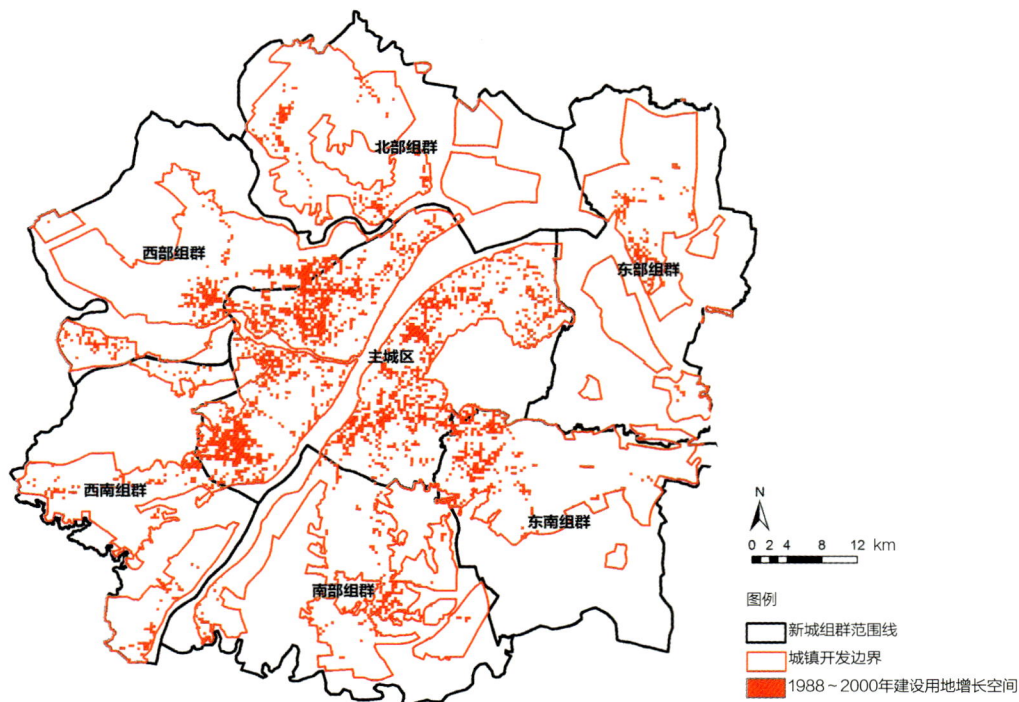

武汉市都市发展区城市建设空间在 1988~2000 年期间不同方向上的扩张强度   表 6-2

组群名称	1988~2000年扩张强度
北部组群	0.43
东部组群	0.47
东南组群	1.04
南部组群	0.47
西部组群	0.87
西南组群	0.55

6.1.2　以鲁巷为原点簇状扩散

　　1988~2000年，东湖高新区内部依托主城主要交通干路向东延伸，围绕科教与产业组团簇状发展。以鲁巷广场为原点，向东、向南依托已有的大学及科研院所以及交通干线珞喻路、雄楚大道、民族大道、关山大道，形成空间集聚的专类产业组团，在空间上整体形成井字形结构。其中，科研用地沿着主干路网布局形成科研组团，主要分布在珞喻路两侧、民族大道两侧，珞狮南路与南湖大道交叉处周边，形成了以珞喻路北侧为主的武大—武汉体院—华科高校圈，民族大道中南财大—中南民大—武汉纺院高校圈，南湖南岸华中农业大学—湖北省农业科学院高校科研圈等，雄楚大道北侧武汉交通学院等高等职校圈；工业用地呈现出科教产业园贴边发展的特征，从八一路、武珞路向东逐步形成围绕科教组团的散点工业园区，如关山工业园、关南工业园、汤逊湖工业园，主导产业为高新技术通信、生物医药、传统机电工业等；该阶段的居住、商业服务业等园区配套功能主要由主城提供（图6-8~图6-10）。

图6-8　东湖高新区簇状扩散示意图（2000年）

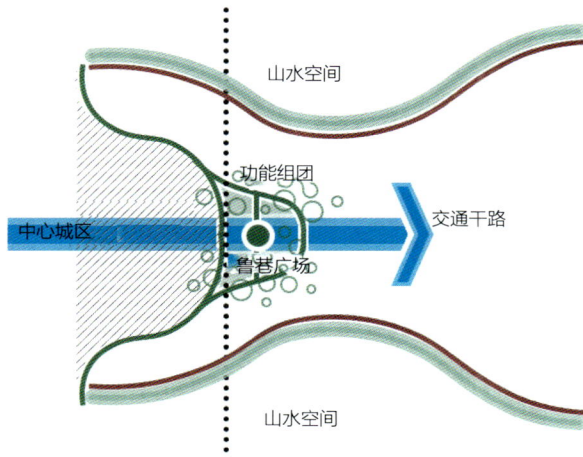

图6-9　东湖高新区五类要素现状用地分布图（2000年）

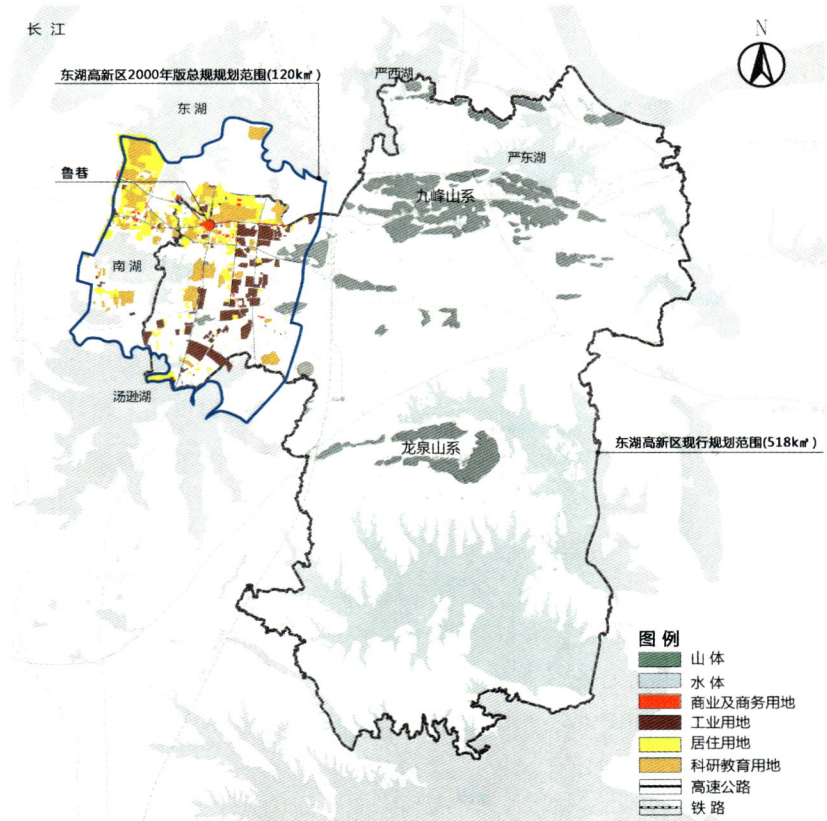

图6-10 东湖高新区五类要素分项现状用地分布图（2000年）

办公用地　　工业用地　　居住用地　　科教用地　　商业用地

6.2 动力机制分析

6.2.1 国家开发区建设的直接政策推动

该时期是以邓小平南方谈话、市场经济体制的全面确立为标志。中国顺应时代浪潮进一步扩大对外开放，分税制、分权化、城乡土地使用制度、住房市场化等一系列重大改革相继提出，中央政府在赋予地方政府更多权力、更多可支配资源的同时，也将更多的增长压力转移至地方，促成了"增长主义"政策体制与整体环境的全面形成。以GDP增长为目标导向的城市政府，在激烈的区域与城市竞争中普遍形成了增长型的治理模式，表现出强烈的"政府企业化"特征。在"GDP 锦标赛"的驱动下，政府甚至直接充当了市场的运动员，通过直接投资、招商引资、设立为数众多的投融资平台等方式直接参与经济活动。从1984年国家开放沿海14个港口城市开始，武汉市政府即成立了"东湖·智力密集小区规划办公室"，揭开了兴建高新技术开发区的序幕。

6.2.2 产学研转化引领开发区空间拓展

良好的政策环境使得东湖高新区形成了浓郁的创业文化氛围，名校、大院、大所的许多可转化研究成果进入了产业转化阶段，形成了大量初创企业，成为东湖高新区经济、社会及空间发展的基础。东湖高新区该时期的科技成果转化主要集中在以理工科为主的院校。其中，华中科技大学在机械、电子、光通信等领域具有比较明显的转化优势，武汉大学在本地转化的项目主要集中在测绘、化学化工、水利水电设备及生物医药等专业方面，武汉理工大学在机电、汽车、材料等专业转化能力较强，华中农业大学的主要优势集中在畜牧、养殖、生物等专业方面。另外，东湖高新区汇集中国科学院武汉分院、武汉邮电科学研究院等国家和省级科研院所。其中，武汉邮电科学研究院、湖北省化学研究所、武汉高压研究所等科研院所实现了由研发为主的事业单位向集研发、生产和销售于一体的企业的转化，中核集团核动力运行研究所、中国科学院武汉分院等科研院所将科研成果直接产业化。高校及科研单位通过产学研转化形成了大量初创企业，培育出通信、生物医药、环保、软件、激光等领域一大批知名企业（表6-3），成为此后东湖高新区产业体系形成的主要力量，也成为东湖高新区空间发展的基础（图6-11）。

东湖高新区 1988~2000 年主要企业一览表   表 6-3

企业类型	代表企业名单
通信企业	武汉邮电科学研究院、长飞光纤、日电、武汉力兴（火炬）电源、精伦电子、武汉月电光通信（武汉NEC）、滨湖电子
生物医药企业	红桃K药业、人福医药、科诺生物
环保企业	凯迪电力、远东绿世界环保科技
软件企业	中地信息、适普软件、开目软件
激光企业	楚天激光、团结激光、华工激光

图6-11 东湖高新区代表企业空间位置图（2000年）

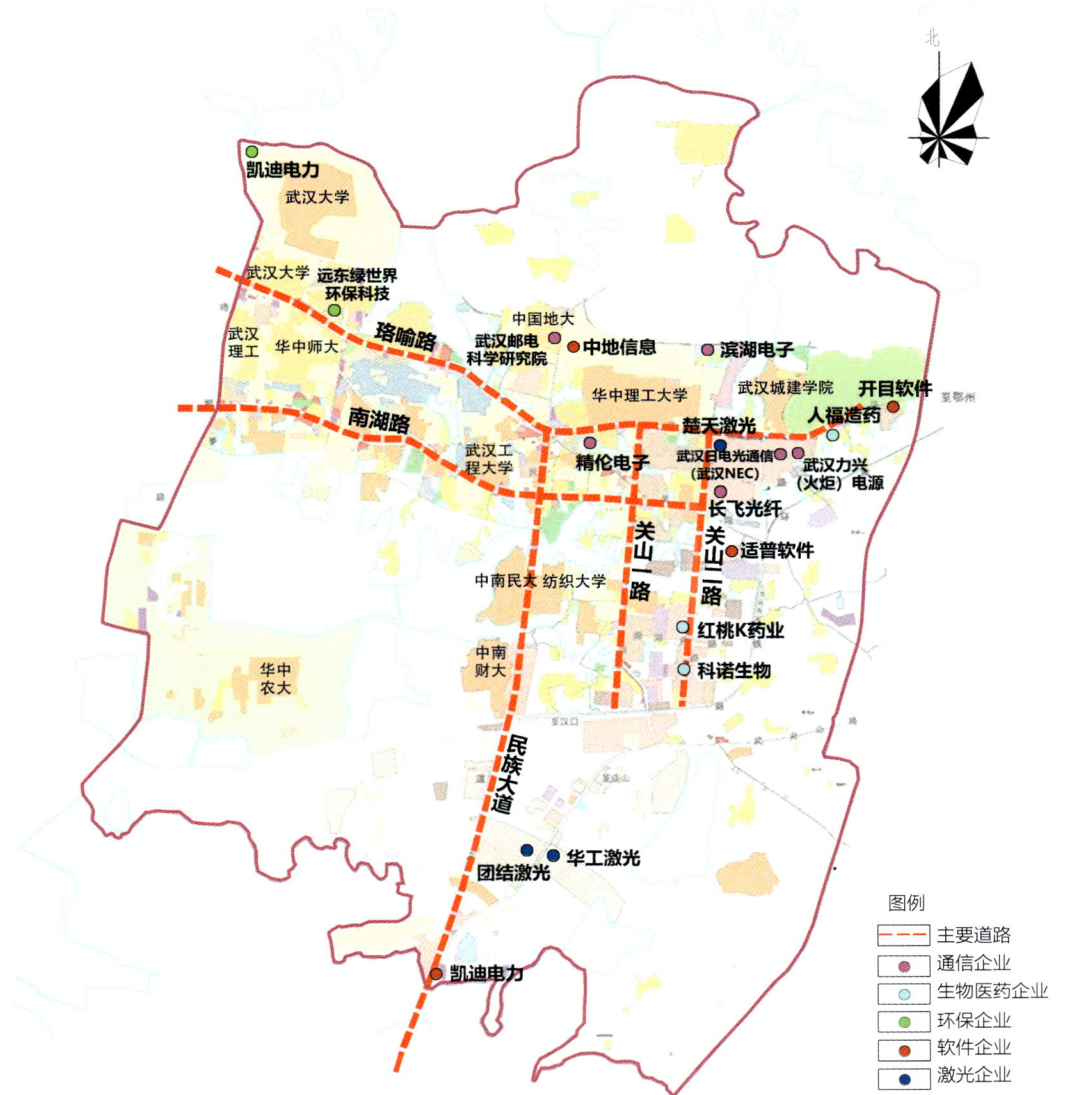

105

6.2.3 主城区"集聚走向外拓"规划引导

1984年4月，武汉市政府采纳经济学家李崇淮的建议，实施"两通起飞"战略，即凭借加强交通运输和商品流通两翼起飞，把武汉市建设成为"内联九省，外通海洋"的经济中心。"两通起飞"战略的实施，在推动经济社会发展的同时，也带来主城区建设密度过大、住房紧张、交通堵塞、基础设施缺乏和环境恶化等一系列问题，影响城市的生活质量和运行效率，急需寻求新的城市发展空间。20世纪90年代末，武汉市把建设"四城雄踞"（钢铁城、商业城、科技城、汽车城）、"三区崛起"（东湖高新区、武汉经济技术开发区、阳逻经济开发区）、"两通发达"（交通、流通）的现代化国际性城市作为目标，通过交通外拓、建设都市工业园等方式向外局部突破扩张。武汉市1996年版总体规划更是确定了"圈层+轴向"空间结构和"主城+7个卫星镇"市域城镇发展体系，对外依托用地空间与交通系统"跳跃式"布局7个重点镇，将功能、产业、人口对外适当疏散。但在实际建设过程中，"跳跃式"独立发展的重点镇建设滞后，规划市域城镇体系格局未充分形成，而城区"圈层+轴向"空间结构则进一步得到发展。其中，在武汉市往东拓展轴线上，东湖高新区凭借优越的区位（贴主城）、交通（武珞路、雄楚大道、民院路、民院路—两湖大道主干路）、广阔的发展空间（东部及南部开阔的农村用地）、滨湖生态环境（东湖、南湖、汤逊湖三湖环绕）成为武汉市空间拓展的主要阵地之一。

6.3 被动式、碎片化的规划引导

作为武汉市第一个高新技术开发区，东湖高新区在发展初期就凸显了其在高新技术方面的引领作用。但是围绕科研院所发展的原始动力，一方面催生城市近郊尽快形成城市空间，另一方面在快速发展过程中出现了城市布局分散缺乏整体谋划、用地功能混杂、"半城半乡"风貌不佳等问题。围绕上述问题，本阶段的规划主要从两个方面进行引导：一是针对产业园区开发需求开展的控制性详细规划（以下简称"控规"）和市政道路设施规划，二是基于"乡变城"开展的环境整治与改造。可以看出，在科技园区发展初期，主要是被动式、碎片化、应急性的规划引导，起到逐步明确产业园区建设范围、服务管理审批、指引项目落地的具体作用。

6.3.1 局部控规的应急性引导

本时期，从1991年建设部颁布的《城市规划编制办法》到1995年《城市规划编制办法实施细则》付诸实施，控规逐渐成为城市规划体系中的重要环节。一方面随着改革开放和市场经济发展壮大，城市空间迅速发展壮大，新建开发区是城乡拓展用地的新途径；另一方面，土地变为有偿使用的资源，急需一种融合行政、经济、法律的管理手段。控规作为一种区划的工具，既可以落实总体规划的意图，也能指导详细设计，更重要的是作为一种工具，将抽象的规划原则和复杂的规划要素进行了简化和图解化，再从中提取出控制城市土地功能的最基本要素，能够最大限度地满足政府精简审批和市场实施的需要，可以实

现规划管理的最简化操作，大大缩短决策、规划、土地批租和项目建设的周期，提高城市建设和房地产开发的效率。因此，在本阶段，随着各类开发区"遍地开花"，控规被引入城市规划编管体系。

在本阶段，东湖高新区重点开展了《关南科技工业园市政规划》《关南科技工业园控规》《武汉东湖新技术开发区铁矶村控规》等工业园市政规划及局部控规。针对新增空间，首先通过市政规划，特别是路网系统划分，明确发展框架，然后编制局部地区控规，重点从土地利用、市政设施配套、建筑建造、行为活动等方面进行控制和引导。其中，土地利用主要确定用地边界、规模和用地性质；设施配套是在明确路网骨架基础上，合理布局各类市政管线并确定竖向规划；在建筑建造方面主要针对最高容积率、建筑密度、最低绿地率等建设指标进行约束；在行为活动等方面是针对建筑后退道路红线、禁止开口路段及后退距离、建议开口方向等进行指引。规划成果形成"说明书+系列专项总图"，通过"总体+专项"互相匹配且各自关联，共同约束着城市建设活动（图6-12~图6-16）。

东湖高新区在这一时期空间得到了大幅增长，形成了关东科技工业园和关南科技工业园、汤逊湖科技产业园、关山机电工业区、民院路生活区，已批已建用地达到8km²，已批未建用地达到2.9km²（表6-4）。关南科技工业园不断承接武汉市转移过来的制造业，如武汉汽轮机厂、湖北电机厂、鼓风机厂、汽车标准件厂、长江有线电厂，也诞生了新型的光电子信息产业，如楚天激光、长飞光纤等本土初创企业。局部控规和市政规划及时满足了新兴产业园建设的需求，保障重点项目快速落地。从经济发展上来看，东湖高新区自1990~2000年，一直保持较高的经济发展速度，年平均增长率达到30%以上，2000年，东湖高新区实现科工贸总收入252.4亿元，工业总产值213.7亿元，财政收入6.74亿元，分别是1991年的58倍、71倍和111倍，促进了武汉经济社会的发展。东湖高新区逐步成长为武汉市新的经济增长点。

图6-12 关南科技工业园区位图

图例
▨ 本次规划用地范围

图6-13　关南科技工业园道路平面规划图

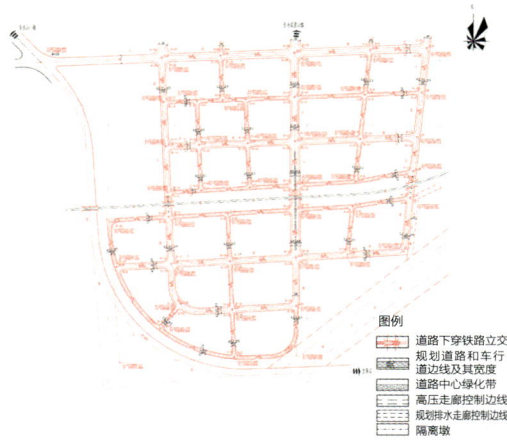

图6-14　关南科技工业园（三期）用地现状图

图6-15　关南科技工业园（三期）土地使用规划图

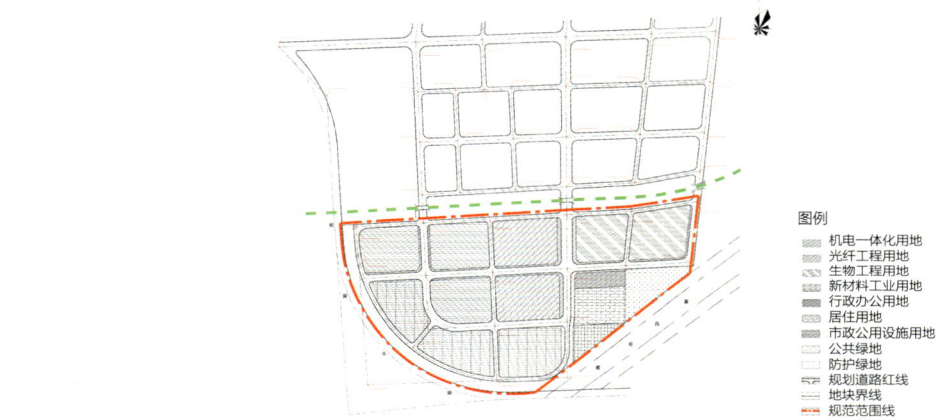

图6-16　关南科技工业园（三期）分图则一

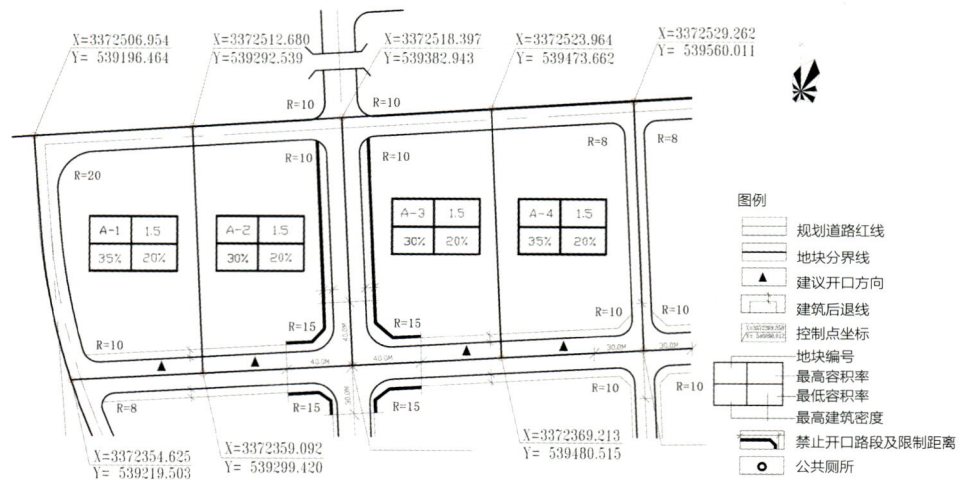

108

2000 年东湖高新区现状土地存量评价表（单位：km²） 表 6-4

序号	分区	总面积	已建设用地	已批未建用地	未批未建用地
1	关东科技工业园和关南科技工业园	8.1	2.8	1.8	3.5
2	汤逊湖科技产业园	26	1.3	0.8	12.2
3	关山机电工业区	3.0	2.1	0.3	0.6
4	民院路生活区	4.3	1.8	—	2.5
	合计	29.7	8	2.9	18.8

这一阶段市政规划和局部控规对东湖高新区产业园区的发展起到了强有力的指导和支撑作用，但是从局部控规的区位和覆盖范围来看，该阶段的规划主要是顺应项目落地需求而进行的碎片化、实施性规划引导，既缺少前瞻性、系统性的布局和谋划，也缺乏对专类产业园区的精细化研究和适应性规划。因此，面对不断变化的项目招商需求，虽然道路网建设起到一定的效果，但是在用地布局上规划与实际实施情况出现较大偏差。

6.3.2 注重"城变乡"的环境整治

起步阶段的产业园区呈现城乡功能混杂、建设风格新旧混搭、建设标准不统一的问题。东湖高新区位于城市边缘，城乡功能混杂，建设风格新旧不一，整体环境较差，具体表现在老居住区与老工业区设施落后，建筑破旧，环境景观较差，占道经营及违规建设现象明显，垃圾堆放以及土地裸露等，严重影响城市风貌。面对这些情况，东湖高新区针对与主城区紧密联系的六条道路开展了环境综合整治规划，实现"城变乡"的风貌整治。

东湖高新区该时期针对六条道路的环境综合整治开展规划编制工作。规划提出的整治措施分为三个方面：一是规范管理违章建筑和占道经营现象；二是环境优化包括刷新美化沿街建筑、围墙，统一门面招牌形式，铺砌人行道，增加垃圾收集点等；三是加强绿化的建设和改造。例如，关山路的主要问题是公共设施形象混乱、建筑立面陈旧、集贸市场占道经营、乱扔垃圾、杂草丛生，需要对上述问题进行整治，将报亭、电话亭规范美化，清理美化大门、围墙，建立垃圾收集点，搬迁集贸市场，整顿清理零售摊点等。可以看出本阶段环境整治重点在于改善城乡风貌，缩小城乡差距，推进东湖高新区与主城区环境、交通一体化发展。

对道路整治规划的付诸实施，使得东湖高新区城与乡的道路实现了无缝衔接，同时城乡风貌统一，使得开发区整体环境得到改善，尤其是珞喻路作为东湖风景带的景观路与东湖风景带相呼应，保持街道整洁，有利于形成开敞空间。但是，当时的环境整治规划和设计更注重临时性景观风貌的改造，未对城市道路乃至市政设施统一标准、统一断面、统一布局。因此，当时的环境整治确实起到了阶段性引导城市风貌统一的效果，后续随着城市建设的不断更新，城市主干路路建设也在持续优化，城市道路周边功能持续迭代、景观不断优化。

第7章
快速扩张阶段的
空间特征与规划引导
（2001~2010年）

在起步阶段东湖高新区走出了艰难创业的第一步，实现了从零到一的原始突破。进入快速扩张发展阶段后，东湖高新区凭借起步阶段积累了一定的产业优势和科研实力，围绕打造"中国光谷"品牌，成功招揽了一大批国家型和区域型基础设施落户东湖高新区，现代服务业、先进制造业快速发展。空间发展背后是哪些核心因素驱动，城市规划如何在近期发展和长远目标之间找到平衡点，构建生产生活生态的城市空间框架，实现空间更加合理高效的助推区域发展，成为快速发展阶段空间拓展的关键问题。

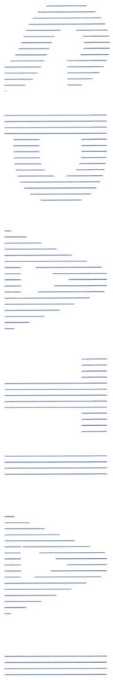

东湖高新区经过起步阶段建设之后，进入2001~2010年的快速扩张发展阶段。在此阶段，国家实施"中部地区崛起"战略，批准武汉城市圈为全国"两型社会"建设综合配套改革试验区，实施武汉城市圈"1+8"统筹发展。东湖高新区启动打造"中国光谷"品牌，大批国家型和区域型的基础设施落户东湖高新区，现代服务业、先进制造业快速发展，区级经济发展成为主体。在2009年，东湖高新区获批国家自主创新示范区。同时，东湖高新区也经历了四轮扩区，最终形成了518km²的总用地规模。

7.1 科技新城的空间发展特征

7.1.1 市级重要外拓发展轴

武汉市在前一阶段完成二环线的空间填充之后，中心城区需要填充的土地已所剩无几，"摊大饼"式的发展也已经在城市的交通、环境、人居、经济等各方面产生较大的负面影响。同时，武汉河流纵横、湖泊星罗棋布，生态环境敏感区域较多，对城市有很强的分割限制作用，使得城市继续向外环状填充有一定难度。因此，城市发展从圈层扩张转向重要轴向局部拓展。

2001~2010年，武汉市中心城区基本完成三环线内空间填充，在新城组群"1+6"发展战略和开发区引领下，城市呈现明显的轴向外拓特征。通过对2001~2010年的武汉市城市建设空间扩张强度的分析可以看出，东湖高新区所在的东南部轴线在全市的诸多轴线中空间拓展规模最大、扩张强度最大（图7-1~图7-3，表7-1）。

图7-1　2001~2010年武汉市都市发展区各组群用地扩展分布图

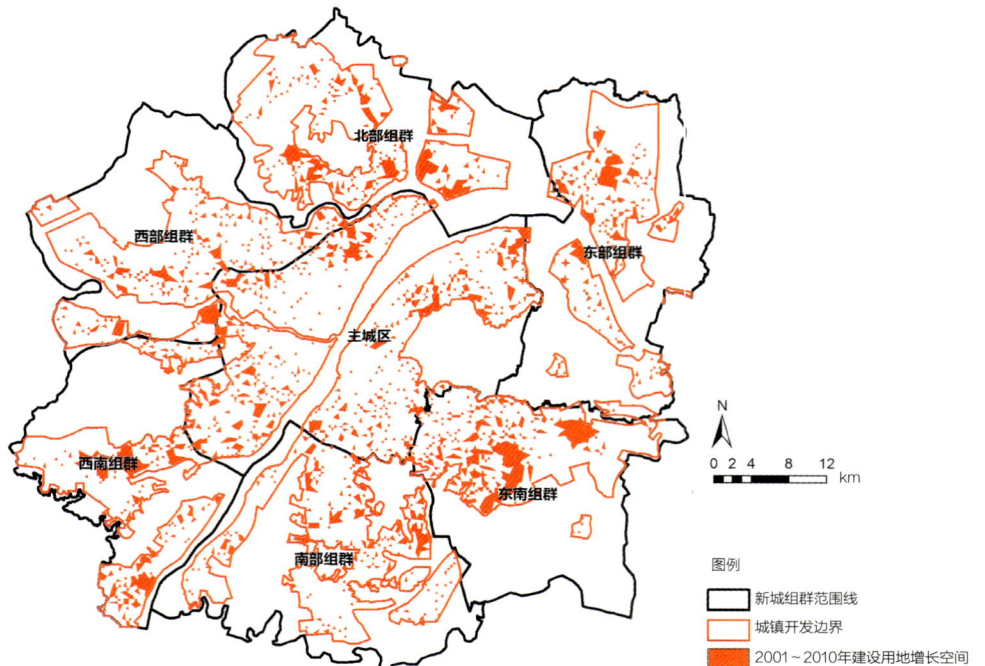

图7-2　2001~2010年武汉市都市发展区建设用地
增长变化分析图（单位：km²）

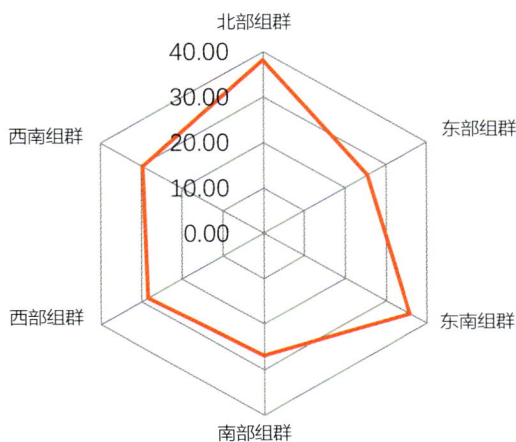

图7-3　2001~2010年武汉市与东湖高新区空间发
展关系示意图

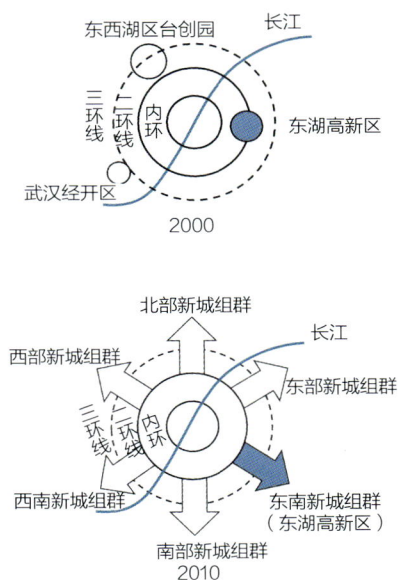

武汉市都市发展区建设空间在 2001~2010 年不同方向上的扩张强度　表 7-1

组群名称	2000~2010年扩张强度
北部组群	1.67
东部组群	1.55
东南组群（东湖高新区）	2.17
南部组群	1.24
西部组群（吴家山经开区）	1.24
西南组群（武汉经开区）	1.77

7.1.2　向东和向南轴线发展与填充

东湖高新区在前一阶段簇状发展基础上，进一步沿着主要道路和产业园区向外拓展，鲁巷广场建成为交通和公共服务中心，成为从武汉市主城区向东湖高新区的过渡节点，开发区向东和跨过三环线向南继续延伸出多个网格状的科研、产业、综合服务组团。此外，随着配套功能的进一步完善，三环线以内形成了多横多纵的网络状结构，生活和生产空间相互独立又彼此联系，实现了三环线以内片区的全面填充。开发区功能由独立的工业园转变为科技新城，城市各类功能空间的融合也从侧面显示出定位变化（图7-4~图7-6）。

图7-4 东湖高新区轴向拓展示意图（2010年）

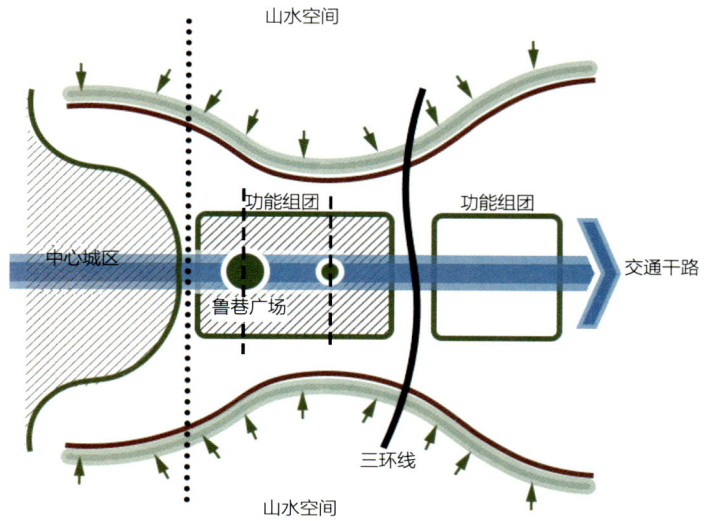

图7-5 东湖高新区五类要素现状用地分布图（2010年）

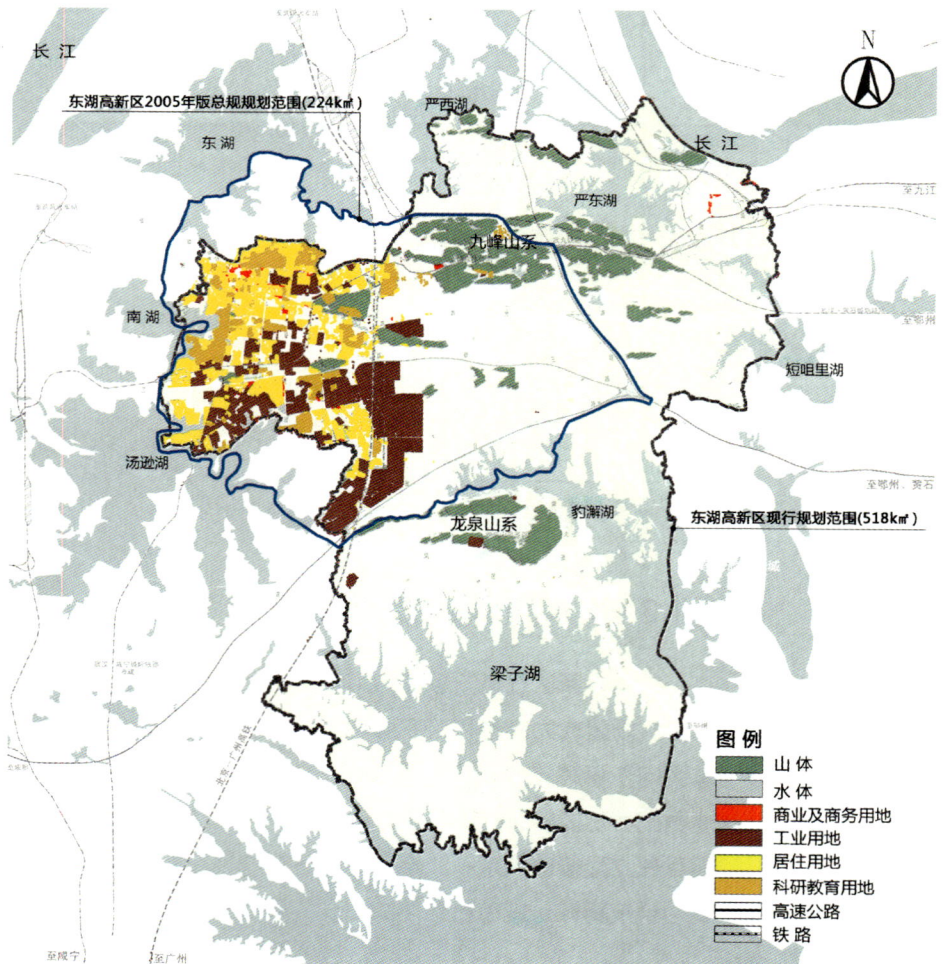

图7-6　东湖高新区五类要素分项现状用地分布图（2010年）

办公用地　　　工业用地　　　居住用地　　　科教用地　　　商业用地

其中，工业用地以集中产业园形式向东和向南成片拓展，形成沿轴线滚动拓展趋势，东部的关东、关南工业园不断充实，向南汤逊湖片区则依托华中科技大学、武汉大学、华中师范大学形成多个大学科技园。此外，某些重大产业项目（如富士康武汉工业园等）的选址落地也成为拓展的主要动力。

富士康武汉工业园简介

富士康武汉工业园区是富士康公司在国内投资建设的第10个产业园区。该园区选址于东湖高新区南部，临近外环线，总用地面积399hm²，该地区门户地位突出，畅达多元交通，对外交通联系便捷，与机场、火车站、港口实现快速无缝连接。另外，该地区地形平整、腹地广阔，选址于此可以带动城市进一步向东南方向发展，形成新的城市簇团。

东湖高新区以"创新＋生活"的模式，将富士康武汉工业园全园划分为制造、科技、创新、生活四个主题功能，打造富士康小镇。"制造的富士康"以建设产业园为主，旨在整合已有的生产和技术资源，提供足够的生产用地；"科技的富士康"以产业孵化为主，设置教育、管理、培训基地等设施，是指提升制造产业的科技含量，建立并扩大自主品牌、提高产品附加值，设置行政管理、中试基地、产业孵化、教育培训等设施；"创新的富士康"设置具有"交融、启发、激励、互动"特征的研发中心、国际交流中心、国家实验室、国际交流中心院士楼等功能设施；"生活的富士康"则是借鉴国内外科学城经验，建设功能完备、服务一流的科技城镇。对于东湖高新区来说，南部富士康产业园的建设相当于在外环线以内增加了一座吸引源，在科技新城内再造了一座功能完善的小城市。

科研教育用地继续在三环线周边点状东拓。由于区域整体发展继续向东、向南推进，功能相对独立的高校越过建成区，落户在三环线东部、南部，由此武汉市东三环外落户了文华学院、湖北第二师范学院、武汉工程大学流芳校区、武汉软件工程职业学院等大批高等院校（图7-7）。

居住用地围绕集中产业区组团化布局，并向东部、北部跳跃式发展。居住用地在空间

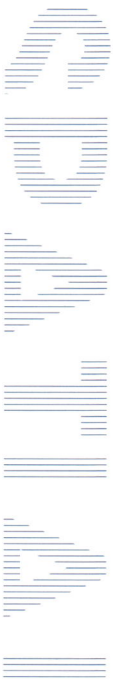

上沿着民族大道、关山大道两侧聚集，并且向南拓展延伸，出现组团化布局特征；同时，伴随着科教用地东拓，居住用地依然呈现围绕新建的高等院校（湖北第二师范学院）、工业园区（大学科技园）布局；同时，基于原住民集中就近还建需求，在严东湖西侧花山新城一带出现九峰还建社区，在空间上出现跳跃式增长趋势。

公共服务设施用地伴随着产业园区与居住用地的向外拓展，也沿主要交通轴线向东布局发展，如同济医院光谷园区在本阶段选址坐落于三环线东侧高新大道沿线，是集医、教、研于一体的综合医院，为三级甲等医院，主要服务范围近期主要为整个东湖高新区和邻近城区的部分街道，远期可辐射到武汉市其他城区乃至湖北省其他地区。

商业服务业设施用地沿着空间拓展主轴线，围绕科研院所形成生活服务中心和高科技服务业集聚区。在本阶段商业设施沿着民族大道上的武汉纺织学院、中南民族大学、中南财经政法大学等院校形成商业服务业中心，而在东部的光谷大道上，由北向南逐步形成了慧谷时空、光谷企业中心等商务服务聚集区，此类区域的业态一直延续至今。

与此同时，东湖高新区在中心城区和三环线之间基本形成网络状路网，向东的高（快）速路网系统进一步延伸至外环线。在三环线以西主次路网进一步充实，基本形成主

图7-7　东湖高新区现状科研教育用地分布图（2010年）

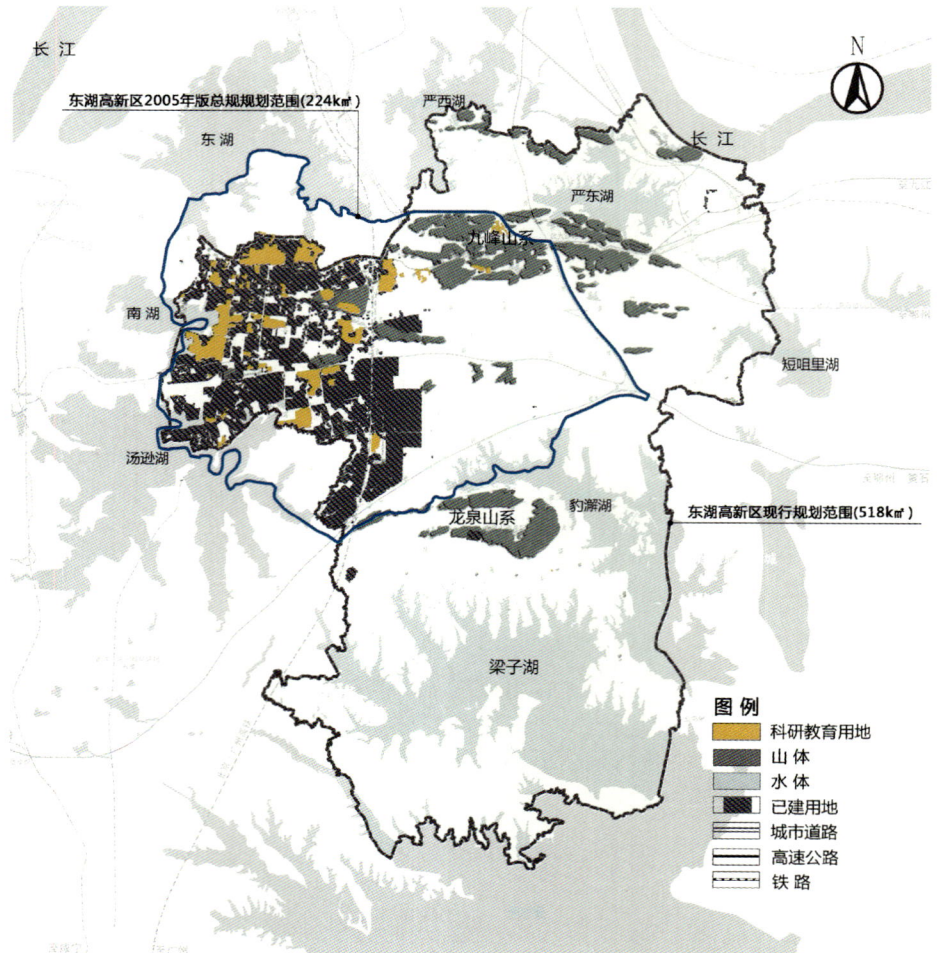

干路网1000~1500m间距，次干路网400~500m间距，南北向有民族大道、关山大道、光谷大道、光谷一路、光谷二路，东西向在原来武黄公路、关豹高速公路、外环线的基础上，增加了南湖大道、高新四路，基本上在主城区与三环线内形成了较为完善的网格体系。在东部，雄楚大道进一步向东延伸建成高新大道，并与鄂州葛店对接形成高新大道延长线，与原有的武黄公路、关豹高速公路形成与鄂东连接的高（快）速路系统（图7-8）。

本阶段的东湖高新区建设开发尚存在不少问题。主要表现在以下几个方面。

（1）定位问题：从科技园区向科技新城的转型过程中，东湖高新区、"武汉·中国光谷"、武汉科技新城这三个定位各有其依据、侧重点和各自的品牌，但是相对而言，作为"城市"特征的"科技新城"的定位，尚未得到有力支撑和落实。

（2）功能组成问题：此时东湖高新区的城市功能仍然比较单一，虽然在产业功能的基础上充实了一定的居住功能，但是，商业、服务、文化、娱乐等功能空间仍十分匮乏。

（3）用地布局问题：此时东湖高新区的用地十分紧缺，已经无法满足产业用地需要，更无法满足作为一个科技新城的各项服务功能和设施的用地需求。

（4）交通及市政设施问题：东湖高新区此时内部交通比较顺畅，但是与武汉主城的

图7-8　东湖高新区现状主干路分布图（2010年）

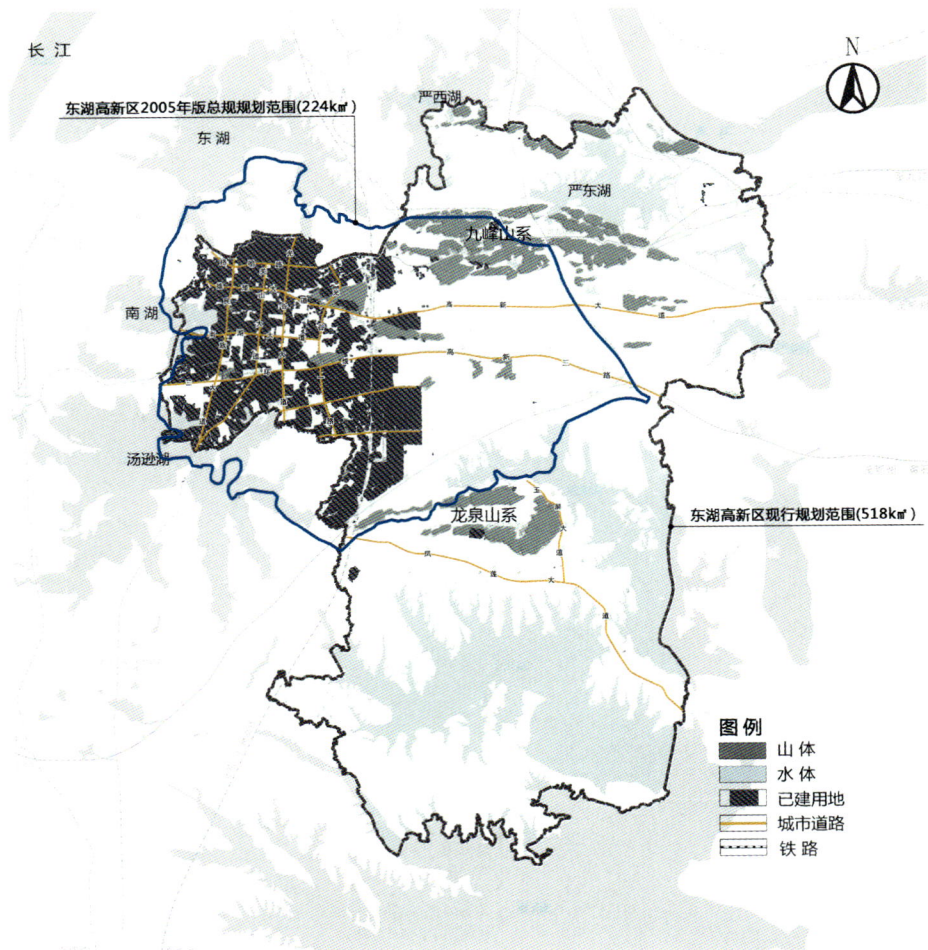

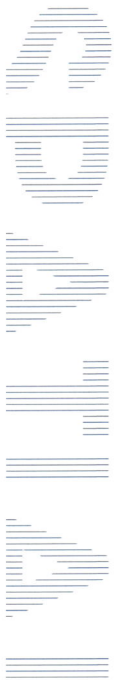

联系受到瓶颈制约，到汉口、武昌、机场、火车站等地区极为不便，已经影响到投资和创业环境，在市政配套设施方面，供水和排水仍有不少问题。

（5）城市生态环境问题：东湖高新区所拥有的"六山四湖"自然山水资源在武汉地区是首屈一指的，目前的建设从城市形象方面有所考虑；在科学发展观、节约型社会的理念下，可持续发展、生态城市成为当前城市规划的出发点和归宿。

（6）城市形象与景观风貌特色问题：东湖高新区的城市景观形象尚不太明确，需要进一步凸显山水资源优势，提升建设品质，打造具有高新区现代科技特征的城市形象。

（7）管理实施体制问题：东湖高新区此时规划实施的权威性还不够高，规划控制目标与实施管理办法存在脱节，突出的体现是存在规划跟着项目跑的现象，这直接导致建设用地的布局整体性开发不强，未能集约式发展（图7-9）。

图7-9　东湖高新区用地现状图（2010年）

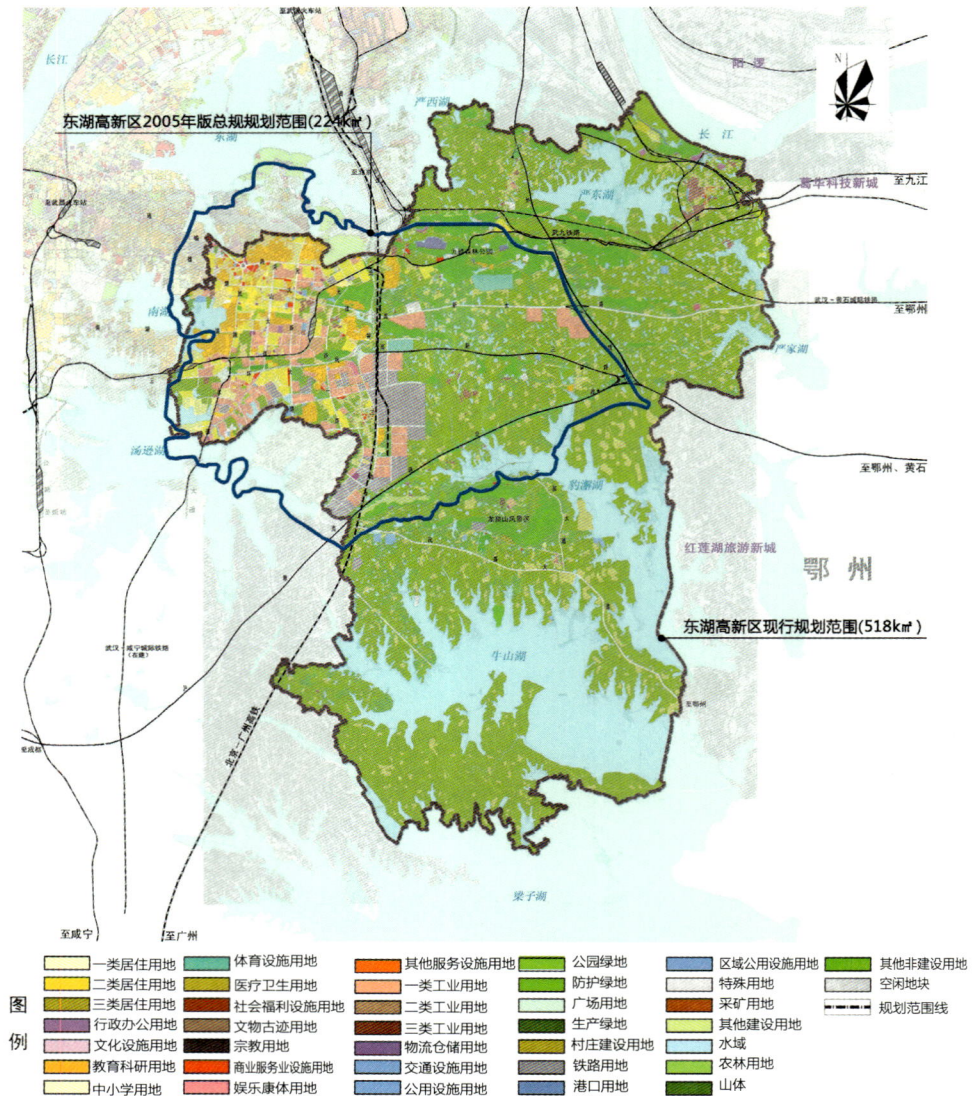

7.2　动力机制分析

7.2.1　承接产业转移迎来经济增长"黄金十年"

随着技术进步和全球化程度的加深，高新区产业发展迈向集群化，产业发展推动空间大面积拓展。这一时期，在全球制造业转移中，一批技术含量高、增值幅度较大的高技术制造业开始向我国转移。我国于2001年加入了世界贸易组织（WTO），以寻求在更大范围、更广领域和更高层次参与国际经济合作与竞争。基于此，为进一步调整国家产业空间格局，我国在全国层面开展由沿海向内陆、由东部向中部到西部的产业转移。

在国际、国内产业梯度转移大背景下，东湖高新区作为产业转移重要承载区。以富士康武汉园区为例，其自2007年入驻东湖高新区以来，至2017年累计投资120亿元、创造工业产值2230亿元、提供工作岗位21万人次。众多企业转移至东湖高新区，加上本土企业的成长，东湖高新区在经济发展上呈现迅猛发展态势。东湖高新区2010年实现工业总产值、企业总收入分别为2508.78亿元、2926.14亿元，2001~2010年其增长率分别为27.19%、27.57%，呈现跨越式增长。2001~2010年成为东湖高新区经济发展的"黄金十年"（表7-2）。

东湖高新区 2001~2010 年工业总产值、企业总收入及其增长率统计　　　　表 7-2

年份	工业总产值（亿元）	工业总产值增长率（%）	企业总收入（亿元）	企业总收入增长率（%）
2001	288.00	35.2	327	32.94
2002	313.00	8.68	388	18.7
2003	377.00	20.44	471	21.4
2004	493.74	30.97	586	24.4
2005	628.96	27.4	724.97	23.7
2006	889.45	41.4	1004.89	38.61
2007	1156.28	30	1306.36	30.11
2008	1572.32	35.98	1759.23	33.67
2009	1975.50	25.64	2261.41	28.55
2010	2508.78	26.99	2926.14	29.39

数据来源：武汉东湖高新区历年统计报告

在与国内高新区主要经济数据横向比较中，2005年东湖高新区总收入排名第13位、工业总产值排名第13位、工业增加值排名第9位、上缴税费排名第13位，至2010年，东湖高新区总收入排名第8位，工业总产值排名第10位，工业增加值排名第2位，上缴税费排名第7位。东湖高新区主要经济指标排名均不同程度上升。经济的快速发展成为空间发展强大的内生动力，对用地空间需求旺盛。经济产业空间布局上从临近主城，继续往南、

往东拓展。

在产业发展上，东湖高新区在经历全球信息产业大调整的洗礼之后，以高校（华中科技大学等）、科研院所（武汉邮电科学研究院等）产学研转化为突破口，承接国际、国内产业转移，培育出一批优势产业。东湖高新区在这期间成为国内最大的光纤光缆生产基地、国内最大的光通信技术研发基地和国内最大的光电器件生产基地，光纤的生产规模居全球第二位，烽火科技提出的3项IP网络技术标准被国际电联批准为国际标准（国际电联首次批准的由中国人提出的标准），IBM、微软、INTEL、NEC等国际知名企业纷纷入驻东湖高新区。至2010年，东湖高新区形成以光电子信息为主导，生物、新能源、环保、消费类电子等产业为支柱的高新技术产业集群。

科研转化体现在空间上就是成立了大片的大学科技园。1999年11月，在科学技术部、教育部的领导和支持下，武汉启动了东湖大学科技园建设，通过兴办大学科技园，发挥大学科研、人才优势，促进科技、教育与经济发展的紧密结合，至2005年，大学科技园完成建筑总面积近20万m²，科技园企业实现销售收入合计超过20亿元。

除建设大学科技园外，东湖高新区在快速发展中产生了大量大型专业化高新技术产业园区，其中沿中环线—高新三路主轴形成关南科技园、光谷软件园、汽车与电子产业基地、金融港、生物产业园等产业园区；沿中环线—光谷二路纵轴，形成富士康武汉工业园、黄龙山产业园、流芳产业园、凤凰山产业园等产业园区。整体形成"一城四园"空间格局，即流芳产业新城、关东产业园、关南产业园、豹澥产业园、汤逊湖产业园。这些专业化高科技园区成为承载企业产业发展的重要载体。

7.2.2 产学研壮大发展形成持续产业竞争力

经过二十多年的发展，东湖高新区改善产学研合作环境，推动创新服务平台多元化、孵化器持续专业化、成果持续转化，产学研联动机制初步形成。这段时期东湖高新区组建了"国家光电实验室""国家植物基因研究中心""武汉生物技术研究院"，在行业核心企业建立十多个不同层级的工程技术中心，为科技成果转化提供服务；围绕重点产业和特色产业开创专业化孵化器发展道路，逐渐建成武汉留学生创业园、光谷创业街、光谷软件园、南湖农业园创业中心、生物医药孵化器、集成电路设计企业孵化器、光电子企业孵化器7个专业孵化器，完善了从研发、孵化到产业化的体系（截至2009年7月，东湖高新区内孵化面积达90万m²，在孵企业突破1000家）。东湖高新区定期召开由大学、科研院所、企业家及相关政府部门等参与的产学研联席会议，促进产学研之间的互动，尤其是地球空间信息产业联盟、光电国家实验室、软件外包产业联盟、激光行业协会、新一代红光高清视盘机产业技术联盟等。通过上述4个方面的直接刺激，东湖高新区产学研合作环境不断改善。

在探索科研成果转化实践中，东湖高新区产学研合作形成了多种富有生机活力的模式。第一类以楚天激光集团为例，该集团聘请姚建铨院士为集团首席科学家，同时聘请国内外一批技术专家组成顾问团，长期在科研及成果转化方面形成合作，此为"企业研发中心+高等院校或科研单位"合作模式。在这样的模式下，东湖高新区建成国家级企业技术中心4家、省级技术中心15家。第二类为"产业基地+研究院"模式。东湖高新区采取资源集聚战略，依托国家光电子产业基地、国家生物产业基地，成立了光电国家实验室和武汉生物技术研究院。其中，光电国家实验室由教育部、湖北省和武汉市共建，依托华中科技大学，由武汉邮电科学研究院、中国科学院武汉物理与数学研究所、七一七所组建；武汉生物技术研究院由武汉大学牵头，由华中科技大学、中国科学院武汉分院、华中农业大学、武汉生物制品研究所、凯迪电力等单位组建，东湖高新区创新机构开始走向联合创新。第三类为高校及科研院所依靠自身的科研能力、行业经验、资源直接将科技成果进行产业化运作的"大学院所直接转化型"模式，典型的如华中科技大学的华中数控、天喻信息、达梦数据库与武汉大学的武大弘元药业、武大吉奥信息；武汉理工大学的南华高速、理工光科、港迪电气、理工光学等，另外华烁科技、中冶南方、烽火科技等也是利用自身科研机构直接将科技成果进行产业化运作（表7-3）。

东湖高新区产学研成果转化合作模式   表 7-3

产学研成果转化合作模式	典型单位
"企业研发中心+高等院校或科研单位"合作模式	楚天激光集团
"产业基地+研究院"合作模式	光电国家实验室（筹）：华中科技大学，由武汉邮电科学研究院、中国科学院武汉物理与数学研究所、七一七所； 武汉生物技术研究院：华中科技大学、中国科学院武汉分院、华中农业大学、武汉生物制品研究所、凯迪电力
"大学及科研院所直接转化型"模式	华中科技大学：华中数控、天喻信息、达梦数据库； 武汉大学：武大弘元药业、武大吉奥信息等； 武汉理工大学：南华高速、理工光科、港迪电气、理工光学等； 典型企业研发中心：华烁科技、中冶南方、烽火科技

产学研合作成效显著。东湖高新区涌现了一批拥有自主知识产权、自主品牌和持续创新能力的创新型企业，如华工科技、长飞光纤、烽火科技、凯迪电力、中冶南方、楚天激光。2001~2008年，东湖高新区企业联合科研院所共承担国家重大科技支撑计划、国家863计划、973计划等国家级创新项目320多项，开发了大批拥有自主知识产权的创新成果。尤其是烽火科技的3项IP网络技术标准、长飞光纤的"光纤链路测试方法"，均被国际电联批准为国际标准。围绕核心技术和标准，区内企业牵头组建了产业技术联盟，标志着产学研合作已朝市场化、长期化方向发展。此阶段，东湖高新区已拥有了国内最大的光纤光缆生产研发基地、光电器件生产研发基地、光通信产品研发基地、激光设备生产基地、武汉国家生物产业基地，先后被批准为高新技术产业标准化示范区、国家服务外包基地城市示范区、全国建设世界一流高科技园区试点、全国第一家国家知识产权示范区创建区、国家科技兴贸创新基地和全国"海外高层次人才创新创业基地""全国知识产权试点示范工作先进集体""国家地球空间信息武汉产业化基地"和"武汉中国多语信息处理产业基地"等。这些基地的落户都是产学研合作所带来的成效。

通过产学研持续发展，东湖高新区10年间形成以光电子信息为主导，生物、新能源、环保、消费类电子等产业为支柱的高新技术产业集群，其中光电子信息、生物、消费电

子、环保等已成为总收入过百亿、数百亿的产业。"武汉·中国光谷"作为国内最大的光电子信息产业集群，"光谷制造"和"光谷创造"成为我国在光电子信息产业领域参与国际竞争的知名品牌。

7.2.3 外来人口持续增长促使城市功能与服务提升

东湖高新区从业人口持续增长，10年间从11.33万人增长到32.88万人，年均增长12.6%。北京中关村从业人口数在2005~2007年增长率为13.9%，与东湖高新区2001~2009年人口增长率相当，显示东湖高新区具有良好的人口吸引力。东湖高新区从业人口规模逐年增大的原因主要包括以下几个方面：一是东湖高新区的经济发展水平较高，是武汉及周边地区的增长极；二是东湖高新区内的技术创新能力较强，形成了产学研一体化的发展模式，大量的高校毕业生以及高级工程师涌入该地区；三是东湖高新区内的体制创新性也成为吸引大量私营企业主的一个主要因素；四是东湖高新区内环境优美，基础设施完善，可吸引大量外来劳动力。在从业人口逐年增加的同时，受高校扩招影响，武汉高校数量、在校人数也在持续增长，从2001年35所、30.83万人增长到2010年84所、114.22万人，高校人数年均增长率为115.7%，年均增长约9.3万人，高校规模持续扩张（图7-10）。

1998年，教育部发布《面向21世纪教育振兴行动计划》，要求至2010年高等院校入学率接近15%。1999年，国家计划委员会和教育部联合颁布《关于扩大1999年高等教育规模的紧急通知》。高校扩招政策在20世纪最后几年开始实施，因高校扩招带来学生与学校规模的扩大。以华中科技大学为例，从2001年开始华中科技大学加大了学校招生的幅度，至2008年，在校学生人数从原来的36776人增加到56988人，每年平均增加2890人（表7-4）。高校规模的持续扩张对周边文化设施、商业服务设施、医疗设施、住房等相关空间需求相应增大，由此一方面促进了鲁巷城市服务中心不断发展壮大；另一方

图7-10 2001~2010年武汉市高校人数变化图

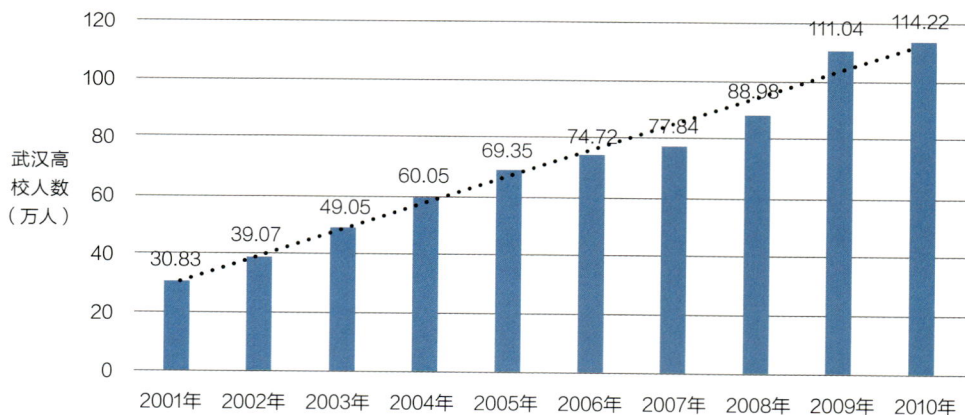

数据来源：《武汉市国民经济和社会发展统计公报》

面，高等院校和科研院所在三环线外向东、向南外迁，带来城市空间的进一步拓展。

华中科技大学 2001 年与 2008 年在校大学生人数比较（单位：人） 表 7-4

年份	合计	博士研究生	硕士研究生	本科生	专科生	外国留学生
2001	36776	2307	6275	26269	1658	267
2008	56988	6295	12668	35584	1419	1022

数据来源：《华中科技大学年鉴》整理。

人口规模增加使得高新区成为新的就业中心，大量就业人口在工作地寻求居住空间。东湖高新区在产业园区规划时便考虑到职住问题，进行了居住功能的配套，同时高新区对区内工作人员购房也提供诸多优惠政策，鼓励高新区工作人员在园区内居住（表7-5）。

2001~2010 年东湖高新区从业人员情况 表 7-5

年份	年末从业人员总数（人）	增长率（%）
2001	113318	32
2002	108421	-4
2003	115512	7
2004	136405	18
2005	142391	4
2006	162303	14
2007	185123	14
2008	232804	26
2009	295821	27
2010	328822	11.16

数据来源：《武汉东湖高新区统计报告》

此阶段我国住房市场化改革进一步深化，促进了大量商品房出现。作为我国经济体制改革的一项重要内容，住房制度改革是指对传统的福利分房制度进行变革。改革开放以来，我国的住房制度经过福利分房、"三三制"的补贴（由政府、企业和个人各承担1/3）、"提租补贴、租售结合、以租促售、配套改革"等制度探索，直至1998年至今实行住房分配货币化，实行了住房货币化制度。住房市场化改革后，东湖高新区新建小区如雨后春笋般出现。万科、保利、恒大、利嘉、当代、金地、泰然等知名房地产开发商竞相在东湖高新区投资，打造了万科魅力之城、保利花园、保利华都、世界城加州阳光、米兰印象、巴黎豪庭、当代国际花园、金地格林、泰然玫瑰湾等一批楼盘和小区。部分楼盘选择在交通便利、环境优美的地段建设高品质生活社区，增强了高新区对高学历、高技术人员的吸引力，公司高管和技术人员在此集聚。

此阶段商业、金融、商贸、创意等现代服务业及高新产业进一步发展，鲁巷城市副中心、大学科技园等高新产业集聚区、居住组团等城市功能得以形成和发展，使东湖高新区从以产业为主导的单一高新区向综合性新城转变（表7-6）。

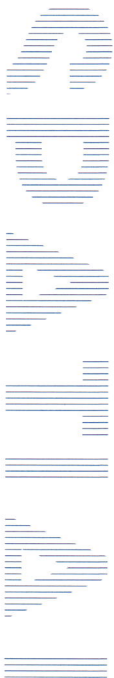

东湖高新区现状与规划公共服务中心建设情况比较　　　　表7-6

名称	2020年规划建成面积（km²）	规划功能	2010年现状建设情况
科技新城都市核心	8.85	行政、办公、商务、展览、服务和体育、文化功能	尚待开发
鲁巷商业服务中心	0.9	行政、办公、商务、展览、文化和体育中心	商贸、办公、会展等综合服务中心
流芳产业服务中心	0.5	生活配套和产业服务中心	建设起步
王家店旅游服务中心	0.3	旅游服务为主导、体现"森林城市"文化特色的服务中心	尚待开发

7.2.4　政策持续调整带来辖区面积不断拓展

　　东湖高新区在国家各项政策支持基础上，用地空间规模持续扩大。2001年，东湖高新区被原国家发展计划委员会、科技部批准为国家光电子产业基地，即"武汉·中国光谷"；2006年，被科技部列为全国建设世界一流科技园区试点之一，被商务部、信息产业部、科技部确定为国家服务外包基地城市示范区；2007年，被国家发展改革委批准为国家生物产业基地；2009年，被国务院批准为国家自主创新示范区。产业基地、科技园区、示范区建设均需要更多的用地空间予以支撑，因此2000~2010年成为东湖高新区空间发展最为迅猛的时期。

　　东湖高新区分别在2003年、2005年、2008年、2010年实现4次扩区规划面积从最初的120km²发展到518km²；建设用地面积从2000年的10.9km²，到2005年的52.29km²，再到2009年达到73.54km²，并且2009年建设用地规模超过70.81km²的规划预期。这一阶段，东湖高新区管辖范围和建设用地都得到长足发展（图7-11）。

图7-11　东湖高新区历轮规划范围变化示意图

《武汉科技新城总体规划（2000-2010年）》规划范围
120km²

《武汉科技新城总体规划（2005-2010年）》规划范围
224km²

《东湖国家自主创新示范区总体规划（2011-2020年）》规划范围
518km²

7.3　主动式、框架性的规划引导

在产业迅猛发展和外来人口大量集聚的双重驱动下，东湖高新区的建设空间在本阶段得到了持续大幅度拓展，辖区托管范围扩展到了518km²。本阶段是东湖高新区城市规划编制体系建构和完善时期。东湖高新区管委会首次对全域进行了"战略谋划+产业策划+空间规划"的主动系统性思考，并以"全域总体规划+民生专项规划+片区控制性详细规划"的方式确定了518km²的总体功能定位和整体空间发展框架，建构了"文教卫体养"等公益性服务设施体系，并完成了东南组群控规的全覆盖。同时，继续以服务重点产业发展项目为重点，开展了片区功能和服务提升规划，保障了产业项目全周期发展需求。

7.3.1　基于定位转变的总体规划

2001年，东湖高新区第一次以"科技新城"为主题编制了总体规划，首次描绘了全区（120km²）整体发展愿景，但这次总体规划对用地需求和行政区划对规划实施的影响预计不足。2005年随着开发区规划面积扩展到224km²，东湖高新区立足长远相继开展了产业发展战略研究和"武汉科技新城"概念规划，对东湖高新区东拓范围、主导功能、建设规模、空间结构等进行了前瞻性的分析和预测，并在此基础上，组织编制完成了法定性的《武汉科技新城总体规划（2005—2020年）》。

本阶段的总体规划编制，无论从策划理念、规划方案还是工作组织方式上，在当时全国范围内都具有相当的前瞻性和创造性，提出的规划思路和工作组织方法时至今日仍有其代表性和先进性。

1.　"产业策划—概念规划—法定规划"的工作组织方式先进

东湖高新区于2004年委托McKinsey & Company高起点、高标准编制了《为东湖新技术开发区制定制胜战略》咨询报告，对标选取波士顿128公路地区、匹兹堡、奥斯汀、德累斯顿等与东湖高新区背景类似的城市或高新区进行深入分析研究，提出的未来五大发展重点（建立良好的人力资源平台、充分发挥本地区位优势、建设良好的软硬环境、引入丰富的投资资金、启动内部增长引擎）具有很强的科学性和针对性，咨询报告的视野广度、深度以及前瞻性在当时都达到了非常高的世界水准。与此同时，东湖高新区委托同济大学编制了《武汉科技新城概念规划》，通过概念规划的编制，一方面对东湖高新区全域空间资源进行科学评估和通盘思考，另一方面将经济产业发展的"软要素"策划与各类空间设施的"硬要素"规划进行了无缝衔接，为城市规划建设支撑保障经济产业发展奠定了基础。而于2005年组织编制的《武汉科技新城总体规划（2005—2020年）》，则是结合我国城市规划领域法定规划体系的编制要求，将概念规划的理念、主要结论等进行了法定落实，至此成为东湖高新区城市建设和管理的重要法定依据（图7-12）。

图7-12　东湖高新区簇团格局规划图

2. "簇群"和"产城融合"的规划理念先进

所谓"簇群"即围绕着优势品牌企业，在周边地区发展相关产业，注重培育产业链和产品链，形成具有"扎堆"效应的产业集群；"产城融合"即打破园区内单一的产业用地格局，注重园区内相关服务、配套设施，以及生活设施的相互融合，形成具有产城混合特色的区域。在该规划理念的指引下，《武汉科技新城总体规划（2005—2020年）》构建了"一主轴+四大簇团"的整体空间框架，围绕簇团和轴线，按照"一个都市核心，三个支撑中心"构建城市服务中心，并保障创新所需的良好生态环境，维育保护生态网络，同时充分预留产业发展用地，按照"集群化、混合化"预留"一城四园"产业发展空间。当时规划几大重点，基本在实践中得到了较好执行，从而也奠定了后续科技新城发展的整体空间基底（图7-13~图7-17）。

图7-13　东湖高新区"一主轴+四大簇团"发展结构图

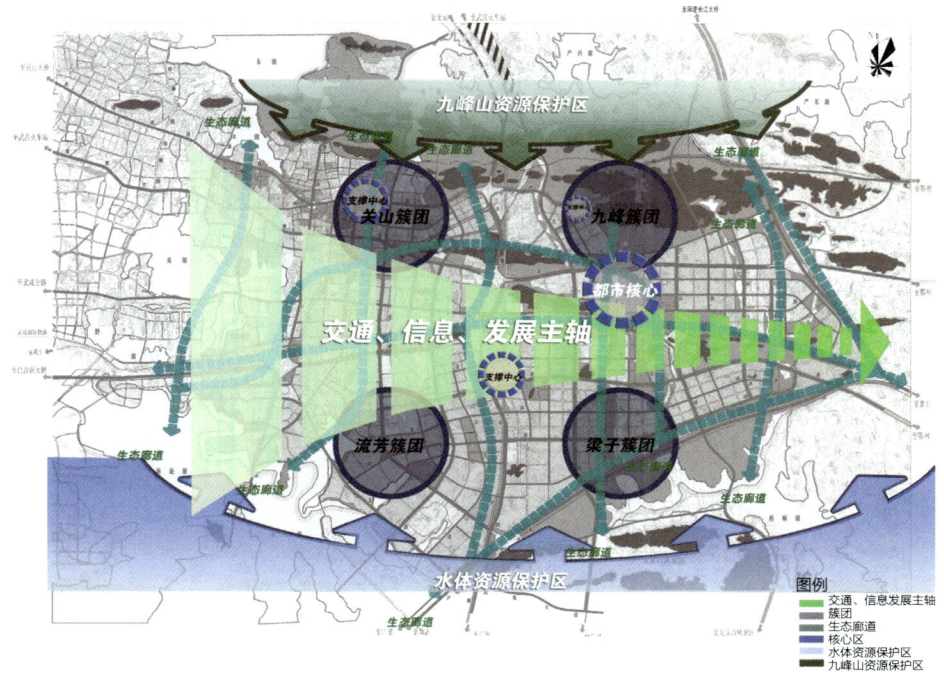

图7-14　东湖高新区"一城四园"整体空间结构图

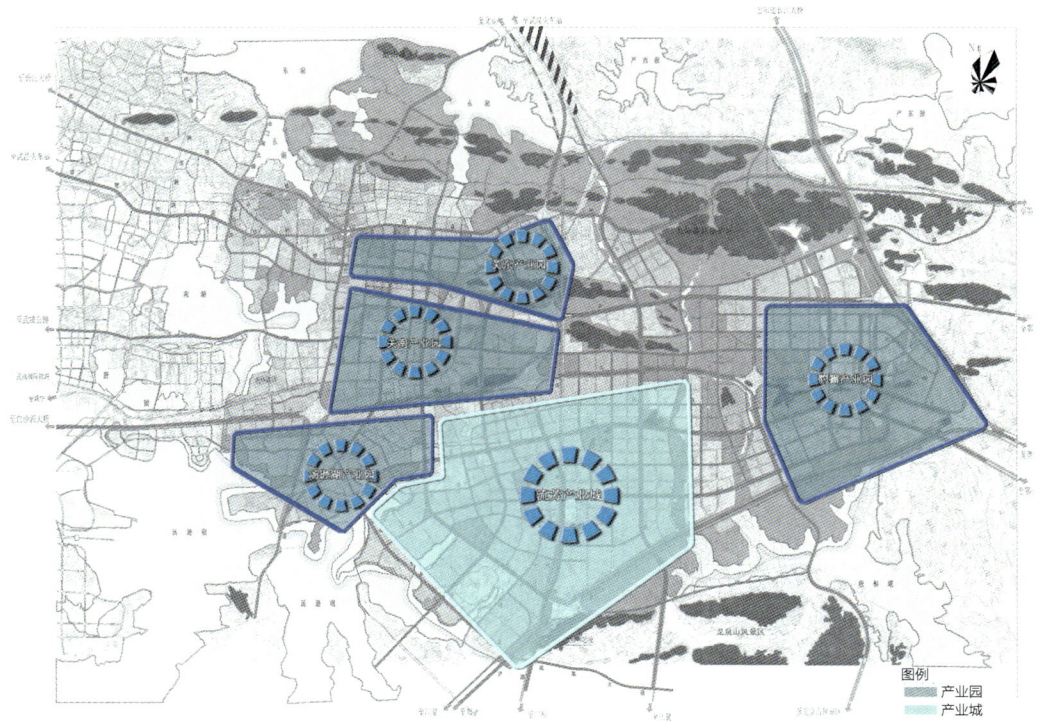

图7-15 东湖高新区总体规划用地规划图

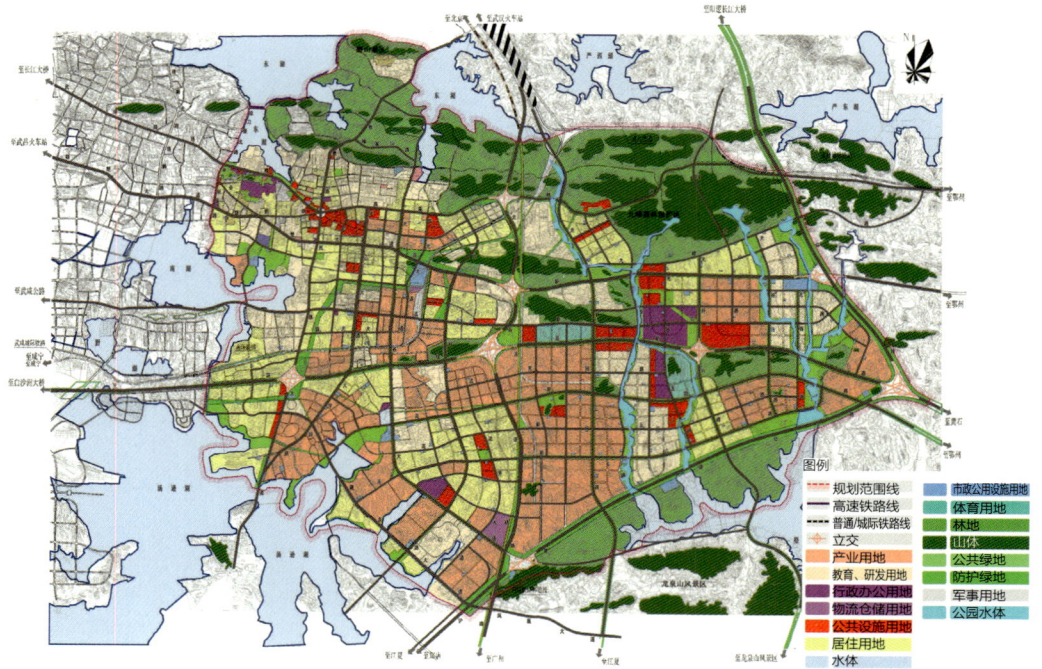

图7-16 东湖高新区"一核心+三支撑"的中心体系结构图

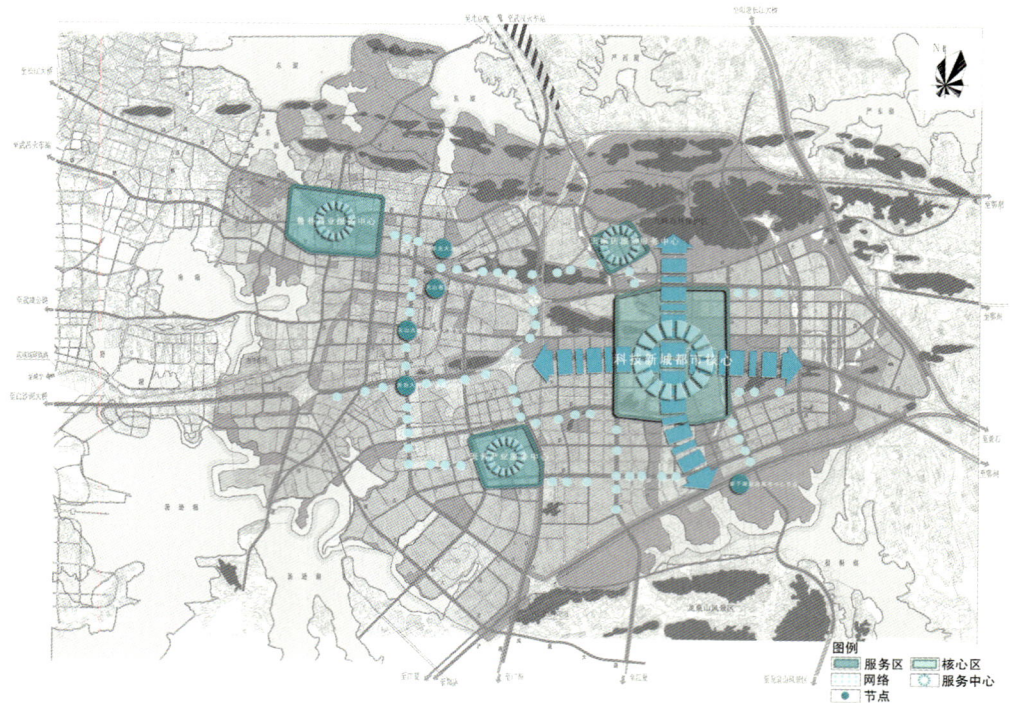

图7-17　东湖高新区总体规划的绿化网络结构图

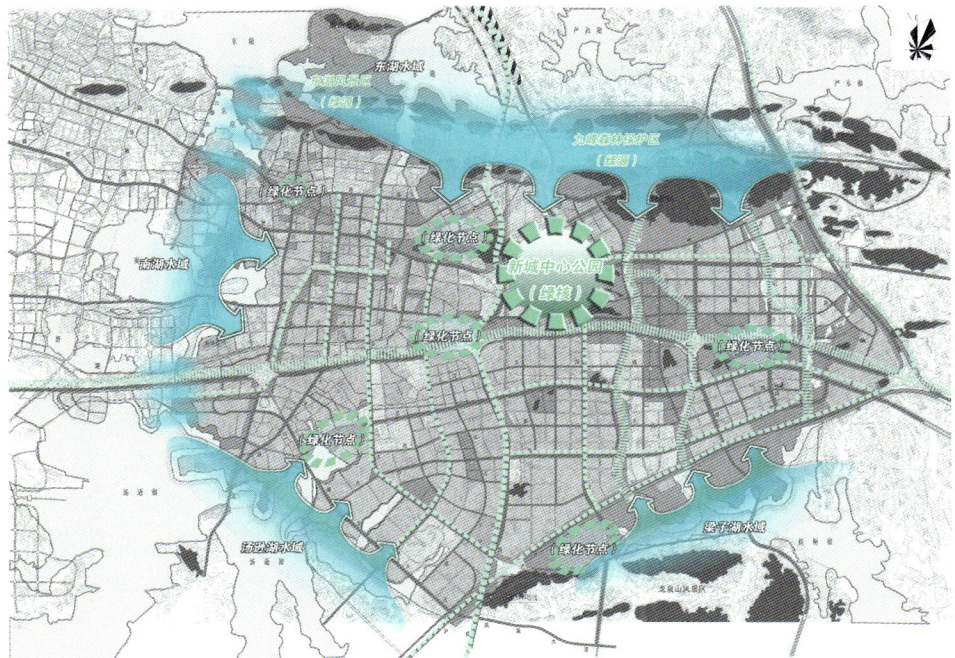

7.3.2　均质普惠与重点补缺的民生设施规划

1. 满足义务教育需求，编制《东湖新技术开发区中小学布点规划》

本阶段是东湖高新区由工业园转向科技新城的关键时期，在总体规划的指导下，东湖高新区得到了快速发展，东湖高新区已建成区内用地布局及功能已发生较大变化。为了满足东湖高新区日益发展需要，及时补齐民生类重大公共服务设施，助力城市服务设施升级与实施，公共服务设施和市政基础设施的专项体系规划逐步开展，其中比较具有代表性的是2004年和2008年两版《东湖新技术开发区中小学布点规划》以及《武汉科技新城排水专项规划》。

中小学布点规划的编制和修编在空间布局与用地规模上都体现了公平、均衡、规范、科学的特点。在空间布局上，两版规划充分体现中小学分布的均衡化和公平化原则，为各阶段的适龄人口提供均等的用地空间，规划以教育片区为单元进行中小学校的平衡配置，同时通过空间布局满足不同阶段的学龄人口对学校服务半径的要求，将小学的服务范围控制在500m左右，初级中学的服务范围控制在2000m左右，高级中学在城区范围内平衡分布。

具体来说，2004年版的中小学布局规划针对东湖高新区生均用地状况不均衡、学校布点状况已不能适应东湖高新区人口的分布变化等情况，将优质教育区连接成片形成教育发展轴，思路是以轴带点、均衡布局。将教育区片以南环铁路为界划分为南、北两处，并各布置一个优质教育区。以关山一路为纽带连接两个优质教育区形成教育发展轴，同时结

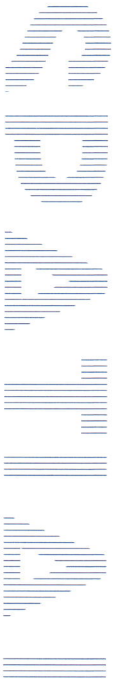

合居住用地的分布适当设置教育组团或教育点，形成全区中小学结构体系；2008年版中小学布局规划是以高新区用地功能及布局发生较大变化为前提，进一步细分教育片区，形成以点带片、均衡布局的中小学结构体系，形成以三环线及滨湖大道为界划分为东、西两个教育组团，西部教育组团划分为六个教育区片，东部教育组团划分为五个教育区片（图7-18、图7-19）。

通过两轮规划的编制，一是初步解决了当时学校危房较多、校舍规模不足、配套场地不规范等问题，根据居住用地和人口规模合理预测了中小学教育需求量，适当调整学校布局，落实教育用地，科学设置学校布点、分配各阶段教育用地资源，消除教育盲区，建立了义务教育、高中教育相互衔接的教育体系，逐步满足东湖高新区不断增长的教育需求；二是进一步细分教育区，以点带片，完善中小学布局体系，尤其是2008年版规划，对东湖高新区的教育提出了更加完善的结构体系，教育区片划分更为细致，形成全区以点带片、均衡布局的中小学结构体系。

2. 建设安全城市，编制《武汉科技新城排水专项规划》

武汉科技新城作为东湖高新区的延伸和扩展，既是地区发展的现实需求也是城市化进程的必然结果，在科技新城东扩过程中将不可避免地对环境造成影响，尤其对东部地区良好的水环境影响较大，因此，编制《武汉科技新城排水专项规划》时特别注重系统性、协调性、环境友好、资源节约等规划原则。从水系流域的角度，全面、系统地分析科技新城汇水区域的特点，合理地划分排水系统，并协调城市建设与自然水系的关系，强化城市水系的自然特征，统一规划，城乡兼顾，将城市排水与农业排涝协调规划。同时，坚持雨、污分流的排水体制，加强雨水水质管理，提高城市污水处理率，保护并改善城市环境，注重生态效益和社会效益。此外，规划合理有效地运用自然机制，优化排水系统，减少雨、

图7-18　东湖高新区普通中小学布局规划结构图（2004年）

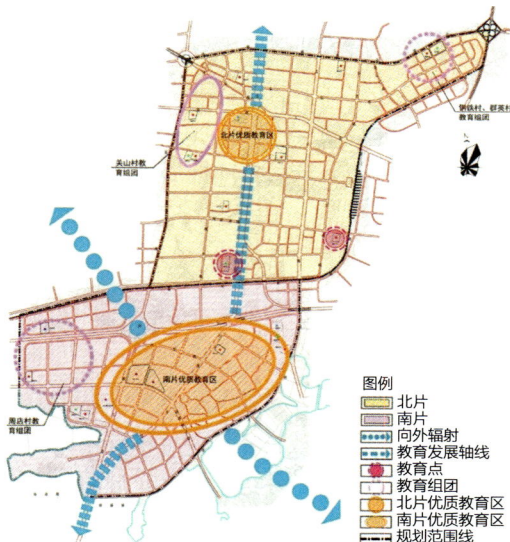

图7-19　东湖高新区普通中小学布局规划结构图（2008年）

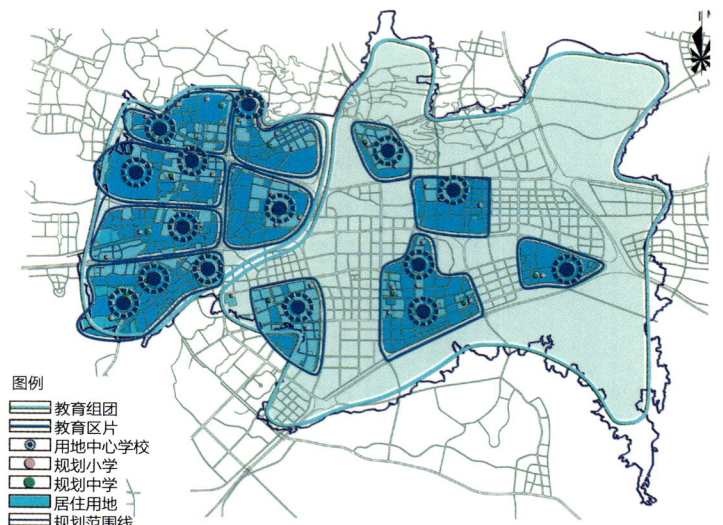

污水设施工程投资，改进污水治理方式，提高污水利用效率，节约资源和能源，提高经济
效益。该规划的编制与实施极大地改善了东湖高新区因前期围湖填湖造成雨污排放系统不
完善的问题，增强了高新区防洪防涝能力，对保护水环境和改善地区生态环境起到了积极
作用（图7-20、图7-21）。

图7-20　东湖高新区范围内东湖、南湖汇水区规划图

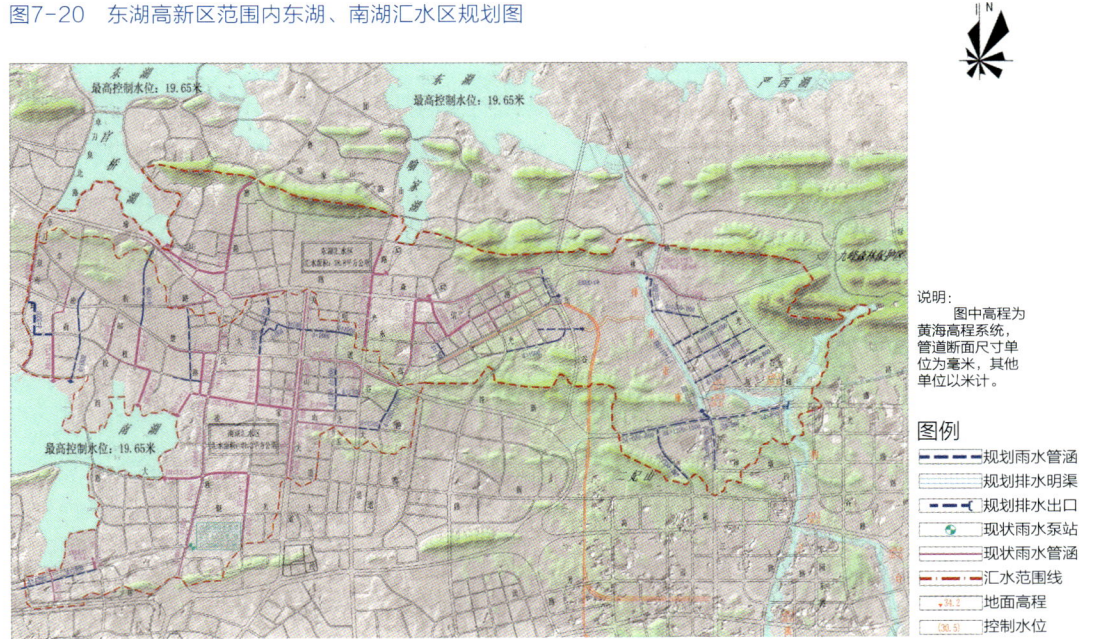

说明：
　图中高程为
黄海高程系统，
管道断面尺寸单
位为毫米，其他
单位以米计。

图例
━ ━ ━　规划雨水管涵
▨▨▨　规划排水明渠
━ ━ ━　规划排水出口
▨▨　现状雨水泵站
━ ━ ━　现状雨水管涵
━ ━ ━　汇水范围线
▽ 34.2　地面高程
36.5　控制水位

图7-21　东湖高新区范围内雨水系统分区图

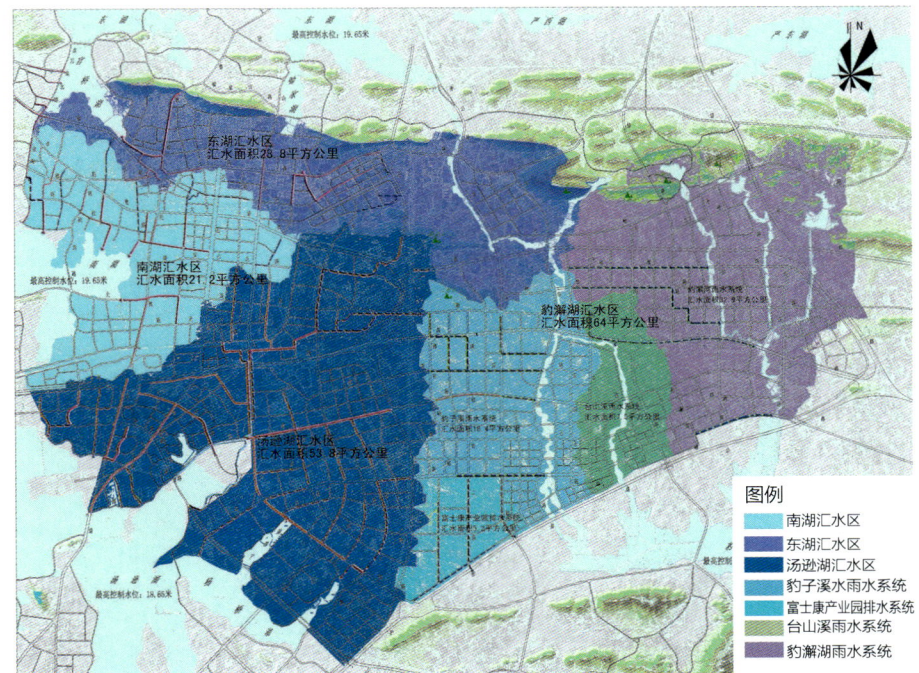

图例
　南湖汇水区
　东湖汇水区
　汤逊湖汇水区
　豹子溪雨水系统
　富士康产业园排水系统
　台山溪雨水系统
　豹獬湖雨水系统

3. 补足城市绿化，开展公园相关规划编制

东湖高新区北接东湖，南临汤逊湖，依山傍水，风光秀丽，生态环境优势得天独厚，但因前一阶段重生产轻生活、重规模轻品质的建设模式，造成东湖高新区对公园绿化品质的改善相对滞后，公众对建设公园的呼声日益强烈。为此，本阶段东湖高新区对多个公园和湖泊进行了重点规划，包括《九峰国家森林公园总体规划》《武汉二妃山光谷体育公园总体规划》《黄龙山城市公园用地规划》《汤逊湖湿地公园用地规划》等。

九峰国家森林公园地处东湖高新区中北部，九峰山风景区的中部，西临城市中环线，东临城市外环线，北临老武黄公路，南面有沪蓉高速公路，外围有便捷的城市交通网络。森林保护区核心位置位于东湖高新区北部。规划亮点主要体现在两个方面：①扩大范围划定城市森林保护区，将郊野森林公园引入城市景观，率先在国内提出城市森林保护区的概念，并融合城市规划、风景园林、旅游和环保等学科规划构建体系，提出保护区建设控制和评价的指标体系，包括用地分类指标、生态保护容量分级控制、植被规划控制指标、居民点调控体系指标和环境保护指标等；②利用GIS技术，对保护区进行了基于生态学理念下的环境控制分级和生态容量测定。该规划基于生态学理论，对规划区进行景观资源分析、可达性分析、敏感性分析、森林郁闭度分级、坡度分析等，并利用GIS网格技术进行多因子叠加，最终得出规划区的生态容量分级控制图，为规划提供了技术支持。该规划将九峰国家森林公园总体上划分为七个组成部分（六个景区及一个陵园区），七大结构区有着不同的功能特色，分别展现其生态环保功能、教育观赏功能、自然展示功能、体育娱乐功能、科学研究功能、休闲度假功能及陵墓功能（图7-22~图7-24）。

武汉二妃山光谷体育公园位于东湖高新区中部，高新大道以内。为了在东湖高新区建设一个国际一流的体育休闲场所，高新区管委会邀请在生态及旅游规划方面卓有成绩的荷兰荷隆美公司与武汉市规划研究院东湖分院组成设计团队，共同完成武汉二妃山光谷体育

图7-22 九峰国家森林公园环境控制影响分级示意图

图例
- 一级保护区
- 二级保护区
- 三级保护区
- 四级保护区

图7-23　九峰国家森林公园生态容量分级控制图

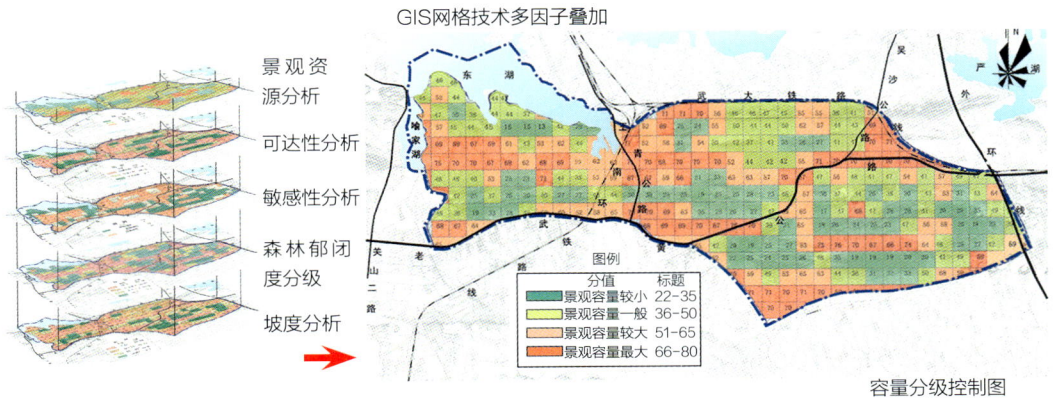

图7-24　九峰国家森林公园空间结构规划图

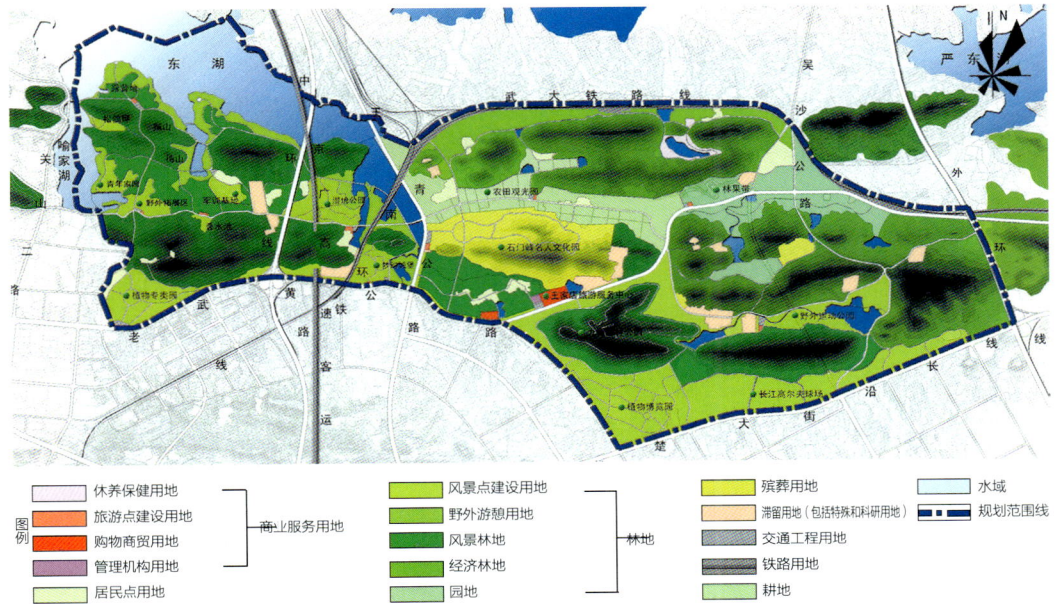

公园的规划设计。武汉二妃山光谷体育公园总体规划中的定位为国家自主创新示范区内的示范基地、华中地区最大的冰雪游乐中心、市级体育竞赛基地及重要的娱乐活动中心，将武汉二妃山光谷体育公园建设成为以体育运动为主题，涉及群众体育健身、专业体育竞技和休闲体育游乐等多元项目，集文化娱乐、商业服务、旅游观光、生态休闲等功能于一体的城市公共活动中心。规划结构以"滑雪中心+广场"为中心，打造冰雪主题公园。周边延伸红、蓝、绿三轴，同时设立"四区"，即运动休闲区、体育娱乐区、体育竞技区和配套综合区。滑雪中心结合地貌，设置于基地西侧中部，形成佛祖岭一路的对景，通过"A"字形平台将体育娱乐区、体育竞技区和滑雪中心连成一体，建筑以现代风格为主，强调该地区的科技感，采用屋顶绿化，强调区域的生态性。在生态修复方面，该公园建设

中将修复二妃山垃圾填埋场，使其成为东西山脉的一部分；在节能减排方面，利用新技术做到能源的再生和循环使用，如太阳能、风能以及雨水的收集和中水利用等，设置各种安全、可达性好的公共交通工具，减少公园内部的交通流量，采用生态建筑理念，如覆土、低能耗等（图7-25、图7-26）。

由于建设方案与规范的冲突问题，以及缺乏具有滑雪场运营资质的开发企业，因此本方案的宏伟构想尚未实现。同时，随着武汉市"山边、水边、湖边"管理规定的出台，依山而建的滑雪场受到限高15m的限制。直至2018年此地块出让给一家运营有冰雪产业的本地开发企业，拟建设具有三层楼高的室内综合滑雪体验中心，截至2019年底尚未启动建设。

图7-25 武汉二妃山光谷体育公园规划结构

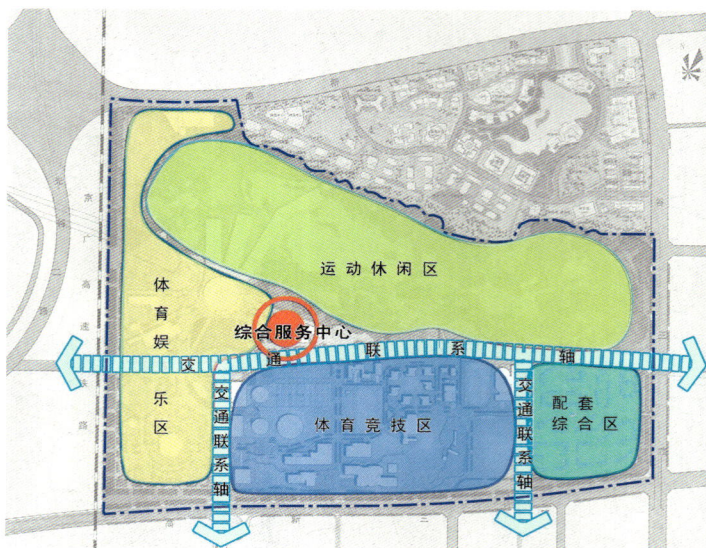

图7-26 武汉二妃山光谷体育公园鸟瞰图

7.3.3　全覆盖的控制性详细规划

在2005年《武汉科技新城总体规划》编制完成后，东湖高新区城市建设发展迅猛，在"向东集束拓展"战略设想的指引下，目前已经突破光谷二路，光谷二路以东地区正在建设富士康武汉工业园、武重集团、武锅集团等大型产业项目，这些大型项目的建设必将带来更多配套设施的建设。为进一步推进东扩区的建设发展，完善用地规划管理，按照《武汉市主城区控制性详细规划编制技术规程》，以《武汉市东南新城组群分区规划（2007—2020年）》为依据，武汉市规划研究院东湖分院编制完成了豹澥、左岭、流芳等组团的多个编制单元的控制性详细规划（图7-27）。

1．控规编制背景及主要解决的问题

东湖高新区经过前一个10年的建设，除了发展要求、园区范围的调整外，其实际建设与规划安排相背离的现象明显。一个表现是土地占而不用的情况较多，审批待建用地和达成批租意向用地约占44.16%，未开发用地仅占3.19%，可开发用地严重不足。另外，

图7-27　东南新城组群分区控规编制单元划分图

在建设过程中呈现重产业、重居住、轻配套、轻环境的情况，其中产业用地按照规划布局实施率达到87%，但是公共设施和绿地由于用地尚未改造、被居住用地"蚕食"等原因实施率仅有40%；在景观建设上，虽有门户形象光谷广场和道路轴向景观初步建成，但是部分工业园、老居住区设施落后，建筑破旧，环境景观较差。

2. 规划主要内容

因此，本阶段控规重点在于优化调整用地布局、建立整体管控体系、标准分类管控、创新成果形式四个方面。

在优化用地布局方面，一是注重增加研发与商贸市场用地，保障科技园区及其依托母城形成"科学研究—技术开发—中试孵化—规模生产—信息交流—产业化发展"的产业链；二是及时补充产业空间，将产业用地地均产值从30亿元提高到65亿元，增加产业用地总计达到13km²；三是根据需求和可实施性，及时完善服务设施与配套设施用地、优化绿化及开敞空间布局。

在管控体系方面，实现不同尺度区域的主导用地性质和建设总量控制的"分区平衡"，打破传统控规直接到地块的僵化管理方式。本阶段控规建设性地建立规划区系统平衡、主控园区综合平衡、街坊独立平衡、地块落实指标四级控制体系，首先，根据用地布局结构与道路结构，在规划区内分别划定主控园区、街坊、基本地块三级地块划分体系；其次，针对不同尺度用地分别制定规划区总图则、主控园区控制要求、街坊分图则来落实规划控制指标。这种分类到了2008年之后逐步演变成编制单元和管理单元分区，相应要素也在两种单元内进行平衡。

规划区内"主控园区—街坊—地块"三级控制体系分区标准简介

规划区内形成"主控园区—街坊—基本地块"三级控制体系分区标准如下。

（1）主控园区：以主干路及现状园区边线为界，一般规模控制在150km²左右。作为一个规划编制单元，提出规划控制与设计指导总要求，进行指标、设施的总体规定，设置入园标准等。按此将规划区划分为19个主控园区。

（2）街坊：以次干路或其他要素分隔形成，一般规模控制在20~40km²。作为分图则成图单元，对每一街坊确定用地平衡与设计引导原则。按此将规划区划分为76个街坊。

（3）基本地块：由用地边线围合，最大规模建议不超过5km²，最小规模主要考虑相应性质独立建筑建造的用地需求，平均地块规模2km²，其中产业用地最小规模建议为1km²（15亩）。按此将规划区划分为783个地块。

资料来源：于一丁，胡跃平. 探索控制性详细规划的新方法—武汉东湖新技术开发区控制性详细规划析要［J］城市规划，2006，30（2）：89-92.

在指标分类管控方面，按照东湖高新区的建设实际，结合新城区不断完善的实施时序，2006年之前的控规将指标归纳整理成土地利用与使用属性控制、环境容量控制、建筑形态与城市设计控制、配套设施标准四大类。并且按照控制性指标、指导性指标、设施配套要求三项内容分别形成三个分图则，以服务规划管理和实际建设。可以看出，其中用地性质、建筑强度等内容作为经济类指标被刚性控制，而建筑色彩与风格等技术类指标作为弹性控制，既可以满足新城建设的容量和空间要求，同时也有相对宽松的环境空间、设施配置等指导性意见，刚性与弹性结合，能够有效满足新城快速发展的需求。同时，对于配套设施配置的指导意见，则是弥补了之前对城市公共利益关注不足的短板。而在2008年之后编制的控规成果中，基本可以看出强制性内容包括建设强度指标、"五线"（红线、黄线、蓝线、绿线和紫线）、公益性公共服务设施规划控制（包括非经营性的教育、文体、医疗卫生、社会福利、行政管理与社区服务等公共服务设施的控制要求）。而指导性内容基本是，管理单元净用地面积、人口容量、容积率、绿地率（下限）、建筑密度（上限）、配套设施、停车泊位、地下空间开发指引、建筑高度控制指引、建筑退界和出入口控制；特殊意图指引，包括保护和塑造的原则与要求，确定特殊控制要素，包括高度、风貌、色彩和体量等；以及地块边界线划分。从管控指标内容及分类演化可以看出，这一阶段控规的刚性管控内容在减少而弹性内容在增加，其中一个直接的指标就是反映建设强度的容积率、建筑密度从强制性指标变成了指导性指标，需要在管理单元内平衡，这就大大加强了控规的弹性，将大大激活在老旧社区内的新建地块的开发容量和活力，进一步提高土地利用效率。

四大控制指标及三类图则内容简介

四大控制类指标体系如下。

（1）土地利用与使用属性控制：主要包括地块划分、地块界线与规模、用地性质、适建要求、三个土地界线（征地线、权属线、建设线）、得地率等。

（2）环境容量（土地使用强度）控制：主要包括容积率、建筑密度、绿地率、人口容量等。

（3）建筑形态与城市设计控制：主要包括退界（对路、对边线）、间距、交通出入口，建筑高度、体量、风格、形式、色彩，广告、标识，公共空间要求等。

（4）配套设施标准：主要包括公共服务设施、交通设施、市政基础设施等，并针对开发区的要求，提出国际（双语）学校、会所等设施配置要求。

"控制型+指导型+配套标准指引型"内容图则：

（1）控制性指标分图则：采用七大规划控制指标，分别是用地性质、容积率、建筑密度、绿地率、建筑限高、建筑后退道路红线、机动车出入口方位。

（2）指导性指标分图则：提出城市设计引导、用地适建要求、建设管理建议、人口容量等，并列出各地块的征地面积、权属面积和得地率。

（3）配套设施分图则：主要包括公共服务设施、交通设施、市政基础设施等。

控制类别 指标内容	控制指标			引导性指标	
	控制性指标	辅助性指标			
土地利用与使用属性	用地性质	地块划分用地规模	征地线与征地面积 权属线与权属面积 用地适建要求	—	—
环境容量与土地使用强度	建筑密度 容积率 绿地率与集中绿地率	建筑面积 人口容量 分区主要用地规模控制	—	—	—
建筑形态与城市设计	建筑限高与限低 机动车禁止出口地段	退道路红线 交通出入口方位	—	建筑形态、体量、色彩、建筑间距、广告标识、公共空间要求	—
配套设施	—	—	停车位数量	—	产业服务设施 生活服务设施 交通设施 市政基础设施

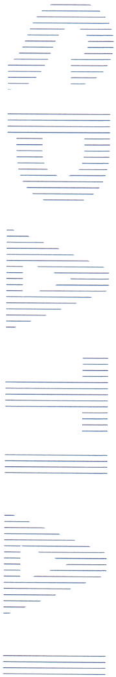

控制性详细规划控制指导一览表　　　　表7-7

资料来源：于一丁，胡跃平. 探索控制性详细规划的新方法——武汉东湖新技术开发区控制性详细规划析要［J］. 城市规划，2006，30（2）：89-92.

在控规成果形式上，对应控规的分区、分级管控，形成了"法定文件+指导文件+附件"的成果体系。其中，"法定文件"是对管理单元控规内容总述及图纸表达，包括管理单元建设控制、"五线"控制、公共配套设施用地控制等强制性内容以及建设强度、建筑高度指引等指导性内容；法定文件包括文本和图纸两部分。"指导文件"是管理单元内对法定内容的技术支撑说明，包括技术指引和图纸两部分；"附件"是针对编制单元的指导文件汇总，包括现状调研报告、规划说明书及图纸。从成果形式来看，本阶段已经建立总控联动反馈机制，控规通过现状调研和说明书针对整体规划区实现了优化和管控，同时也通过划定相对固定的控规编制单元，将总体规划强制性指标予以分解，在控规层面形成定量指标细化到各地块，作为控规指标体系对总体规划的传导与落实。

此外，针对控规中出现的地类建设不匹配、用地批而未用较多等情况，规划也提出：①实行产业和居住建设与环境、配套建设共同发展、同步推进的制度，在现有门户形象与节点景观建设的基础上，加大以绿化为主的片状和面状环境景观建设，进一步促进高新区环境景观的整体建设。②在高新区内推行企业准入制度，适当控制低产出、高污染企业的引进，控制房地产项目建设；重点引进高新技术企业，加强生产服务设施和生活配套设施的建设，进一步壮大高新区科技实力。③试行土地租用与厂房出租制度，以适应一部分高新技术企业小型化、转型灵活的特点，也可降低企业的前期运作成本，高效率使用园区并不太多的土地。④有步骤启动老企业的升级改造与旧城改造，近期重点控制科技商贸区的开发建设，待时机成熟后再进行成片的规模化建设。

本阶段通过对控规在管控内容、指标体系和成果形式等方面的演变过程分析可以看出，控规的刚性和弹性在进一步分化以更好地服务管理，部分指标弹性在进一步加强，特别是建设强度实现编制单元的平衡，可以大大提升用地效率。同时，对"五线"和公共服务设施的引导变得刚性，保证新城在建设过程中市政基础设施和公共服务用地得到较好控制[1]（图7-28、图7-29）。

图7-28　2000~2010年的控规编制成果形式示意图

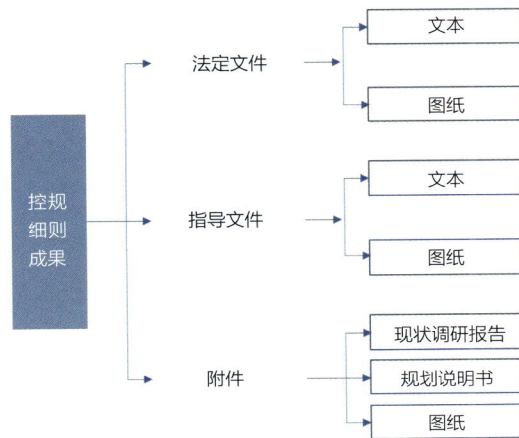

图7-29　2000~2010年的控规编制成果内容示意图

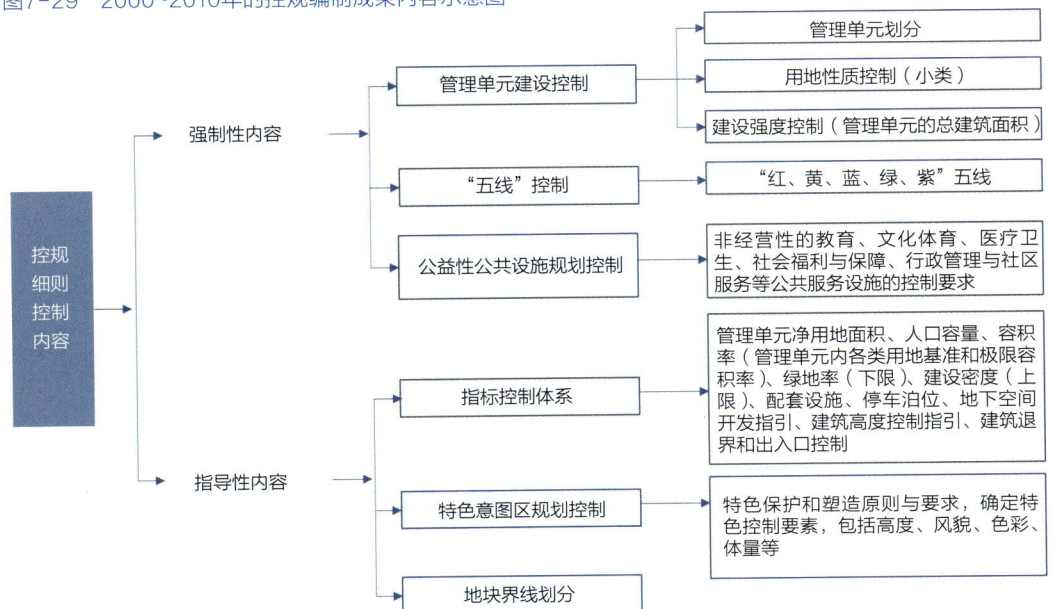

---

[1] 于一丁，胡跃平. 探索控制性详细规划的新方法——武汉东湖新技术开发区控制性详细规划析要 [J]. 城市规划，2006, 30（2）: 89-92.

第8章
产城融合阶段的
空间特征与规划引导
（2011~2019年）

　　社会经济经历了快速发展以后，发展的质量成为重中之重。放眼世界，全球化、创新转型成为主要趋势，参与全球化竞争，科技进步和创新是重要着力点。东湖高新区将继续肩负创新示范引领的历史使命，推进自主创新和高技术产业先行先试、探索经验、作出示范。在空间层面，将面临如何更好地让创新人才留下来的问题，打造适合创新人才宜业、宜居的城市空间成为助推东湖高新区更高质量发展的空间命题。

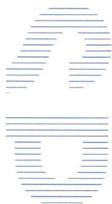

2011~2019年，经济全球化、创新转型成为主要趋势，经济社会加快转型发展。武汉市委、市政府提出了建设国家中心城市和"现代化、国际化、生态化"大武汉的目标，武汉进入了经济、科技、社会和空间转型的关键时期。科技进步和创新是加快转变经济发展方式的重要着力点，也是贯彻落实党中央提出的"创新、协调、绿色、开放、共享"发展理念的重要抓手。此时的东湖高新区经过20年的起步积累和快速扩张，在产业发展和品牌创建上均取得了较好成绩，又同时获批东湖国家自主创新示范区，成为继北京中关村科技园之后的第二个国家自主创新示范区，在推进自主创新和高技术产业发展方面先行先试、探索经验、作出示范的过程中，拉开了全域空间产城融合发展的整体框架，开启了从产业新城向独立成城的综合功能区转型发展。

8.1 独立成城的空间发展特征

8.1.1 市级东南部新城组群

2011~2019年，武汉市进一步明确以中心城区为核、六大组群引领轴向拓展，初步形成"1+6"开放式空间结构。而在发展过程中，不同新城组群以组群中心为重点，向着不同轴线进行连片或跳跃式拓展。其中，以东湖高新区、东西湖区为代表的地区实现连片、轴线加粗型拓展；西南组群武汉开发区、西部组群常福、北部组群黄陂汉口北及宋家岗地区、东部组群阳逻新城、南部组群纸坊新城等，均为新城中心跳跃式发展。在《武汉市城市总体规划（2011—2020年）》指导下，武汉市"1+6"空间格局基本形成，初步奠定了超大城市的空间框架，六大新城组群成为这一时期新增建设的重点空间。

和上一阶段相比，2011~2019年各新城组群开发边界内建设用地增量与扩张强度基本上继续保持增长，在不同方向上引领城市持续扩张。此阶段，在"一个主城+六大新城组群"的空间发展导向下，六大新城组群及所在的发展轴线成为这一时期新增建设的重点空间。在此发展轴线上，新城中心是首先发展的区域，新城中心带动着六大发展轴线以连片或跳跃式增长。虽然西南组群、西部组群、北部组群等建设用地增长反映在空间形态上较为破碎，但东湖高新区作为东南组群在"科技新城"的规划指导下，居住、商业、公共服务等配套设施逐渐发展，在城市东部呈相对成片拓展，其产业的辐射影响力甚至跨越市级行政区，表现出联动湖北东部鄂州、黄冈，成为武鄂一体化发展的桥头堡和试验区。东湖高新区依托对外交通呈走廊簇团式发展，并以产业联动为纽带，发挥其在武鄂黄黄城镇连绵带的核心带动作用，向鄂州、黄冈延伸产业链，培育主导产业集群，打造沿江产业集群走廊，采取共建区的"飞地""园外园"模式，实现空间利用的跨城发展，如鄂州葛店、黄冈黄州区重点承载了东湖高新区的创新产业，实现一体化发展。同时，花湖机场选址鄂州也说明了武汉城市圈东部区域一体化明显，鄂州西部区域已逐渐被融入武汉规划，东南部地区成为城市发展重点区域，城市重心有东移的趋势（表8-1，图8-1~图8-5）。东湖高新区所在的东南部组群扩张强度在全市六大组群中位列前茅。

武汉市都市发展区建设空间在 2011~2019 年不同方向上的扩张强度　　表 8-1

组群名称	2011~2019年扩张强度
北部组群	2.07
东部组群	1.51
东南组群（东湖高新区）	2.64
南部组群	2.59
西部组群	2.34
西南组群	3.36

图8-1　武汉大都市区空间结构图

图8-2　武鄂城镇走廊空间格局设想图

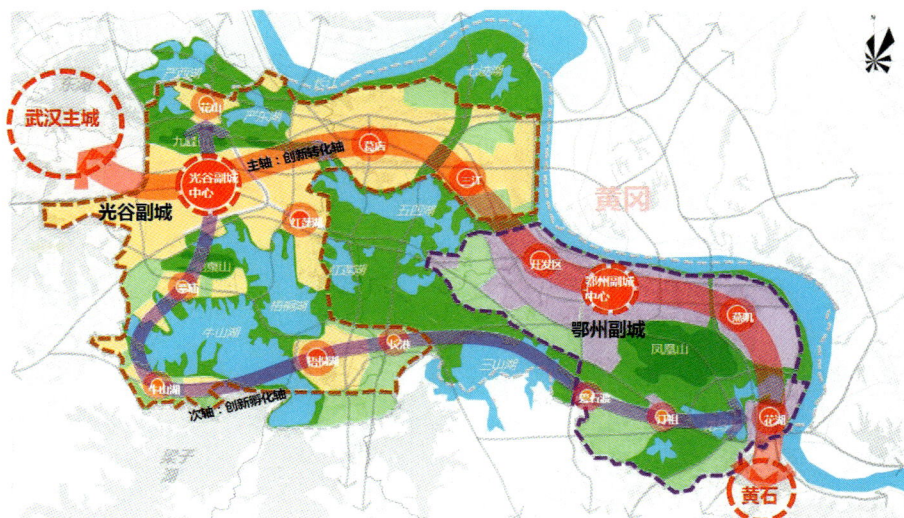

143

图8-3　2011~2019年武汉市都市发展区各组群建设用地扩展分布图

北部组群

西部组群

东部组群

主城区

西南组群

东南组群

南部组群

N

0　2　4　　8　　12
km

图例

□ 新城组群范围线

□ 城镇开发边界

■ 2011~2019年建设用地增长空间

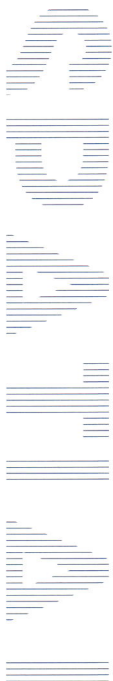

图8-4　2011~2019年武汉市都市发展区建设用地增长变化分析图（单位：km²）

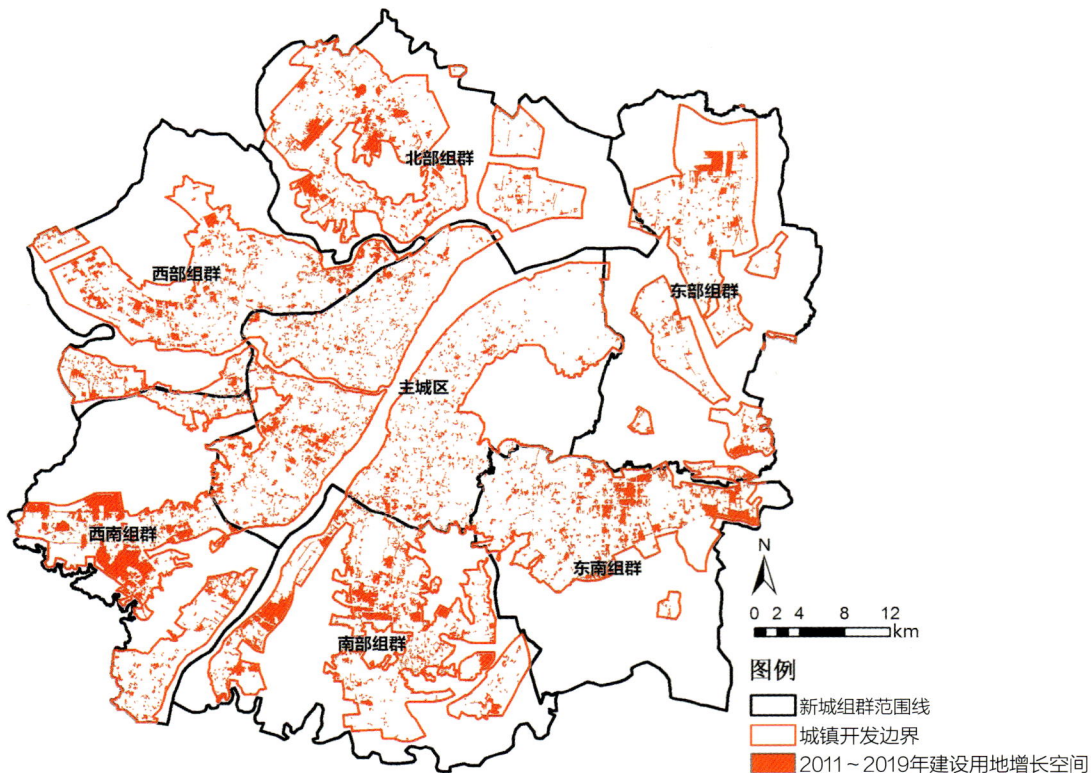

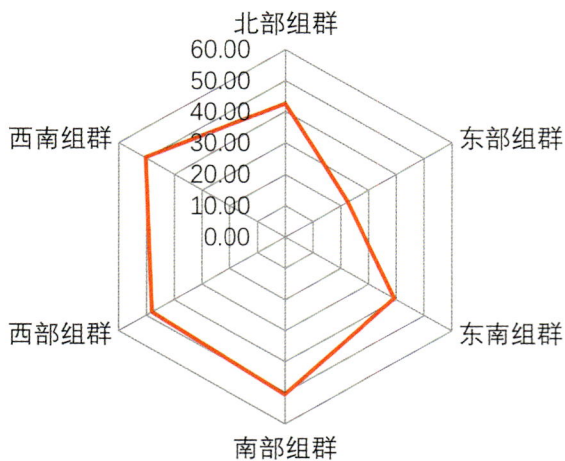

图8-5　2011~2019年武汉市与东湖高新区空间发展关系示意图

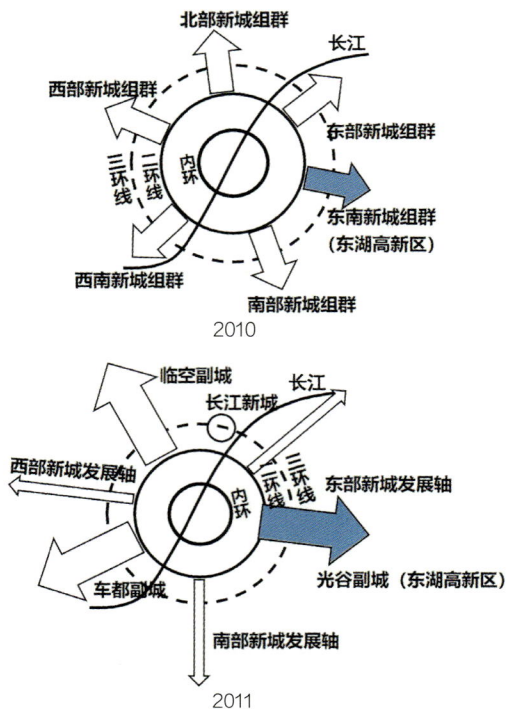

北部组群

60.00
50.00
40.00
30.00
20.00
10.00
0.00

西南组群

东部组群

西部组群

东南组群

南部组群

北部新城组群

长江

西部新城组群

东部新城组群

东南新城组群
（东湖高新区）

西南新城组群

南部新城组群

三环线　二环　内环

2010

临空副城

长江新城

西部新城发展轴

东部新城发展轴

光谷副城（东湖高新区）

车都副城

南部新城发展轴

内环　三环线

2011

8.1.2　塑中心并组团跳跃

2011~2019年，随着科技新城的逐步发展，东湖高新区划分出光谷生物城、光谷未来科技城、光谷东湖综合保税区、光谷中华科技产业园、光谷智能制造产业园、光谷中心城、光谷现代服务业园、光谷光电子信息产业园八大园区，拉开以产兴城、以城促产的发展格局。开发区空间在延续上一阶段东向轴线填充的同时，南北两翼也启动初期建设，出现了向多个方向跳跃式拓展的趋势。同时，东湖高新区人口进一步集聚带来城市服务功能的补充完善，东部区域中心——光谷中心城功能逐步形成，一主（光谷中心城）、一副（鲁巷城市副中心）的中心体系初步成型，其他组团中心基础设施也均已启动建设，整体空间呈现出脱离主城依赖独立发展特征。该阶段各类主要用地表现出不尽相同的发展特征（图8-6~图8-8）。

图8-6　东湖高新区"塑中心+多组团跳跃"发展示意图（2019年）

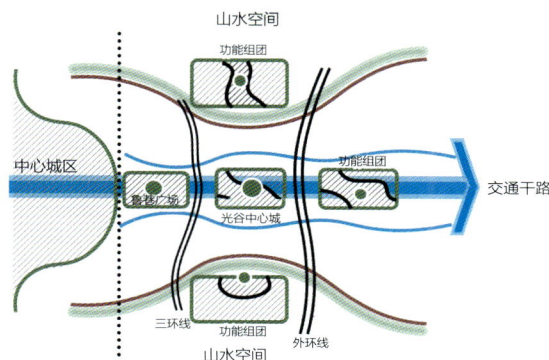

图8-7　东湖高新区五类要素现状用地分布图（2019年）

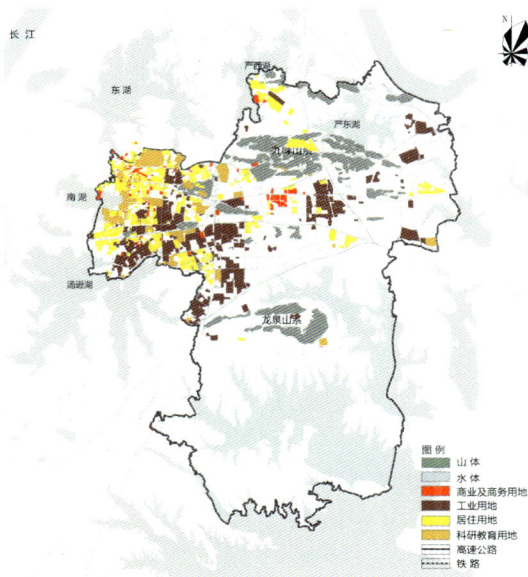

图8-8　东湖高新区五类要素分项现状用地分布图（2019年）

办公用地　　　　工业用地　　　　居住用地　　　　科教用地　　　　商业用地

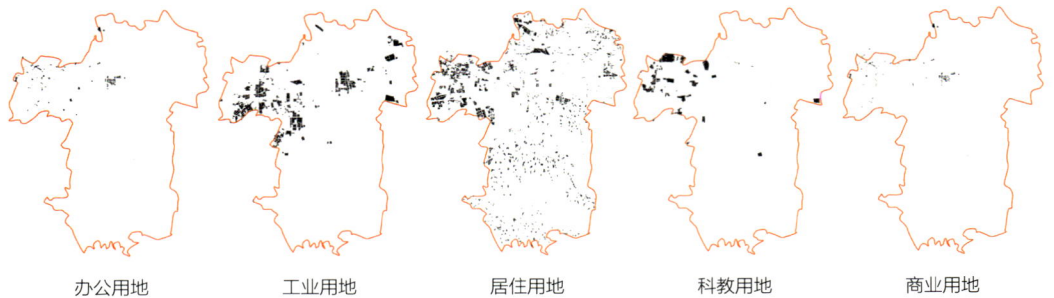

工业用地呈现组团跳跃式特征。基于东湖高新区划分为八大园区的管理模式，光谷光电子产业园在进一步填充内部工业用地的基础上，向南依托武船、武重、富士康等重点企业形成装备制造园。东部光谷生物城继续向东拓展，并部分跳跃至东部10km处形成独立发展的生物制造园。在2015年之后，工业斑块继续往东跳跃式拓展，在外环线两侧形成光谷未来科技城和左岭智能制造产业园等新的产业集聚地。本阶段在重大项目及八大园区同步发展的影响下，通过分园区管理和分产业类型引导招商项目落地，产业园区呈现集群化发展、百花齐放的局面。工业用地以大型斑块向南逐步拓展，向东呈现跳跃式发展，兼具连绵发展和跳跃式发展的特征。

武汉未来科技城简介

武汉未来科技城位于东湖国家自主创新示范区东部，总规划面积66.8km^2，2011年启动建设，被中央组织部和国务院国有资产监督管理委员会确定为全国四家

图8-9　武汉未来科技城实景

未来科技城之一，是东湖高新区建设自由创新区核心区，也是东湖高新区八大园区中唯一定位为高端研发和高层次人才集聚的科技新城。围绕华为、长江存储、产业技术研究院等龙头企业，未来科技城已初步形成以光电子信息、集成电路产业为支柱，以新一代信息技术产业为特色，以智能制造与新能源环保产业为先导的"212"产业结构体系。依托东湖高新区"人才特区"优势，自成立7年来，2位诺贝尔奖获得者受聘首席科学顾问，8位院士、26名"千人计划"专家、20名"百人计划"人才、25名武汉"城市合伙人"、145名"3551光谷人才计划"人才和外籍专家、600余个全球创新创业团队汇聚，科技研发人员突破3万人（图8-9）。

科研教育用地呈现沿主要拓展方向东面跳跃式布局，主要包括中国地质大学未来城校区，同时也出现向南部跨越式布局，主要为选址于中华科技园覃庙集镇的武汉晴川学院。

区域行政中心（东湖高新区管委会）围绕新城中心——光谷中心城进行选址布局，并于2018年正式搬迁至东湖高新区东西向主要拓展轴——高新大道沿线，其他公共服务用地在该阶段也加速布局，省市级（省奥体中心、省科技馆、科技会展中心、省妇幼光谷分院、市福利院等）重大公共服务设施依托主要发展轴向东布局；商业服务业设施依托鲁巷交通枢纽形成鲁巷商业中心和光谷步行街等大型商业区，向南沿着关山大道形成新的组团商业中心（如光谷天地、保利时代商业中心），商业服务业设施基本形成以大型商业区为主、社区商业中心为辅的商业服务业网络，鲁巷中心成为片区重要的商业中心。与此同时，道路骨干网络基本形成，主、次干路网建设基本达到50%以上。可以看出，本阶段各类生活生产配套设施空间发展迅猛，城区建设品质得到较大提升，开发区整体舒适度和便捷度与前一阶段相比也发生了质的提升（图8-10）。

同时，该阶段东湖高新区经历了整体经济由高快速增长向增速放缓平稳增长转变，开发区空间建设上从前期以增量用地为主向增量和存量并重转变，表现出两个特点：①呈现较明显的区域差别，西部已建片区基本实现产城融合、职住平衡，东部新建地区呈现出新城建设的特征。东湖高新区的西部片区，即靠近主城的关山科研储备区已经基本建成，也已完成园区向城区的转变，该区域依托产业聚集和靠近主城的区位优势，成为东湖高新区人口和活动最为密集的区域，城市功能不断完善，片区产城融合度高，而东部片区整体呈现为产业园区的面貌，结合八大园区的产业引导，各片区均形成一定的产业聚集，基础设施同步建设，但城市功能发展相对滞后。②空间集约发展和资源高效利用亟待进一步加强。2016年底，东湖高新区现状建设用地占到近期规划土地总量的92%，结合经济发展近期提出的到2020年、2030年企业总收入分别要达到3万亿元、15万亿元的经济目标，东湖高新区未来尚需较大发展空间，而东湖高新区目前东边为武汉市行政边界，西边临近主城区，南侧为江夏区建成区，北侧为长江，四面八方再次实施空间拓展难度非常大。根据自然资源部2019年发布的520个国家级开发区（410个工业主导型开发区和110个产城融合型开发区）土地集约利用评价结果，东湖高新区在产城融合型开发区中综合排序第

图8-10a　东湖高新区行政服务中心实景

资料来源：东湖高新区宣传部

光谷公共服务中心

图8-10b　东湖高新区省奥体中心实景

资料来源：东湖高新区宣传部

图8-10c　东湖高新区省科技馆实景

资料来源：东湖高新区宣传册

图8-10d 东湖高新区光谷广场实景

新东方 老师好

招商银行

图3-10e 东湖高新区光谷广场实景

资料来源：东湖高新区宣传部

15名[①]，与其在综合实力排名第4的地位存在一定差距，这表明前期粗放型经济增长模式导致开发区还存在较大规模的利用效益较低的空间资源，贯彻空间集约发展和资源高效利用成为开发区空间拓展的必然选择（图8-11、图8-12）

图8-11　东湖高新区现状用地图（2015年）

图 例

一类居住用地	交通设施用地
二类居住用地	铁路用地
三类居住用地	公路用地
其他居住用地	殡葬设施用地
行政办公用地	其他市政公用地
商业金融业用地	公园绿地
文化娱乐用地	生产绿地
体育用地	防护绿地
医疗卫生用地	预留用地
教育科研用地	村镇居住用地
文物古迹用地	弃置地
社会福利用地	水域
其他公用设施用地	耕地
公用设施与居住混合用地	菜地
一类工业用地	园地
二类工业用地	牧草地
三类工业用地	村镇建设用地
普通仓库用地	露天矿用地
一类工业用地	自然保育用地
二类工业用地	铁路
供应设施用地	

---

① 自然资源部《关于2018年度国家级开发区土地集约利用评价情况的通报》。

图8-12　东湖高新区现状用地结构分析图（2015年）

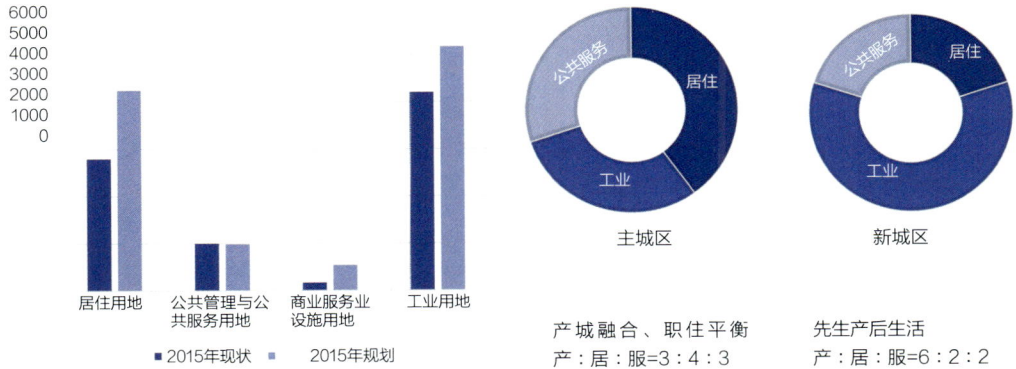

居住用地　　公共管理与公
共服务用地　　商业服务业
设施用地　　工业用地

■ 2015年现状　　■ 2015年规划

主城区　　　　　　　新城区

产城融合、职住平衡
产：居：服=3：4：3

先生产后生活
产：居：服=6：2：2

8.2　动力机制分析

8.2.1　国家战略和重大利好政策拉动空间生长

　　本阶段，"一带一路"国家倡议、"长江经济带"国家级经济发展战略陆续出台。武汉作为"长江经济带""一带一路"等的汇聚点，成为"中部崛起"战略的重要支点，经济发展方式也由高增长逐步转向更注重发展质量的稳定增长，在城市空间发展方面，主城区更新与新城区拓展并存。在该阶段，东湖高新区作为武汉市创新发展排头兵，被一系列国家政策区如国家自主创新示范区、武汉东湖综合保税区、中国（湖北）自由贸易试验区、武汉未来科技城等所青睐，同时也吸引了众多重大项目。其中，最突出的当属"光芯屏端网"等科技含量高、技术密集、投资成本高的大项目落户东湖高新区。例如，2014年，TCL华星光电投资350亿元，在东湖高新区智能制造产业园建设6代LTPS-AMOLED柔性显示面板生产线，东湖高新区中小尺寸显示面板产出规模有望全国第一，用地规模约为2157亩；再如，2016年，国家存储器基地落户武汉，成为新中国成立以来湖北省单体投资最大的高科技产业项目，用地规模约为1560亩。此后2018年，天马微电子、腾龙光谷数据中心两个超百亿元的项目同时落户武汉，两大项目均聚焦光电子信息产业，为武汉打造万亿级光电子信息产业集群再添新动能，其中仅天马微电子用地规模就约2341亩。这三个大项目最终落户东湖高新区最东侧的左岭智能制造产业园和未来城内，在空间上距离光谷中心城约10km，形成了跳跃式发展的格局。

　　同时，东湖高新区为培育产业创新生态环境，将创新中心由高校、科研院所扩展至企业，对口引入一批如华为、小米等具有较强科技创新能力的第二总部型企业，为吸引顶尖创新人才，东湖高新区不仅制定了"3551光谷人才计划"，还同时启动国际医院、国际学校、国际社区等建设，确保把人才留下来。此外，东湖高新区定期组织"光谷青桐汇""中国光谷3551国际创新创业大赛"等品牌双创活动，为创新创业提供场所。据统

的滨湖生态新城，但受建设用地指标限制，中华科技产业园部分规划并未完全获批，无法
满足其近期建设诉求。

为更好地服务中华科技产业园发展，科学合理指导中华科技产业园未来发展路线，园
区以"凝聚华心、融通华资、展现华智"为宗旨，依托中华科技产业园优越的生态本底和
独特的发展属性，致力于构筑政策高地、人才高地、创新高地和产业高地，为华侨华人提
供从落地到创业、创新、生活及休闲一体化的综合配套服务，打造高端人才创业平台、国
家自主创新高地和世界一流科技园区，组织开展编制中华科技产业园总体城市设计。

（1）明确区域生态容量，夯实设计基础

为夯实设计基础、明确生态容量，分别从城市运营和环境基地、敏感分析等角度合理
确定建设用地规模。开展"中华科技产业园环境容量与承载力分析"，明确不同开发强度
用地生态控制规模方案及可承载人口。按照《光谷中华科技园产业发展规划》构建的产业
体系，参照产业特征、区域发展情况等预测发展，结合环境容量可承载人口预测区域实现
经济较好发展所需要的城市建设用地规模。综合基地内的坡度、现状土地使用情况、水环
境等环境敏感因子以及基本农田、山体保护、历史文物保护、高压电力、主要道路等开发
限制条件，叠加形成综合开发适宜性图，分等级确定适宜开发建设土地规模。统筹考虑上
述结论，综合确定适宜的建设用地规模（图8-35）。

（2）秉持生态优先设计，确定区域生态保护内容及格局

充分尊重《梁子湖生态环境保护规划（2010—2014年）》，细化生态底线区的优先
保护范围，明确区域自然保护内容。绿化网络以龙泉山为中心，辐射周边水岸，结合自然
岸线形成整体绿化系统；滨水区遵循总体规划对退界的要求，严格控制滨水建设以保护湖
体水质，形成"黄包围绿"的空间格局，仅在核心区南段局部进行滨水开发，以强化整体
城市形象，并在滨水开发地块与周边建设生态绿地、净水湿地等生态补偿区。

图8-35　东湖高新区中华科技产业园综合开发适宜性分析图

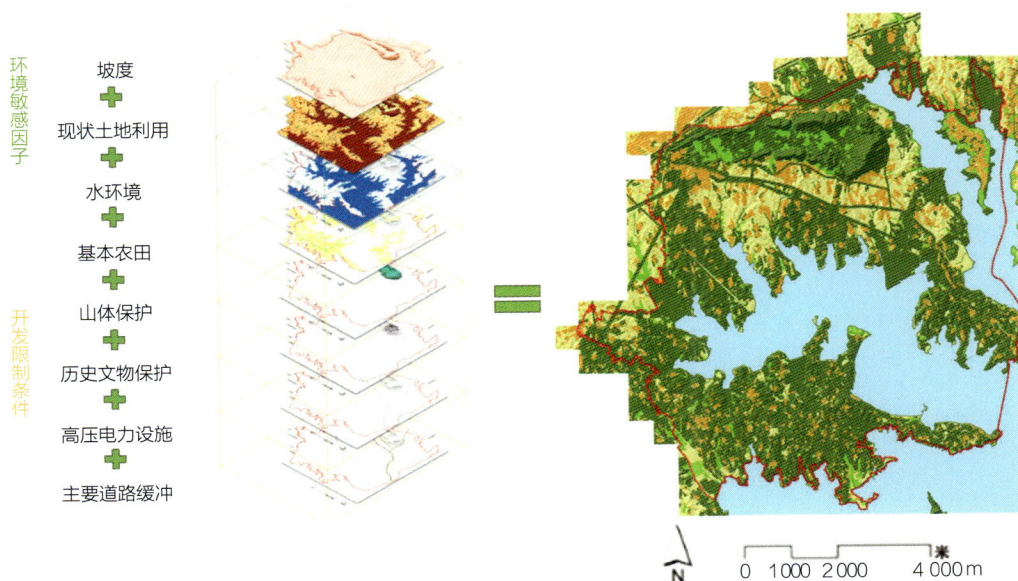

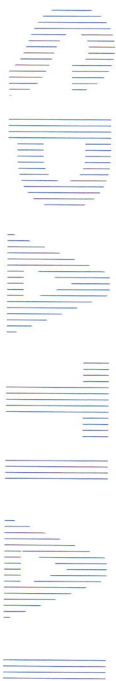

对重要山林生态斑块、重要滨水生态斑块、主要绿地廊道、主要滨水廊道进行严格控制和保护。例如，在龙泉山南侧与湖体之间的区域，保留大型生态绿地，降低开发强度，形成山林与湖泊生态交错带，保证山与湖的空间联系；选择面积较大并且有潜在径流通过的滨水池塘/湿地改造成为鱼类繁殖以及鸟类觅食的重要滨水生态斑块。保留并加强基地内现有生态廊道，连接基地内及周边主要生态斑块，形成整体性生态框架，加强生态多样性保护功能；根据梁子湖的上位规划以及有利于野生动物活动的原则，选择主要的汇水廊道，两侧各保留100m宽的绿地，形成200m宽的绿地廊道。根据生态底线区的上位规划确定100m湖滨带为主要滨水廊道，100~200m为次要滨水廊道。选择生态价值高的位置，进一步提升环境质量，形成独有的生态亮点。

对于次要滨水廊道、小型生态绿地、湿塘保护区域，应尽可能保留并恢复其自然状态。南岸以生态林地、农田、湖滨湿地等打造重点生态绿核，形成基地内从北向南"山—湖—林"多层次生态结构，结合生态旅游、主题游乐等功能，成为东西、南北生态组团的主要空间联系节点；基地东侧的狭长地块承载着两个湖体之间的生态连接功能，同时也是湖体与陆地之间的重要缓冲地带，限制开发规模，强化生态栖息功能，以确保豹獬后湖、牛山湖及梁子湖之间的空间联系，在滨水开发地块与周边建设生态绿地、净水湿地等生态补偿区；保留村庄附近典型的乡土植物群落——风水林，未来作为小型生态绿地，与开放空间相结合；保留并善加利用部分小型池塘水域，恢复为湿地，净化水质，创造有景观价值的开放空间（图8-36）。

（3）明确区域生态格局基础上确定建设用地空间布局，形成滨湖有机疏散布局理念

通过对重点生态区域的保护与生态优化措施，以不影响生态发展为原则，合理确定"生态主导型"用地规模，呈现出组团式开发，以多个港湾为组团主体，形成环湖多湾的开发格局，为中华科技产业园的未来发展留有空间。利用基地西南侧交通可达优势沿南

图8-36　东湖高新区中华科技产业园生态要素和生态框架分析图

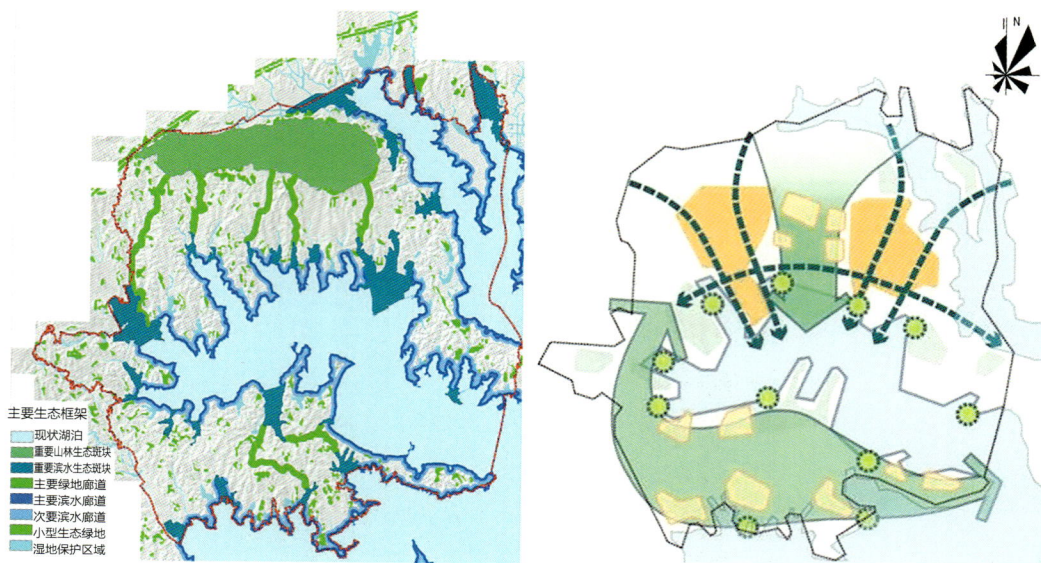

主要生态框架
现状湖泊
重要山林生态斑块
重要滨水生态斑块
主要绿地廊道
主要滨水廊道
次要滨水廊道
小型生态绿地
湿地保护区域

北向布局居住及产业地块。结合还迁用地、洛迦学院等已建、在建项目，沿中华大道布局大片开发用地，利用现有市政基础设施打造东、西侧主、副核心区，加强与光谷其他产业园区的空间联系。组团中心运用产城结合的规划理念，强调生活便利性，降低交通流量。

注重与基地外围城镇开发的关系，组织好内外道路及组团节点的衔接与配合；结合水岸景观设立环湖慢行系统；整合现有旅游资源，结合山体空间，发展山水与人文旅游产业，形成以水为生、以山为魂的滨湖生态科技活力新城，构建"三湾、四岛、两环、南北核"的空间格局。

3. 标志性交通节点的改造与升级：鲁巷广场地下空间和周边地区改造

光谷广场（原名鲁巷广场）于1997年建成，随着周边建设完成，逐渐演变为东湖高新区地标。鲁巷广场由初建成的中心环岛加五路放射路网，到2000年左右演变成中心环岛广场加六路放射路网，逐渐形成集办公、商业、酒店、居住等职能于一体的城市综合副中心，并且由于其独特的"风帆"造型和光谷西大门的地理位置而成为"中国光谷"的名片（图8-37）。

随着东湖高新区建设规模不断扩大，光谷广场所承载的交通压力迅速增加，并且城市轨道交通延伸至东湖高新区，需将车行、人行、轨道等多种交通方式统筹考虑；另外，配合新的交通解决方案，优化用地布局以匹配城市副中心职能，将鲁巷广场地区打造为集金融商务、文化展示、娱乐休闲于一体的大型都市功能综合体及标志性景观中心。

（1）以人为本，问题导向下构建方便换乘、无缝衔接的立体交通综合枢纽

规划实现地下空间整体开发和交通换乘的无缝接驳。光谷广场地下空间和周边地区当时存在的问题包括轨道交通建设给地下空间建设布局和建设时序上带来制约，环岛交通疏解能力不足，高峰时段拥堵严重；道路网密度低，交通安全性差；过境交通流量很大，公交换乘不便，服务半径不均；换乘距离过长，行人通行不便，绕行距离长；静态交通设施使用率不足。规划思路为避让轨道交通廊道，为轨道交通建设充分预留地下空间，实现地下空间整体开发和交通换乘的无缝接驳。地下立交方案在地下融合了主要车行交通流和大运量公共交通的高效与便捷，地面广场以简洁、清晰的几何造型来平衡地下相对紧张的城市节奏，形成写意的广场景观与活动空间。

（2）顺应发展，目标导向下打造光谷人心中的"升级版"城市副中心

基于交通综合枢纽的功能，光谷广场一直以来是人群高度聚集的区域。作为"中国光谷"名片和光谷人心中的光谷门户，规划通过实地访谈和问卷调查的方式进一步了解人群需求，问卷涵盖当地居民、学生、教师、创业者、技术人员等各类型人群。"拥有更多的绿化休闲空间""更高品质的综合体""标志性的景观广场"等是受访者提出的对城市副中心的期待，对于换乘通道大家一致认可地下通道，排斥"高架桥"的形式。在综合设计中，以交通承载力为基础，合理优化周边用地。充分发挥三条轨道线的带动效应，加强配套功能建设，加强以交通站点和服务节点为中心的土地梯度开发，实现紧凑集约发展。以交通承载力为基础，合理约束开发强度、选择业态，最终实现集聚商务、办公、商业、休闲、景观、居住等诸多功能于一体的大规模、综合性、现代化、高品质的标志性都市功能

综合体，总建筑面积达400万m²。

　　光谷广场于2014年12月启动改造，经过近48个月的封闭改造之后，广场新造型"星河"亮相，造型绚丽夺目，交通与周边商业结合紧密，再次成为东湖高新区的新地标（图8-38）。

图8-37　改造前的鲁巷广场实景图

图8-38　2020年光谷广场（原名鲁巷广场）改造后照片

资料来源：东湖高新区宣传部

第9章
高质量发展阶段的
空间发展趋势研判

　　过去30年，以北京中关村、上海张江高新区、武汉东湖高新区等为代表的国家级开发区为推动国家社会经济高速高质量发展做出了重大贡献。面向未来，我们将面临更多的机遇和挑战。高质量发展成为未来发展的主旋律，创新引领将成为解题的核心要素，自主创新是党中央把握世界发展大势，立足当前、着眼长远作出的战略布局。东湖高新区作为创新发展的示范区，将成为"创建武汉东湖综合性国家科学中心""高起点规划建设东湖科学城"的主战场，充分发挥区域山水环绕的自然禀赋，营造突出生态绿化、契合创新中心发展需求的空间载体。

2021年是东湖高新区的而立之年，也是东湖高新区全面开启"十四五"、打造"世界光谷"的起始年。面对新时期，东湖高新区始终把实现习近平总书记视察湖北、武汉时提出的高质量发展作为经济产业升级和城区转型发展的终极目标。"一带一路"、长江经济带等国家战略的深入推进，"一主引领、两翼驱动、全域协同"省域发展格局的付诸实施，建设"五个中心"现代化大武汉的新时期市级发展战略的提出，从不同维度和层面对东湖高新区高质量发展提出了新要求，也为未来指明了更清晰的发展方向。本章是站在东湖高新区三十而立再出发的起点上，对东湖高新区未来空间发展特征和趋势进行研判与展望，通过自主创新引领、国土空间改革、健康安全新要求三个维度下的新趋势分析，对东湖高新区未来城区的建设发展提出前瞻性预测，为政府的决策和管理提供借鉴性参考。

9.1 自主创新引领下的空间发展新趋势

9.1.1 自主创新上升为第一发展战略

党的十八大以来，创新驱动便逐步成为我国发展的核心战略。习近平总书记曾指出："实现'两个一百年'奋斗目标，实现中华民族伟大复兴的中国梦，必须坚持走中国特色自主创新道路。"《中共中央关于制定国民经济和社会发展第十四个五年规划和二〇三五年远景目标的建议》中已明确提出"坚持创新在我国现代化建设全局中的核心地位，把科技自立自强作为国家发展的战略支撑，面向世界科技前沿、面向经济主战场、面向国家重大需求、面向人民生命健康，深入实施科教兴国战略、人才强国战略、创新驱动发展战略，完善国家创新体系，加快建设科技强国。""坚持创新驱动发展"被放在了第一位，坚持自主创新，"这是我们党编制五年规划建议历史上的第一次，也是以习近平同志为核心的党中央把握世界发展大势、立足当前、着眼长远作出的战略布局。"

2021年1月，湖北省人民政府印发《关于印发促进湖北高新技术产业开发区高质量发展若干措施的通知》，要求以高新区为载体引领高质量发展。强化自创区创新引领，实现自创区与自贸区改革举措的深度叠加、改革创新功能的有机融合，加快探索具有湖北特色的创新驱动发展路径，加快建设武汉东湖综合性国家科学中心，支撑武汉创建有全国影响力的科技创新中心。同时，充分发挥东湖高新区龙头带动作用，围绕"一主引领、两翼驱动、全域协同"区域发展战略布局，增强襄阳、宜昌高新区辐射带动能力，提升省内全国百强高新区的发展能级，推动更多高新区进入全国百强。同时，在强化科技支撑、打造自主创新高地的策略中也明确提出，要在东湖高新区范围内聚焦区域、集聚要素，支持在区内创建武汉东湖综合性国家科学中心，高起点规划建设东湖科学城，集中布局建设重大科技基础设施和重大科技创新平台。在此基础上加快突破关键核心技术，促进重大科技成果转化，完善科技创新综合服务。

在武汉市层面，提升东湖高新区的自主创新能级和产业创新实力，成为武汉市立足新发展阶段、构建新发展格局的"金钥匙"。《中共武汉市委关于制定全市国民经济和社会发展第十四个五年规划和二〇三五年远景目标的建议》中提出要坚持创新第一动力，通过创建"一个中心"、打造"三个高地"建设国家科技创新中心。其中，"一个中心"即东湖综合性国家科学中心，是以东湖高新区为核心区域，加快建设东湖实验室，布局光电科技、集成电路、空天信息、生命健康、生物育种等高水平实验室，争创国家实验室；通过提升脉冲强磁场、精密重力测量等重大科技装置功能水平，谋划建设磁阱型聚变中子源、农业微生物等一批新的大科学装置，提升东湖高新区的科技创新能力水平，进而使武汉成为国家科技创新布局的战略要地。而打造"三个高地"，即一是打造产业创新高地，全力打造一批隐形冠军企业、创造一批国家级创新平台、加快建设东湖科学城及长江科学城，高水平打造光谷科技创新大走廊核心承载区；二是打造创新人才集聚高地；三是打造科技成果转化高地。

从国家、湖北省、武汉市等不同层面的发展新要求和改革新举措可以看出，东湖高新区已成为国家、省、市自主创新的主阵地和核心承载区，总体定位和目标将从单纯强调技术转化向强调科学创新与技术创新转变，将更加聚焦科创资源发挥区域龙头作用，通过建设东湖科学城、武汉东湖综合性国家科学中心和中部国家科技创新中心，聚焦创建全国影响力的科技创新中心。在未来产业布局上，将更加注重光电信息、生命健康、智能制造等主导产业，围绕物质科学、信息科学、生命科学和空间科学等重点优势科学领域，实现未来产业布局。同时，将进一步以光谷科技创新大走廊为纽带，实现跨区域创新产业链的网络协同发展。

东湖高新区的未来空间发展也将围绕聚焦创新源、打造创新集群、构建创新网络展开。创新源是以大科学装置及国家实验室、大学及科研院所实验室、新型研发机构为载体，是创新集群实现功能升级的内生动力，也是国家实验室、科学城等核心创新空间聚集区。创新集群是以特色产业园区为载体，以产业集群为基础，融合城市的服务、交通、生态和生活形成的创新型城市空间，保障创新活动的效率、多样性和吸引力，即通过公共服务设施、道路交通、绿化生态及生活居住的完善配置，引领创新集群从产业园区走向活力城区。创新网络则是在更大的区域尺度，通过紧密的产业辐射、生态链接、交通联系形成的一体化发展区域。因此，相对于前一阶段"轴上塑心、跳跃发展"来说，未来东湖高新区将更加注重科技极核塑造、城市空间升级、联动区域一体化发展。本节将结合正在开展的光谷科创大走廊、东湖科学城、光谷科学岛等规划和研究重点针对科技极核塑造、区域创新网络建设进行阐述[①]，城市空间升级的内容放入9.2节结合国土空间规划治理的新要求进行整体分析（图9-1）。

图9-1 创新网络组织示意图

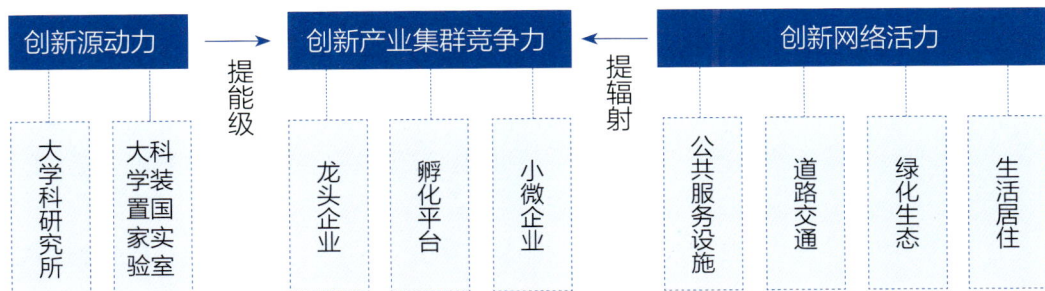

① 本书撰写过程中，三个规划亦在编制完善中。本书提出的相关内容仅为作者的学术研究观点，旨在研判趋势，提出建议，最终规划成果以官方发布内容为准。

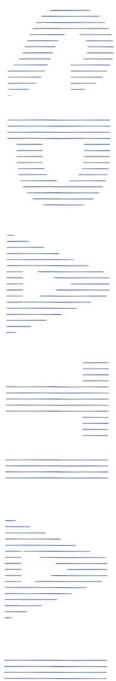

9.1.2 多元化营造创新空间

1. 聚焦创新资源，高标准打造创新极核

根据政府工作报告，截至2019年，东湖高新区为我国三大智力密集区之一，2019年全区高新技术产业增加值1177亿元，占比高达62.7%。结合接递有序的双创平台建设，累计有科技企业孵化器61家（国家级20家）、众创空间101家（国家级25家）。东湖高新区集聚了量大质优的科技创新资源，形成了优势特色创新型经济、营造了充满活力的创新创业生态。但是也应该看到，东湖高新区存在着创新资源聚集度不高、建设聚焦不足，导致创新高地的显示度和集中度不够，吸引力和影响力不足。并且随着北京、上海和深圳等地获批"综合性国家科学中心"，加快集聚各类高端创新资源的形势下，东湖高新区面临"标兵在飞、追兵在跑"的争先进位紧迫形势，以及有创新高原、无创新高峰的窘迫局面。因此，2021年伊始，湖北省以东湖高新区为核心，争创"综合性国家科学中心"和"国家科技创新中心"。主要思路是打造"一核、一轴、多带"，即以争创"两个中心"为旗帜（"武汉东湖综合性国家科学中心""中部国家科技创新中心"），以"一核"（东湖科学城）、"一轴"（光谷科创大走廊）为载体，以省实验室、大科学装置建设为支撑，辐射带动周边地区产业转型升级，形成特色产业带。通过将省级实验室、大科学装置等创新资源向东湖高新区的东湖科学城聚焦，把所有力量包括软件（人才）、硬件（设施、设备）向东湖科学城聚焦，集中建设武汉东湖科学城，提高创新集中度和显示度，提升创新吸引力和影响力。

可以预见，东湖高新区将以东湖科学城为核心，高度聚焦自主创新优势资源、打造高能级创新源功能区。按照集聚核心创新要素的要求，东湖科学城以建设具有全球影响力的科技创新策源地为目标，瞄准国家战略需要、省市发展重要、东湖创新必要的基础科学研究和前沿科技创新，构建科技创新平台体系，集聚高端创新要素资源，塑造高品质人文环境，努力建成"科学特征明显、科创特色突显、创新活力昭显、生态人文彰显"的世界一流科学城。在空间上，可以形成一横一纵的"T"形空间结构，集中布局大科学装置、科研创新、产业转化、科技服务四大功能分区（图9-2~图9-4）。

其中，光谷科学岛作为东湖科学城的大科学装置集聚区，将发挥核心源头创新策源地作用，通过集中布局重大科技基础设施及其他重大科技创新平台，打造核心源头创新策源地，势必成为东湖高新区未来30年创新发展的新引擎。根据相关资料显示，光谷科学岛上将引进各类国际化高端科研平台和研究型大学，同时加大新型基础设施建设以及新经济应用场景的构建。光谷科学岛也将成为科学家、科技服务人员、企业主、高端服务人员及家眷的集聚区。该类人群需求有两大重点：一是需要良好的公共服务配套，包括优良的自然环境、高品质的生活服务；二是需要24h不间断的公共服务体系，满足科学家随时灵感迸发的需求（图9-5）。

因此，光谷科学岛在用地空间结构上，将会形成以公共服务和交通枢纽为核心、以生态绿廊和滨水活力环为基底、串联多处研发和服务中心的格局。一方面，进一步践行生态优先的发展理念，塑造湖光山色、蓝绿网络的生态空间。另一方面，将进一步突出创新型

图9-2　东湖科学城选址范围设想图

图9-3　东湖科学城创新资源分布设想图

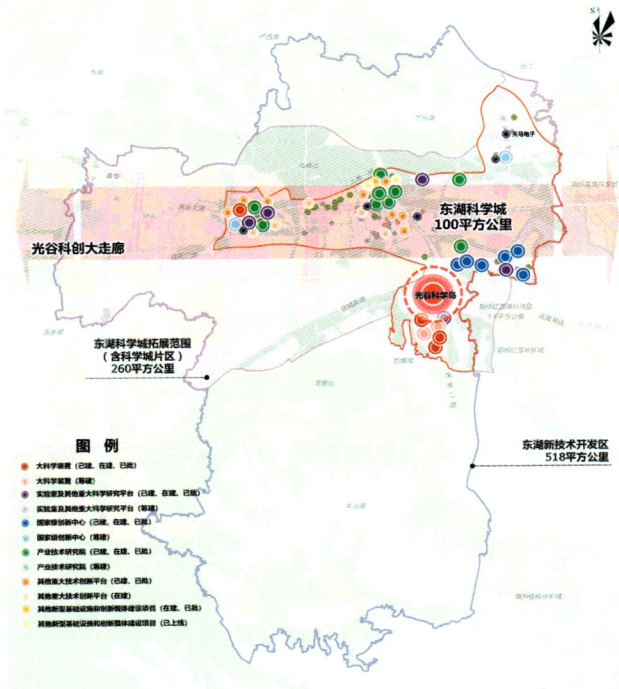

图9-4　东湖科学城功能分区设想图

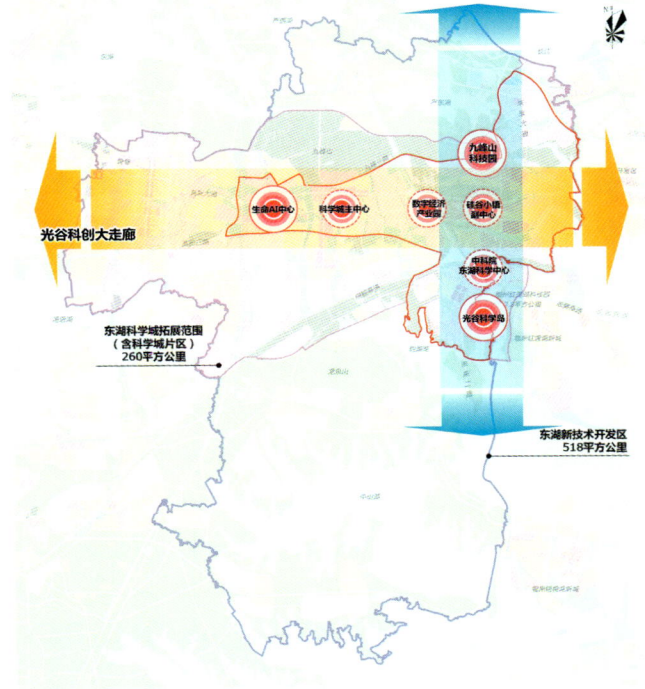

图9-5　科学家使用需求分析图

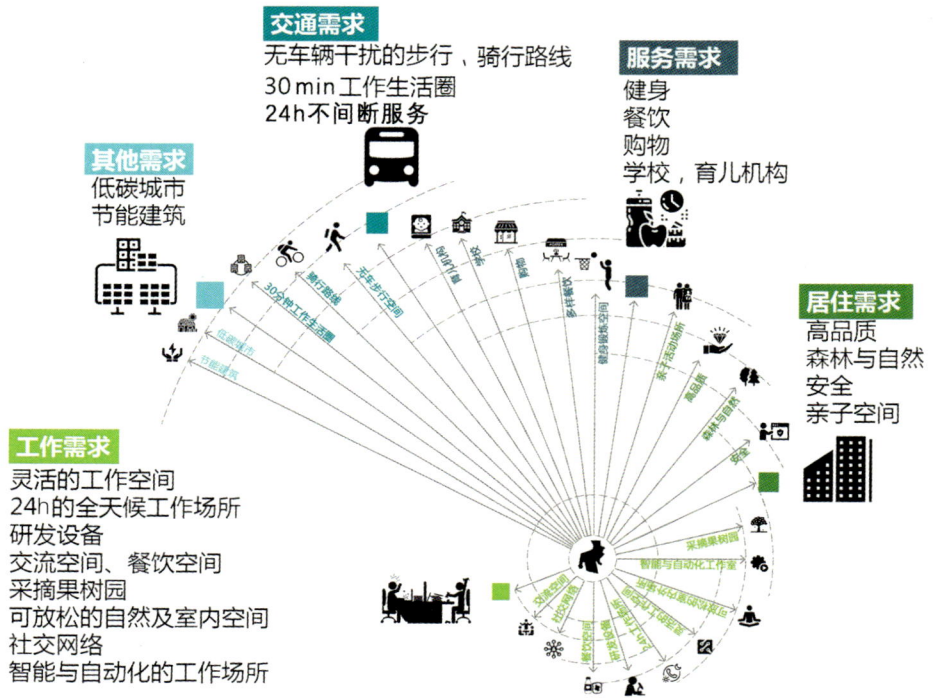

产业用地功能占比。同时强化契合科学家需求的公共服务、绿色高效的交通网络、安全智慧的市政基础设施等方面内容（图9-6）。

（1）孕育科学灵感的蓝绿网络空间

光谷科学岛三面临水，南部遥望龙泉山。因此，在空间上应充分引入滨水及绿化景观，形成"湖光山色入城、蓝绿活力交织"的生态城市。在布局上可以形成"郊野公园+中央公园+带状公园+社区公园"的四级公园体系，实现出门见绿、300m见绿地、500m见公园、1km进森林，公园绿地500m覆盖率100%，人均公园绿地面积可以达到26.85m²。通过建设滨水绿道、都市绿道、林荫绿道和环山绿道，营造适宜骑行、步行的慢行环境，布局服务慢行的各类设施，形成城湖一体的慢行体系。总体来说，光谷科学岛可以通过引入山水环境、提升人均绿地，构建相对均衡的绿化网络，营造适宜未来人居的生态环境（图9-7）。

（2）契合科学家需求的公共服务

光谷科学岛的发展建设应结合地区中心和规划的地铁站点，设置商务文化办公综合服务区，形成TOD商业服务业核心，同时集中布局未来博物馆、文化中心、体育中心、国际医院等科技类公共服务设施，举办高水平学术会议、高端会议论坛等科技交流活动；在居住方面应提供国际社区、品质住宅、公租房、人才公寓/短租公寓、科学家宿舍等多样化住房体系，按800m服务半径，设置生活服务中心，提供书店、图书馆、文化体育等基本生活服务；在产业上可以结合企业研究机构、共享实验室、孵化器、加速器、中试基地、检测中心等科创设施，按800m服务半径，打造"公共平台+共享空间"节点，形成产业创新转化服务平台。此外，光谷科学岛应立足科学家的特殊需求，突出建立24h不间断的公共服务体系，通过挖掘公寓以及办公楼底层存量空间潜力，布置无人超市、24h便利店、24h咖啡馆、24h自助图书馆、24h自助自习室等设施，以满足科学岛科研人员24h工作交往和生活需求（图9-8）。

为更充分地发挥公共设施的服务水平，满足以上科学家的特色需求，在用途管制方面应解放思想，提高功能混合度，通过研究，可以在以下三个方面加强探索：一是以地铁站点为中心的商务文化办公综合服务区，将商业设施、办公、品质社区进行3：5：2混合使用；二是滨水混合地块，将滨水的商业、办公和酒店等混合使用，塑造功能复合的活力水岸；三是在品质社区内，商业设施、科技研发、品质社区按照3：4：3的比例混合使用，营造活力社区。

（3）绿色高效的交通网络

基于科研工作者的骑行线路及24小时工作生活规律，光谷科学岛的交通可以突出以下两个方面：无车辆干扰的步行和骑行路线和24小时不间断的交通服务。一方面应保障公园绿地不少于30m²/人，加上郊野公园则应达到不少于75m²/人，实现绿色交通出行比例不低于85%，慢行路网密度不低于8.0km/km²，形成城湖一体的慢行体系；另一方面，光谷科学岛应实现智慧路灯杆安装率、路口控制智能化率、统筹诱导系统安装率达

图9-6 光谷科学岛空间结构设想图

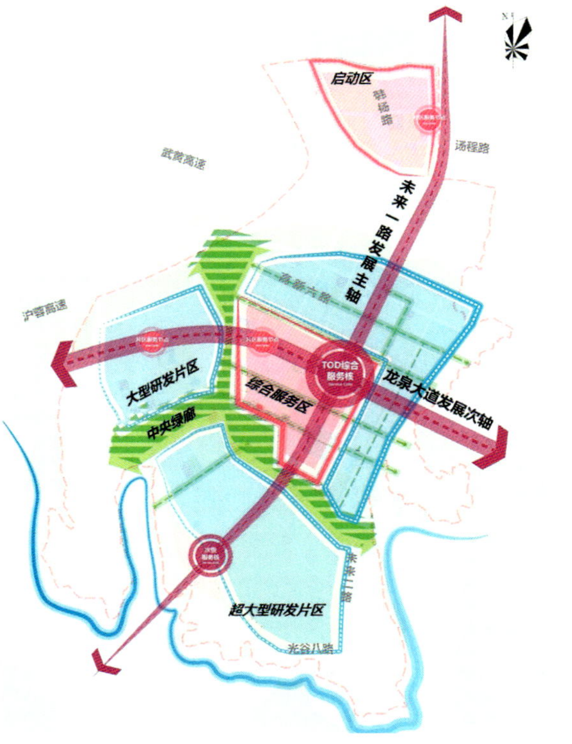

图9-7 光谷科学岛蓝绿网络设想图

图例
郊野公园
中央公园
带状公园
社区公园
防护绿地

图9-8　光谷科学岛公共服务供应设想图

100%，同时组团内部微循环、支线公交均可采用无人驾驶形式，实现公共交通服务即用即启动，兼顾高效率和低能耗（表9-1，图9-9）。

"密路网"的路口间距推荐值　　　　　　　　　　　　　　　　　　　　表9-1

地区类型		路口间距推荐值（m）	街区面积（m²）
商业商务办公街区		100~150	10000~22500
居住街区	一般居住街区	150~250	40000~62500
	开发强度较高、混合程度较高的核心地段商住街区	150~200	22500~40000
研发产业街区		150~300	22500~90000

（4）安全智慧的市政基础设施

光谷科学岛在智能化场景应用上，试图通过建设数据智控中心，搭建信息共享平台，实现天、地、空全方位智能监管。在实体设施上，除建立绿色、安全、智慧的资源保障体系外，还应重视竖向高程规划，科学防治城市内涝。同时提出建设功能复合、空间融合的新型市政基础设施，如建设综合管廊，避免道路反复"打补丁"，减少空中"蜘蛛网"。重视智慧共享，建设高速、移动、安全、广泛存在的新一代信息基础设施，形成高密度、全域覆盖、万物互联的感知系统。最终建成适合未来城市功能使用、空间形象、长效维护的设施支撑系统。

图9-9　光谷科学岛"密路网、小街坊"细化分析图

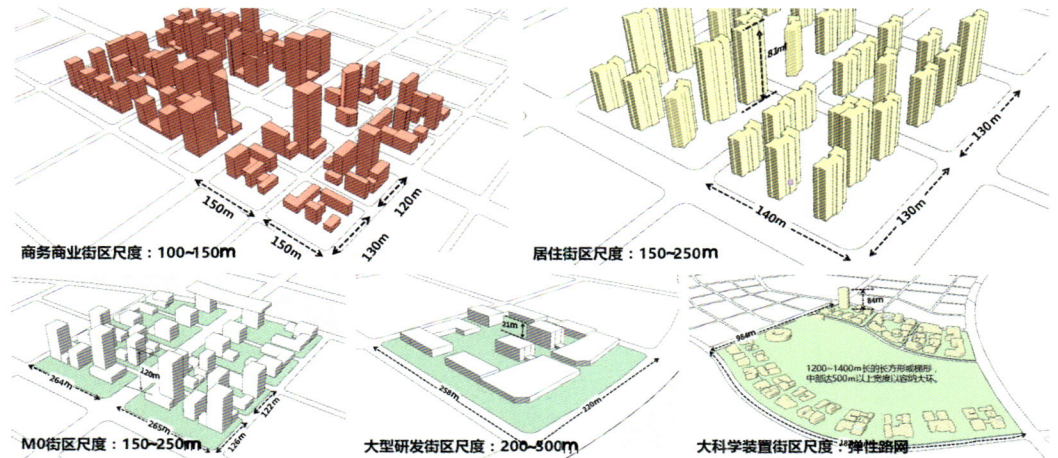

商务商业街区尺度：100~150m

居住街区尺度：150~250m

M0街区尺度：150~250m

大型研发街区尺度：200~500m

大科学装置街区尺度：弹性路网

2. 跨区域统筹构建创新网络光谷空间体系

东湖高新区在打造东湖科学城、科学岛等创新功能极核的同时，也在通过科创走廊整合跨区域科技创新要素，构建区域创新网络。经过30年发展，东湖高新区已成为鄂东地区的创新源。现状沿武黄城际铁路、高新大道等交通廊道，东湖高新区已呈轴带东西向拓展，在鄂州、黄石、黄冈等城市建立三十多个"园外园"。基于各类专利成果的创新网络分析，东湖高新区与主城高等院校及葛店开发区企业形成创新协同合作关系，且依托高（快）速路及城际铁路形成连片发展态势。以东湖高新区为核心，以武鄂黄黄城镇连绵带为协同的光谷科创大走廊已初具雏形。2018年伊始，建设"光谷科创大走廊"已成为湖北省的省级战略。湖北省将贯通武汉、鄂州、黄石、黄冈形成科创大走廊，引领武鄂黄黄地区新旧动能转换、支撑武汉打造全域科创中心，而光谷是科创大走廊的核心承载区。

对标国内外先进的科创大走廊，可以看到"光谷科创大走廊"仍存在五大显著问题：一是创新要素集聚，但缺乏创新能级；二是龙头产业强劲，但缺乏创新培育；三是交通骨架成型，但缺乏联系效率；四是生态景观优越，但缺乏魅力吸引；五是创新空间多样，但缺乏治理机制。同时，"光谷科创大走廊"也面临良好的机遇。未来"光谷科创大走廊"可依托"一带一路"倡议及长江经济带重大经济发展战略，发挥现状科教及生态的双资源优势、国际客运及货运两大机场的双枢纽优势、自主创新及自贸区的"双自联动"优势，承接京津冀、长三角及珠三角创新资源的内陆转移，通过承载综合性国家科学中心的核心职能，实现从技术创新向科学创新职能的升级。基于发展机遇和挑战，"光谷科创大走廊"将建设成为长江经济带创新主阵地、中国创新驱动主引擎、世界科技创新策源地。

基于问题导向和目标导向，"光谷科创大走廊"将从以下五个方面进行引导。

首先，为全面提升科技竞争力，"光谷科创大走廊"将集中布局科技创新极核，全面提升创新要素能级。在东湖高新区的光谷科学岛集中布局科技创新极核，在全区补足各类创新要素，构建知识及技术创新圈。在空间上以创新极核为核心，可在周边形成8个

以3km为半径的知识及技术创新圈；在各圈设置众创空间、孵化器。而在东湖高新区外，可联动创建创新共同体，进一步辐射至武鄂全城，形成"一心、两翼"创新网络。即以东湖高新区为创新核心，西翼依托主城金融服务及高等院校提供创新资源要素，通过天河机场链接全球人才流形成创新协作网，东翼依托葛店开发区提供创新转换空间，通过花湖机场向外输出创新产品，形成东翼创新制造网。共建长江中游创新共同体（图9-10）。

其次，为进一步推进产业高质量发展，"光谷科创大走廊"应注重构建"1+3+X"产业体系，全面提升区域产业创新维度。在高度上，将融合创新链条，大力发展科技服务业（"1"）；在长度上，将立足战略性"芯"产业，打造光电子信息产业、生物医药及高端智能三大产业集群（"3"）；在宽度上，将瞄准未来产业（"X"），跨界融合，全面构建"1+3+X"产业创新体系。同时，为降低中小企业的创新门槛，在空间上将以龙头企业为核心、以5km为半径构建创新外溢的产业圈。围绕现有光电子、高端制造及生物医药龙头企业，培育三大现有产业创新圈。利用富士康科技集团存量用地、武汉天马微电子有限公司周边及鄂州市葛店经济技术开发区增量用地，积极引进聚焦未来产业的龙头企业，增设三大产业创新圈（图9-11）。

再次，为快速融入外部创新网络，"光谷科创大走廊"将提升交通枢纽能级，构建多模式对外交通体系。一是就近增设一处通用机场，满足商务飞行及短途通勤需求；二是新增南北向联系京九、西武福高速铁路的连接线，接入花湖机场；三是新增高速公路衔接葛店南站和花湖机场，将葛店南站和花湖机场打造为机场、高速铁路、超高速铁路融合的多模式高能级枢纽。在内外交通组织上，将强化多式联运模式，一方面以现有城际、普速铁路为基础，开通天河机场—葛店南—花湖机场市域铁路快线A线与B线，实现区域陆、空枢纽快速衔接、互联互通；另一方面近期加快11号线、19号线及20号线建设实施，远期延伸轨道交通11号线至花湖机场；在此基础上，为进一步促进产业发展，实现创新功能区直联直通，将沿光谷五路、关山大道及未来大道等产业轴规划快速路，加强创新产业的

图9-10 "光谷科创大走廊"核心承载区创新要素分布示意图

图9-11 "光谷科创大走廊"创新产业布局设想图

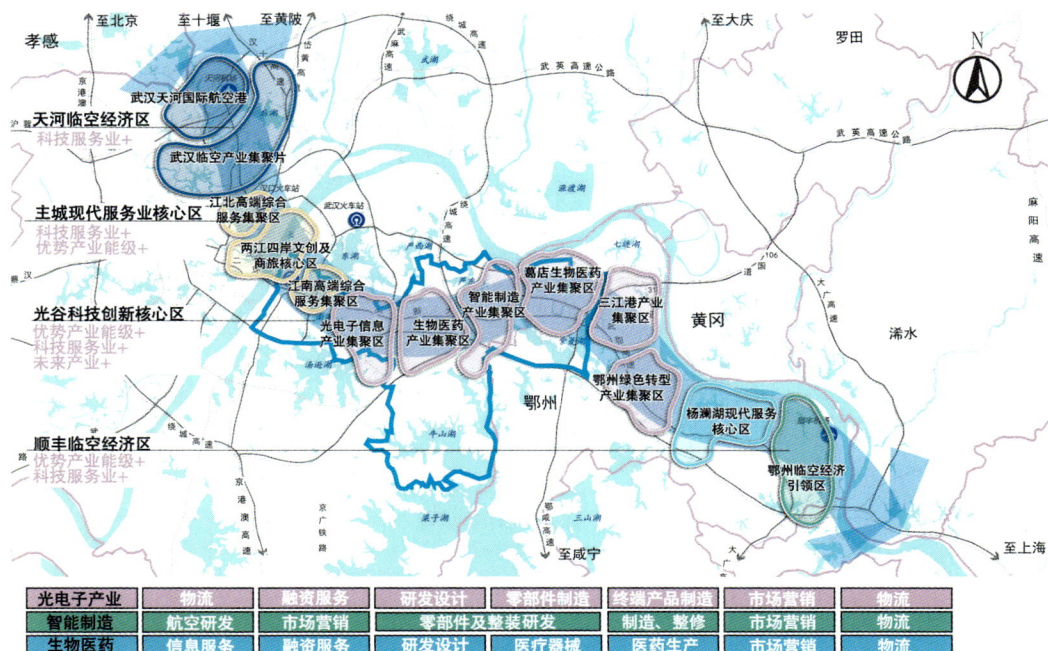

光电子产业	物流	融资服务	研发设计	零部件制造	终端产品制造	市场营销	物流
智能制造	航空研发	市场营销	零部件及整装研发	制造、整修	市场营销	物流
生物医药	信息服务	融资服务	研发设计	医疗器械	医药生产	市场营销	物流

集疏运能力,最终实现新增高(快)速路里程147km,实现5分钟交通圈覆盖65%,15分钟交通圈覆盖95%,创新功能区能在30分钟内互联互通(图9-12)。

此外,为充分发挥生态资源优势,"光谷科创大走廊"将连通廊道、塑造节点、构建网络,塑造全域魅力风貌。在现有区域生态格局基础上,通过强化长江生态保护轴及中央生态绿环,形成北连长江、南连梁子湖打造中央生态大走廊、鄂州生态大走廊;依托现有中央生态大走廊,远期可向东延伸至红莲湖、紫菱湖及五四湖,共同打造"Y"字形绿色动力通道(图9-13)。

同时,"光谷科创大走廊"建设,还要通过提升公共服务能级、补充国际化社区等方式,全方位提升人才吸引力。将围绕光谷主中心、鲁巷及未来城副中心,增设光谷站、流芳、左岭、生物城及科学岛组团中心,进一步增强中央创新区,强化科技交流、赛事博览等科技服务职能。在此基础上,将光谷主中心提升为武鄂地区东部公共中心,实现"一南一北一动一静",北区打造科学文化交流区,南区结合奥体公园,打造科技、体育、博览综合体。并进一步提升普惠设施标准,参照国际化医疗、教育及文体设施建设标准,构建国际化教育医疗设施体系。按照国际医院建设标准,建议新建项目容积率不超过1.8,将幼儿园及中小学的生均用地面积提升至1.2~2倍。构建常住及就业人群生活圈,全方位满足人才需求(图9-14)。

最后,"光谷科创大走廊"还将通过"软硬结合",建立具有全国示范效应的双层治理体系。针对创新发展不确定性特点,构建创新环境和创新空间的"软硬结合",形成政府和市场"双向互动"的治理体系。针对"硬"空间,将建立"刚弹结合"的管控体系,刚性控制创新型产业用房(用于建设孵化器、众创空间及科技服务平台等)及人才保障

住房，包括业态类型及最小规模；弹性控制创新型产业用地（M0），可兼容研发与中试、科技服务设施与生活性服务设施，建议兼容比例不超过30％。针对"软"环境，可参考深圳经验，对存量用地改造制定创新型产业用房及人才保障住房的管控要求，结合建成后是否由政府回购情况，制定容积率及地价奖励机制。"虚实结合"，分圈层进行"战略、重点、一般"管控。

"光谷科创大走廊"基于创新发展要求，对武鄂轴线上的产业、空间、交通、设施和生态等进行高效统筹，以形成跨区域创新发展的共识，将成为区域各城市共同发力的方向。

图9-12 "光谷科创大走廊"武汉片区交通发展设想图

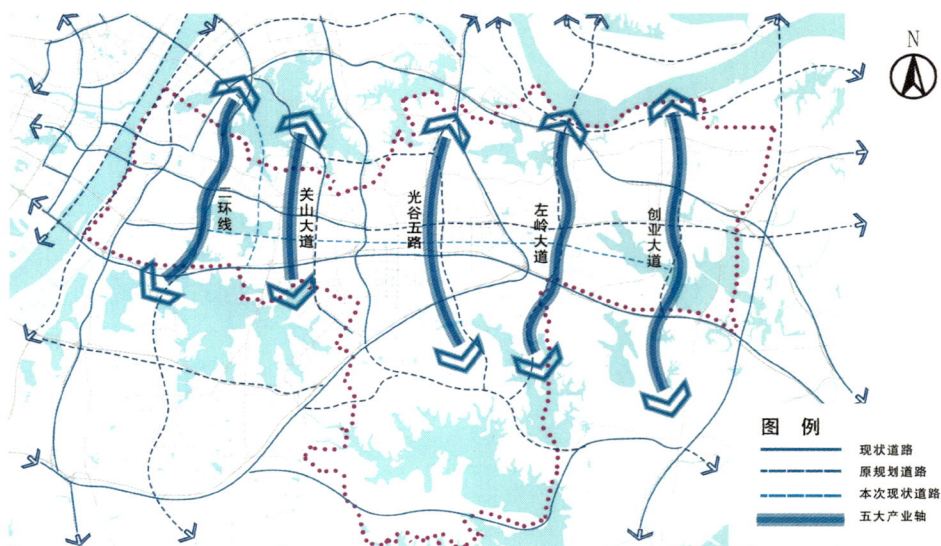

图9-13 "光谷科创大走廊"武汉片区生态景观发展设想图

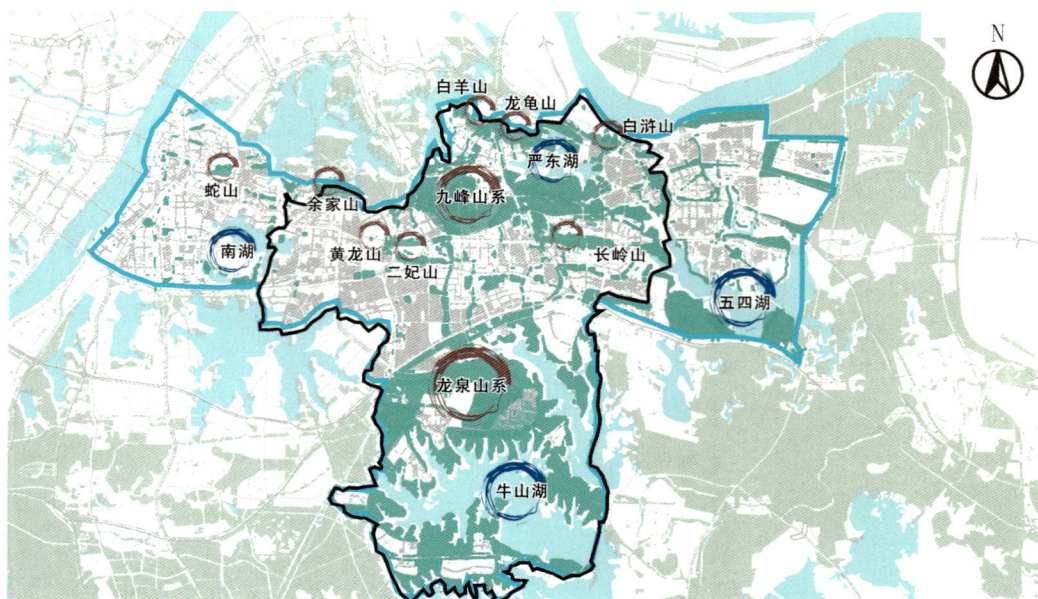

图9-14　"光谷科创大走廊"武汉片区公共服务发展设想图

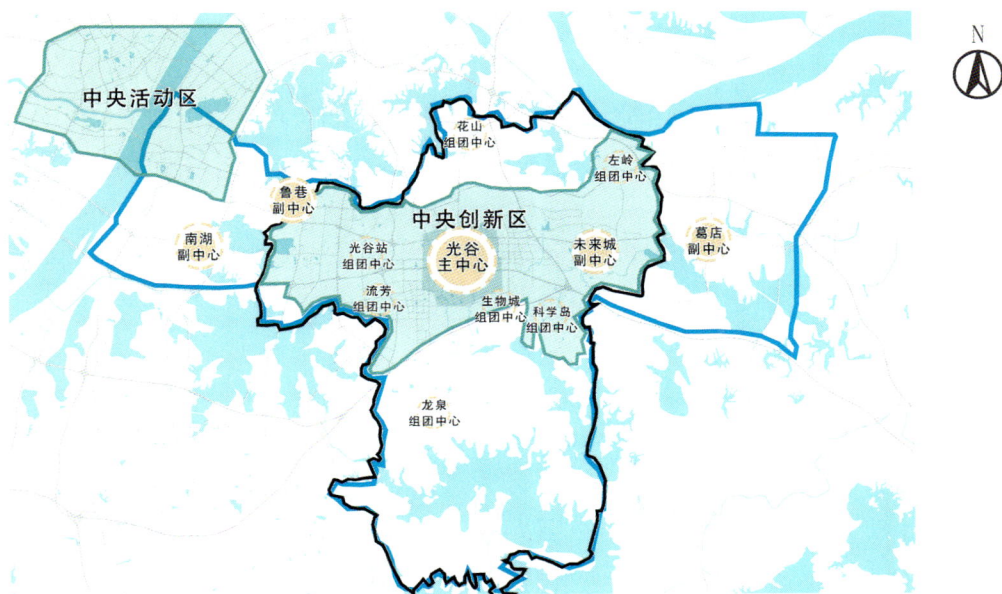

9.1.3　东湖高新区创新空间的未来趋势

1. 创新空间的极核化与全域化并存

开发区内出现集聚高端创新资源、集中高端人口的创新极核，带动和提升整个开发区及所在城市的创新能级。在当前我国发展面临的国内外环境发生深刻复杂变化的情况下，国家对加快科技创新提出了更为迫切的要求，在原来注重产研转化成经济效益的基础上，更加注重基础创新和关键技术突破。对比国外20世纪70年代，借助半导体技术发展，在世界各地涌现了一批科学城、科学谷，如日本筑波科学城、韩国大德科学城、美国硅谷、新加坡纬壹科学城等一系列科学城。近几年，国内也相继建设上海张江科学城、深圳光明科学城、北京怀柔科学城、合肥滨湖科学城等一系列科学城。科学城内一般以大科学装置区为主，将城市发展与科研院所的优势产业结合，集中所在城市大部分的科研机构、科研人员和研发经费投入，形成可集中攻坚、可创新性突破的科研成果。同时，利用周边产业园进行转化输出，实现"原始创新聚集—创新成果转化—商业价值挖掘"，获得产业经济可持续发展动力。科学城的特征与高新区最为吻合，因此国内主要依托高新区进行选址。

在空间上，创新的极核化和全域化并存。创新极核的核心区一般在100km^{2}左右，辐射影响到整个开发区乃至母城。在创新极核内部，以大科学装置区为主，周边依托科研院所建设科研创新区、依托产业园区建设产业转化区，同时依托良好的生态环境，配置高等级、高品质的城市服务。因此，可以看出，创新极核在空间上一方面更加注重科创功能，另一方面更注重实现内部功能和配置精细化。首先要配置优质的医疗、教育、文化和体育设施，注意对接国际的需求，建立国际化的交流空间和研究平台，配建国际社区、国际学

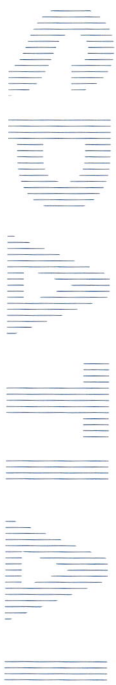

校、国际医疗设施。二是注重复合多元的功能布局，通过"小街区、密路网"实现工作、生活和娱乐等用地混合布局，通过复合利用建筑垂直空间，提升区域内多元混合性，适应创新交流的需求。三是打造优质环境、营造创新氛围，倡导绿色慢行、智慧应用和健康生活理念，营造开放氛围，提供多样化的户外活动场所。四是备足弹性空间，充分应对科学发展的不确定性，通过建立用地类型弹性转化机制、划出一定比例的战略留白区，严格管控土地投放时序，为科学城的长远发展留出空间，最终构建与科学共同生长的城市。综合起来，创新极核是在现有的开发区空间上划定的，在未来空间发展上高标准、国际化、复合化、生态化和可持续发展。随着创新极核的逐步建设完善，其将带动整个开发区及城市功能与空间进一步升级转化。

2. 创新空间的网络化、多中心化发展

在围绕基础研究的创新活动进一步极核化，极核化的同时，不同专业化功能的创新活动则呈现出网络化、扁平化、多中心化发展趋势。移动互联网、高速铁路网带来"流"的变化，使得经济和创新活动可以在更大范围、以更加灵活的方式组织。一方面中心城区或者核心节点的创新活动更加集中和频繁，如科学城等极核型节点；另一方面，某些专业化功能的分散化趋势更加明显，不同的群体匹配不同的空间，产生不同的效应。城市新经济、新功能如科技创新、文化创意、旅游休闲、电子商务、"互联网+"等功能不局限于在中心城区集聚，也不局限于垂直的等级分工，而是在整个市域内分布地更为随机和灵活。科创走廊、特色小镇的出现，也说明凭借自然禀赋、优越的生态环境和人流、信息流更为自由的流动，区域创新在更大范围内网络化发展，而区域中的小节点均有可能凭借自身专门化的特色和优势承载发挥更大作用，从而成为不同层次、不同职能的中心，出现多中心化趋势[①]。

网络化、多中心化的区域创新空间建构有两个基础：一是节点，它是网络城市构建的基础；二是联系，包括交通、基础设施等实体网络联系以及信息、金融等虚拟网络联系。结合区域城市发展趋势，以及一系列科创大走廊的空间发展要求可以看出，网络化空间结构具有以下6个特征。一是呈现多中心、多节点、扁平化、均衡性的空间结构。网络城市中节点的地位不再取决于规模和等级，而由节点的特色功能和网络中的控制作用决定，通过多个网络节点的联系和相互作用，形成网络化的结构。二是建立了对外开放的开放系统。网络城市并非自成体系，而是全球网络体系的重要组成部分，拥有高水平的对外交通枢纽，连通着世界网络。依托交通枢纽，节点城镇嵌入全球网络体系，承载着更大区域和国际化的功能，形成对外联系的开放系统。三是具有网络化设施的支撑及联系。网络化设施是网络城市的骨架和基础，包括交通线网、供水、供电管线等实体网络和金融汇兑、信息交换等虚拟网络两种网络设施。四是具有城乡一体的联动关系。网络城市不再是城乡分离模式，农村地区不仅承载着农业生产功能，通常还承载着科技研发、总部办公、文化创意、休闲旅游、养老服务等新型功能。五是维育人与自然共生的生态环境。网络城市将改

---

① 赵佩佩. 全域化，网络化，扁平化——创新驱动下杭州大都市转型发展的空间趋势特征和规划战略应对 [C] // 中国城市规划学会. 2016.

变传统单一城市蔓延的模式，网络节点与绿色基础设施协同发展，拥有人与自然共生的生态环境。六是构建网络化的治理结构。打破垂直型的城市治理体系架构，减少管理层级。通过对话、协调以及正式及非正式的多方合作平台，构建更为扁平化的治理格局，不以级别和规模分配资源，而把资源向有发展条件的具有潜力的网络节点投放。[①]

东湖高新区正在随着"光谷科创大走廊"建设呈现网络化、多中心化的趋势，区域内的光谷中心城已经从武汉市的副中心，演变为区域创新服务中心；东湖高新区的副中心——光谷未来科技城，也转变为区域的综合服务副中心。而随着走廊上各类特色小镇、科学中心不断涌现，区域内的节点及多层级中心逐渐凸显。

9.2 国土空间治理背景下的空间发展新趋势

9.2.1 国土空间治理的新制度

2019年5月，中共中央、国务院发布了《关于建立国土空间规划体系并监督实施的若干意见》，提出构建全国统一的国土空间规划体系，整体谋划新时代国土空间开发保护格局；提出国土空间规划将是推进生态文明建设、坚持以人民为中心的发展道路、促进国家治理体系现代化的重要手段。[②]为更好地体现国家意志、关注人民需求，新时期国土空间治理新制度在治理重点和治理方式上进行了一系列转变。国土是生态文明建设的空间载体，国土空间分为生态空间、农业空间和城镇空间三大空间，在新时代国土空间治理体系下，治理对象扩展到全域国土，从空间规划中的城市出发走向乡村、从城乡走向海洋森林，从点状走向国域的满覆盖，从主要素走向全系统。生态空间是作为推动新时代高质量发展的根脉所在，从生态保护、生态修复、生态重建、生态富民、生态服务和生态安全六个方面推进生态空间治理，打造高质量、高颜值的生态空间。2019年，习近平总书记考察上海黄浦滨江公共空间时指出："无论是城市规划还是城市建设，要坚持以人民为中心，聚焦人民群众的需求，合理安排生产生活生态空间，走内涵式、集约型、绿色化的高质量发展路径，努力创造宜业宜居、宜乐宜游的良好环境。"习近平总书记的这一讲话精神对城市空间提出两个明确要求：一是要紧紧围绕以人民为中心，更加关注人对空间的实体场所以及精神感知体验的多层次需求；二是进入生态文明建设时期，要转变发展方式，改变过去资源过度开发、盲目追求规模的粗放式扩张，在严守底线的基础上，通过优化结构、提升效率提高城市空间集约化程度，严控增量、盘活存量。

作为促进国家治理体系和治理能力现代化的重要抓手，国土空间治理在治理方式上也有新的转变，提出健全用途管制制度、实施监督考评制度等要求。用途管制是空间治理的基本规则，审批制度改革是提升空间治理效率的重要途径，精准传导是实现空间治理目标的有力保障。在规划编制阶段"多规合一"的基础上，形成全域、全要素、全过程用途管制，作

---

① 吕斌. 未来城市的网络化空间结构和城市治理模式创新［R］. 2017.
②《中共中央　国务院关于建立国土空间规划体系并监督实施的若干意见》中发〔2019〕18号。

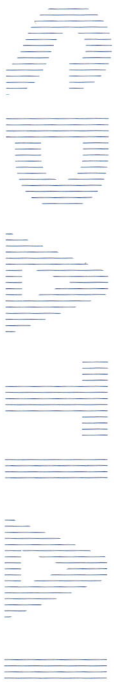

为精细化空间治理的基本规则。以"多规合一"空间用途管制制度为基础，推进实施规划许可、建设、管理的"多审合一""多证合一""多验合一"，实现国土空间规划许可闭环管理。

在新时期国土空间治理全面推行的过程中，无论是治理重点还是治理方式的转变，都将给未来城市空间发展带来不可忽视的影响。

9.2.2 精细化塑造特色空间

在新时期国土空间治理新制度下，东湖高新区将结合自身发展阶段和未来发展目标，积极谋划未来空间的精细化治理，可重点在以下三个方面进行创新性探索。第一个方面，在生态保护的基础上，探索生态空间复合化利用，从城市、生态和人居等不同角度挖掘生态空间的价值，实现对生态空间精细化治理。第二个方面，基于东湖高新区产业转型和城市空间高效集约发展的目标，从服务创新产业升级和提升土地利用效率的角度，可在工业用地提质增效和存量用地更新的价值方面开展研究。第三个方面，世界光谷的建设离不开人才，围绕人的需求，如何打造宜居、宜业、宜游的人居环境，构建更符合"光谷人"需求，更具"光谷"气质的城市空间，东湖高新区将通过构建全区总体城市空间格局，针对个性化人群量身定制配套城市功能，打造以人为本的品质空间。

1. 大力推进生态修复工程建设，重现绿水青山生态本底

在上一阶段构建的全域生态框架下，按照生态空间分类管控要求，东湖高新区近年来组织开展了灭荒造林、山体修复、水体综合治理等生态修复工程。根据《东湖新技术开发区水环境综合治理规划》，东湖高新区2021年主要河湖将基本消除劣V类、2025年水生态环境根本改善，江湖考核断面水质稳定达标；2035年水生态环境将全面改善。东湖高新区可以将以光谷水域为重点连接点，通过"一江、五湖、十二渠"水系连通提高全区乃至全市水资源调配能力，同时开展水环境综合治理实现东湖高新区水生态环境全面改善。为彻底改善20世纪90年代以来过度采矿、采石造成的山体破坏局面，武汉市实施了山体生态修复工程，根据武汉市园林和林业局发布的《武汉破损山体生态修复白皮书》显示，从2013年至今，武汉市共"还绿"75座破损山体，修复面积累计1.3万亩，武汉全域可视范围内的破损山体已基本完成生态修复。在全市一盘棋的工作部署下，东湖高新区将结合自身特点，对区域内的破损山体进行修复。东湖高新区内北部九峰山系为九峰城市森林保护区的系列山体，该区域是武汉市近郊的国家级森林公园，是生态景观、人文景观集中的天然氧吧；南部龙泉山是著名的风景区，拥有国家级重点文物保护单位——明楚王墓，具有极高的观赏价值和历史人文价值。东湖高新区在山体生态修复工作中，将通过自然修复与工程修复相结合的方式促进生态本底的恢复，同时紧密结合城市精细化治理对城市景观和城市文化的要求，在提升城市面貌的同时加强市民对于地区文化的认同感。

2. 精细化设计生态空间，构建功能复合的城市生态屏障

2019年，东湖高新区提出围绕光谷中心城重点打造黄金"十字"大走廊（"光谷生态大走廊"和"光谷科创大走廊"），建设国际化"创新光谷"、现代化"富强光谷"、生

态化"美丽光谷"。"光谷生态大走廊"连接东湖高新区南北水系和山脉，既是区域内贯穿南北的重要生态廊道，也将成为集"三道、五节点"于一体、集中体现"长江文明、光谷特色"的世界级生态大走廊。"光谷生态大走廊"的规划建设也是东湖高新区探索生态空间复合化利用、生态资源转化成可持续发展能力的绿色产业的重大举措（图9-15）。

《光谷生态大走廊景观设计方案》从生态和人居两个角度出发，通过找寻两种需求的契合点，未来将可以形成与周边城市功能有机融合、功能复合的综合生态廊道。在生态塑造方面，应通过"近自然种植法"营造群落、"生态岸线"工程设计、低碳环保等方式可以尽可能保持廊道内自然要素的原生态属性。在构建复合功能方面，生态走廊的功能应包括旅游观光、文体娱乐、生态安全和科普教育。在旅游观光方面，将建设武汉滨湖休闲旅游基地，加入旅游休闲的因素，可成为城区旅游休闲的重要节点；文体娱乐是城市重要的服务功能，发展娱乐休憩产业将有助于拉动城市第三产业的发展速度，提高整体旅游业服务水平与建设管理水平，适度娱乐休憩产业的引入将为城市带来最时尚的新活力；在生态安全方面，依托良好的生态环境，以大走廊为基础，注重参与体验的多样性，可不定期举办以生态休闲、绿色环保等生态文化为主题的大型节事活动；科普教育让大众参与，可植入社会的宣传教育功能，注重智慧景观的打造。利用生态大走廊的契机带动高新区的配套设施建设与环境建设，将东湖高新区的自然山水环境特性与周边城市用地功能相结合，生态大走廊融入高新区绿地系统建设，将打造"生态之城"。生态大走廊有"两湖两山"，即东湖、豹澥湖及九峰山和龙泉山，两大主题公园为九峰国家森林公园和龙泉山风景区，可通过景区联营，打造区域旅游性品牌，构建东湖高新区"生态之城"。生态大走廊的核心

图9-15 光谷黄金"十字"大走廊

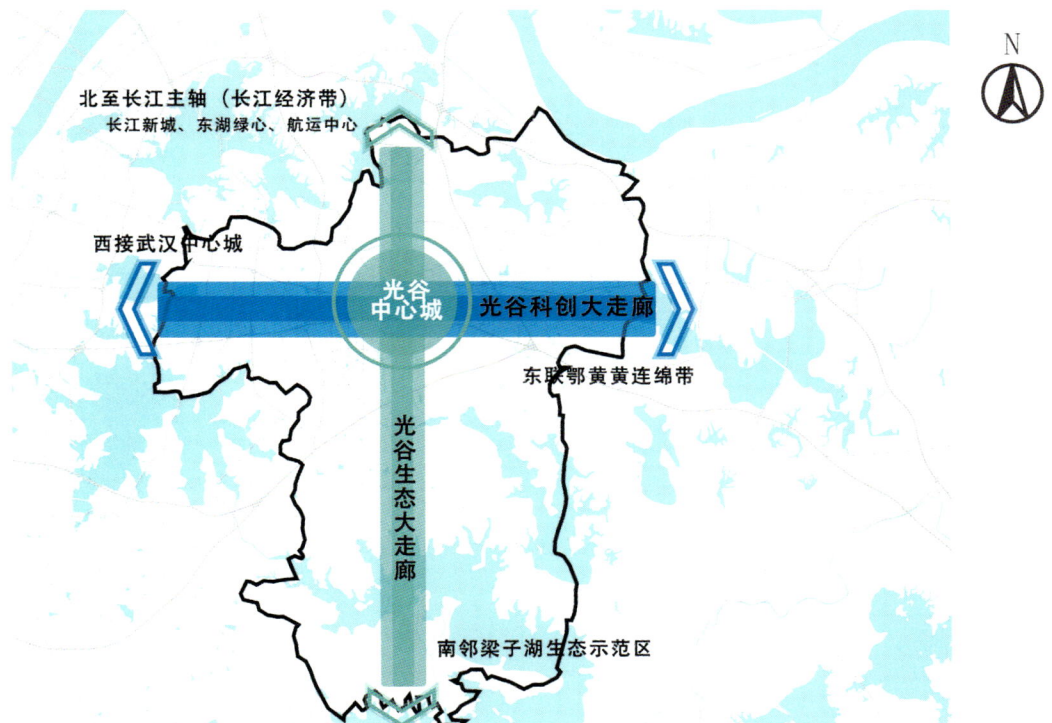

205

功能和景观设计将重点围绕"三道、五节点"展开。其中,"三道"包括水系连通的"水道"、慢行系统"绿道"和旅游观光的"云轨",通过"三道"的规划设计可使生态的水、林地、湿地和居民在日常休闲中的旅游线路结合起来。"五节点"将选取生态大走廊范围内能够集中展示光谷山水特色、城市风貌和地区气质的核心景观节点,结合节点特征进行设计打造(图9-16)。

　　南、北两个节点——九峰山文化节点和龙泉山节点重点在传承其山水文脉。九峰国家森林公园是武汉市唯一一家国家级森林公园,生态资源优越、人文资源丰富,可与武汉东湖风景区相匹敌,"一湖一山"共建休闲文化核心。九峰山景区文化资源丰富,含两处文物保护单位、一处不可移动文物、一处待申报文物,有佛教禅宗文化、荆楚名人文化、革命历史文化、书法艺术文化等,旅游产品众多,含多处休闲旅游产品和科研项目。因此,在九峰山及周边地区梳理革命文化项目,将挖掘佛教禅宗文化,传承中华传统书院文化,延续"一湖一山"山水文脉,打造多彩十景、文化盛宴的意境。依托九峰山,整合山水、人文资源,可打造集运动休闲、佛教朝圣、禅修养生、艺术文化于一体的光谷文化示范区。龙泉山则是江夏的王侯封地,流传千年的诗乡福地。据《江夏县志》记载:"龙泉山古称灵泉山,因灵泉寺山中有色碧味甘的清泉潭而得名。"自古这里被视为山环水绕、湖山钟秀的"福地仙壤"。自汉代起,龙泉山已成为历代王侯的封地。山间当时建有灵泉寺、灵泉书院,书院藏书丰富,被称为"万卷书楼"。此后人文蔚起,名人辈出。未来可通过将生态与文化相结合,打造更具人文魅力的景观节点(图9-17)。

图9-16　"光谷生态大走廊"总平面图

资料来源:《光谷生态大走廊景观设计方案》(设计单位:上海市政工程设计研究总院(集团)有限公司)

图9-17　东湖高新区九峰山文化节点功能分区图

资料来源：《光谷生态大走廊景观设计方案》（设计单位：上海市政工程设计研究总院（集团）有限公司）

3. 分类、分区引导城市更新，激活低效用地潜力

经过近30年高速发展，东湖高新区在518km²的范围内已经拉开了整体的空间格局，尤其在关山街与佛祖岭街一带已经形成了产城融合发展的城市密集区，伴随产业转型升级发展和城市居民不断提升的生活品质需求，东湖高新区亟待开展城市更新工作，全面提升土地使用效能，通过优化资源配置，推动城市功能与景观面貌的双升级，实现可持续健康城市发展。在此背景下，东湖高新区面向2035年应重点关注存量用地的更新谋划工作。

存量用地更新研究工作可分为制定更新目标、划定更新分区、提出更新指引，多维度提升用地效能几个方面。以低效利用土地为主要研究对象，以城市更新为手段，重在针对空间战略提出的目标及规模要求，基于现状建成区存在的问题，提出存量用地改造的目标、策略及分区指引，指导总体规划的分区结构优化及用地布局调整。东湖高新区的存量用地更新可从三个方面展开研究：一是强创新。创新作为第一动力，提高核心竞争力，坚持政府引导、企业主体、市场化运作，围绕产业链布局创新链，为建设具有全球影响力产业创新中心提供战略空间。二是惠民生。突出保障基本民生，提高服务水平。保障基本供给服务均等化，促进配套服务品质化；促进现代服务业升级与集聚，优化服务业结构，完善城市核心功能；促进服务新供给，培育消费热点，扩大消费需求。三是提品质。突出绿色发展理念，提高文化影响力。保障绿地及开敞空间的供给水平，充分挖掘东湖高新区文化特色，提升建成区的城市品质及文化影响力（图9-18）。

通过对服务品质（商业、公共服务、绿地）、生产功能（办公、工业仓储用地）、生活功能（居住用地）的规模、效率和品质进行评估，可将该片区更新分区划分为全面改造区、品质提升区和特色保留区：①全面改造区是指通过建筑物、构筑物拆除清理及重新建设的方式进行改造，涉及用地性质及开发强度改变的区域。针对旧城、旧村改造，更新策略为将用地性质调整为居住、商业或公共服务用地；针对旧厂改造，用地性质调整为商务

办公、居住或公共服务用地，建筑可保留或拆除，该类分区改造途径为在总体规划层面落实用地性质调整。②品质提升区是指对建筑物的全部或一部分予以改造或更新设施，涉及功能业态或开发强度改变的区域。③特色保留区是指保留现状城市风貌，延续已有城市功能的区域，其更新策略为加强管理维护，保持城市空间特色风貌，内部小型渐进式更新，提升城市品质；并建立城市更新滚动机制（图9-19）。

图9-18　东湖高新区存量用地研究评估思路

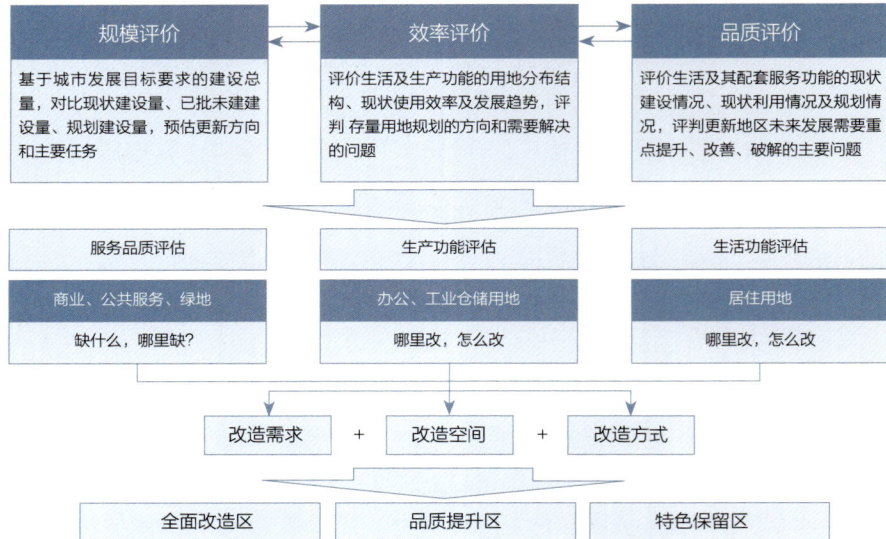

规模评价	效率评价	品质评价
基于城市发展目标要求的建设总量，对比现状建设量、已批未建建设量、规划建设量，预估更新方向和主要任务	评价生活及生产功能的用地分布结构、现状使用效率及发展趋势，评判存量用地规划的方向和需要解决的问题	评价生活及其配套服务功能的现状建设情况、现状利用情况及规划情况，评判更新地区未来发展需要重点提升、改善、破解的主要问题

服务品质评估	生产功能评估	生活功能评估
商业、公共服务、绿地 缺什么，哪里缺？	办公、工业仓储用地 哪里改，怎么改	居住用地 哪里改，怎么改

改造需求　＋　改造空间　＋　改造方式

全面改造区	品质提升区	特色保留区

图9-19　东湖高新区关佛片区存量用地更新分区图

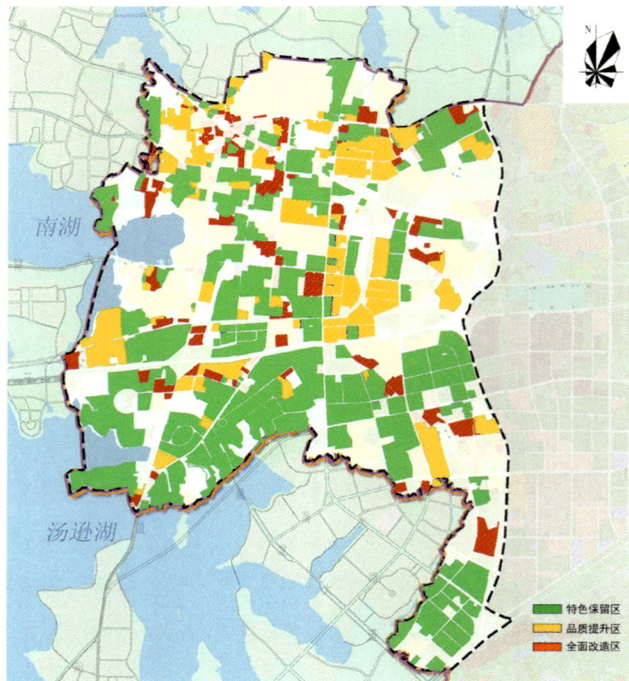

特色保留区
品质提升区
全面改造区

对于划定单元的功能指引，可分为两个方面：一是结合东湖高新区总体功能结构及片区的分区结构，依据各改造单元所在区位，确定其基本功能导向；二是基于东湖高新区的创新产业空间布局要求及各社区公共服务缺口，对各改造单元功能进行进一步优化校正。最终将划定的单元归类为综合服务型单元（城市中心功能+生态维护）、产业主导型单元（产业升级+创新引领）、居住主导型单元（人口导向+住宅供应+服务与绿化供应）（图9-20）。

图9-20　东湖高新区存量用地研究各片区改造功能导向结构图

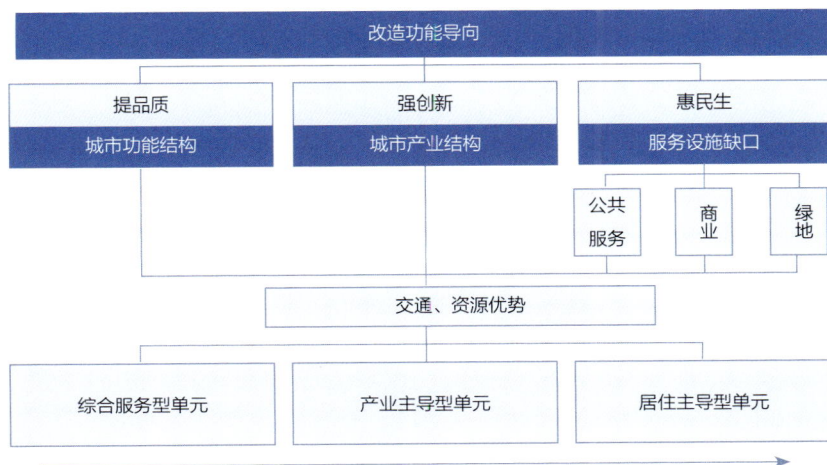

4. 基于全过程用途管制的空间治理，精准指导产业空间提质增效

2020年，为落实武汉市委第十三届九次全会关于构建现代产业体系的要求，武汉市自然资源和规划局启动了新型工业用地（M0）有关研究，牵头起草了《市人民政府办公厅关于支持开发区新型工业用地（M0）发展的意见》，并于2020年12月经武汉市委常委会会议审议通过。东湖高新区作为国家自主创新示范高地，立即启动开展了"东湖新技术开发区新型工业用地空间规划政策和工业用地配套设施比例规定研究"，结合东湖高新区的发展实际，对相关要求进行深化细化并提供落地性的细则。

从未来产业转型发展的需求和趋势上看，在互联网、云计算、大数据等新一轮信息技术支持，以及存量规划对产业园区空间拓展的限制下，武汉市创新型产业的价值链重心将由经济效益较低、土地需求较大的生产环节向经济效益较高、土地利用集约的研发、创意、设计等服务环节转移，服务型产业的比重将进一步提高，产业形态从生产型制造向服务型制造转变，用地功能由单一向混合多元转变，生产、研发和经营逐渐融合，城市产业类型由第二产业开始向第三产业转变，空间形态由低层厂房为主向综合性工业楼宇为主转变（图9-21、图9-22）。

按照土地全生命周期管理理念，东湖高新区可结合自身问题，对新型工业用地的规划管理、项目准入管理、土地供应管理、分割转让和履约管理提出建议（图9-23、图9-24）。

图9-21　东湖高新区创新型城市功能发展趋势图

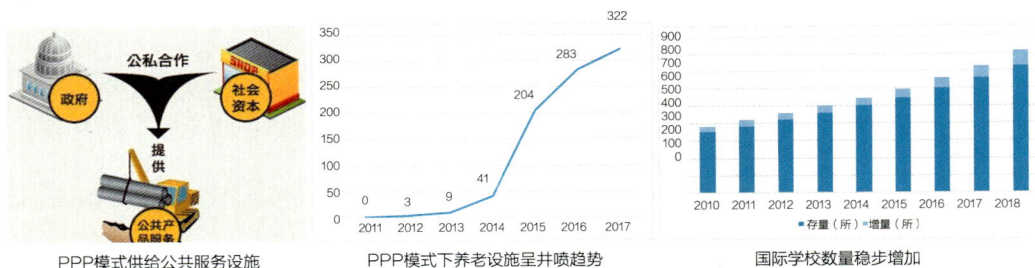

PPP模式供给公共服务设施　　　PPP模式下养老设施呈井喷趋势　　　国际学校数量稳步增加

供给侧改革不断推进，利用社会资本供给养老、教育等民生设施成为新趋势

图9-22　东湖高新区创新型生产方式和产业发展特征趋势图

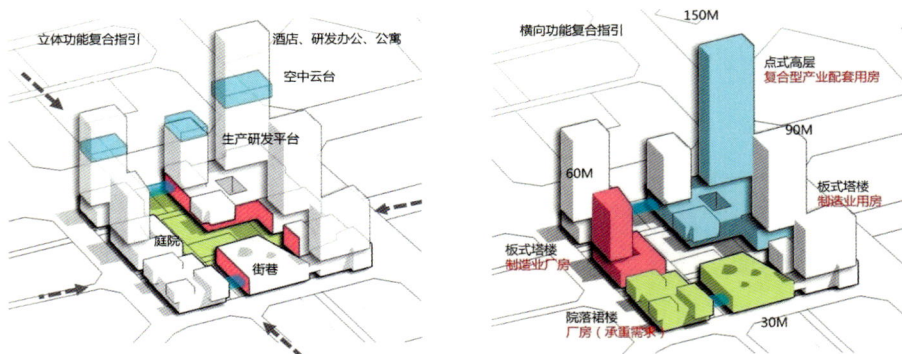

空间形态——由低层厂房为主向工业楼宇为主转变

图9-23　东湖高新区创新型用地土地生命周期各阶段问题梳理图

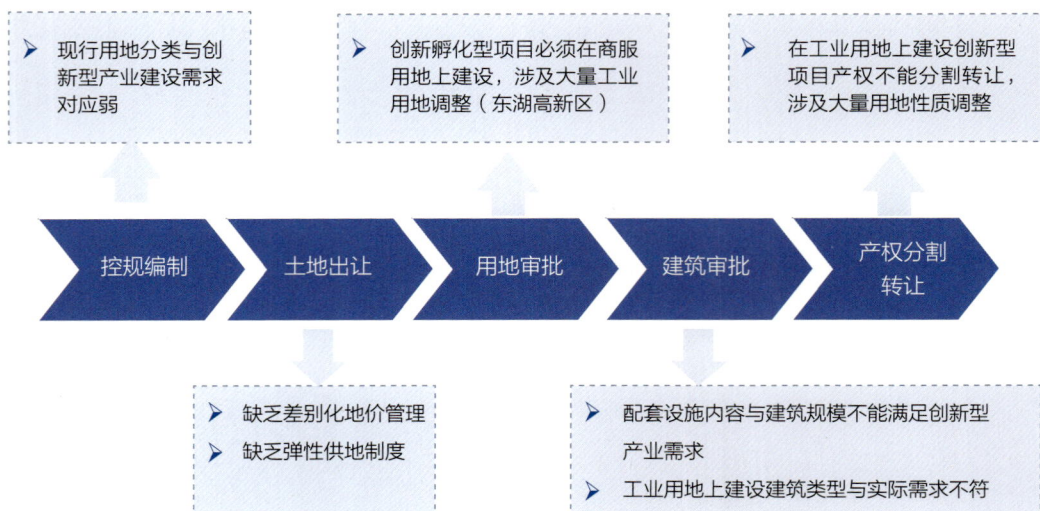

> 现行用地分类与创新型产业建设需求对应弱

> 创新孵化型项目必须在商服用地上建设，涉及大量工业用地调整（东湖高新区）

> 在工业用地上建设创新型项目产权不能分割转让，涉及大量用地性质调整

控规编制　土地出让　用地审批　建筑审批　产权分割转让

> 缺乏差别化地价管理
> 缺乏弹性供地制度

> 配套设施内容与建筑规模不能满足创新型产业需求
> 工业用地上建设建筑类型与实际需求不符

图9-24 东湖高新区创新型用地各层级设施全生命周期各阶段管理要求

5. 整体打造更具人文特色、更高品质的城市空间

上一阶段，东湖高新区围绕光谷中心城、未来科技城等重点片区开展了片区城市设计，有效指导了片区高质量的城市建设。通过梳理，以八大园区为主体，相继编制了园区及重点地段等四十余项城市设计及概念规划，对城市空间形象提出控制要求，因各规划范围的局限性，控制要求缺乏整体性。从全域整体来看，现状空间景观存在"特色彰显不足、空间形态无序、环境品质粗放、城市文化缺失"等问题，同时基于"世界光谷"发展目标，东湖高新区应加强总体城市设计引导，打造全域视角下更具特色和魅力的高品质城市空间，匹配年轻、活力、创新的人群及创新城市空间的需求（表9-2）。

东湖高新区近十年编制的城市设计及概念规划列表　　　表 9-2

园区名称	规划类型	规划名称	规划面积（km²）
东湖高新区	城市设计	中国·光谷总体城市设计	518.00
现代服务业园	概念规划	常家山公园概念规划	1.59
	概念规划	花山河国家亲水文创体验区概念性城市设计	3.22
	城市设计	武汉花山新城总体城市设计	11.50
	概念规划	武汉九峰森林动物园规划选址论证及概念规划	0.34
	概念规划	武汉软件新城概念规划	3.41
	概念规划	九峰光谷科技文化示范区概念规划	17.70
光谷中心城	城市设计	光谷中心城南核心区城市设计深化	3.24
	城市设计	光谷中心城总体城市设计	23.50
	城市设计	光谷中心城街景规划设计	23.50
	专项规划	光谷中心城绿道规划	23.50
	概念规划	光谷中心城中轴线规划设计	29.00
	概念规划	光谷中心城——创新花园城市	23.50
	专项规划	光谷中心城绿地景观建设指引	23.50
	概念规划	武汉·金谷概念规划研究	0.55
未来科技城	城市设计	中国·光谷科学岛城市设计	16.80

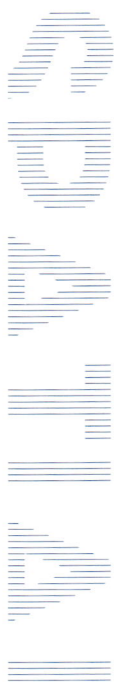

续表

园区名称	规划类型	规划名称	规划面积（km²）
未来科技城	城市设计	未来科技城总体城市设计	66.80
	概念规划	武汉未来科技城起步区概念规划方案	2.55
	修建性详细规划	未来科技城起步区一期修建性详细规划	0.26
	概念规划	湖北省大学科技园概念性规划设计	2.27
	城市设计	未来科技城中心区及严家湖西岸城市设计	8.90
光电园	城市设计	光谷大道沿线地区建设规划	4.55
	城市设计	关山大道沿线地区建设规划	6.19
	城市设计	光谷移动互联创谷实施性规划	2.60
	概念规划	光谷集成电路产业园概念规划	4.59
	城市设计	武汉泛金融港区域城市设计	3.71
东湖综合保税区	概念规划	武汉东湖综合保税区概念规划设计	5.50
	概念规划、修建性详细规划	武汉东湖综保区配套科技园概念规划与建筑设计	0.07
	城市设计	东湖综合保税区二期实施规划	3.92
	城市设计	东湖综保区区外物流配套园区概念性规划及实施性规划	0.33
中华科技园	城市设计	中华科技产业园总体城市设计	217.00
	专项规划	光谷中华科技园绿道规划	217.00
	专项规划	光谷中华科技园旅游总体规划	217.00
	城市设计	中华科技园绿道示范段景观设计方案	长10.70km
智能装备制造园	城市设计	武汉左岭新城城市设计概念方案	24.10
	概念规划	光谷2025小镇规划设计	1.19
	概念规划	左岭新城商务中心区规划设计概念方案	1.19
	概念规划	左岭还建社区概念设计	1.41
光谷生物城	概念规划	光谷医学健康园用地规划论证及概念规划	2.21
	城市设计	中新（武汉）生物园实施性规划	6.62

　　为更加全面、系统地展示东湖高新区的自然、人文资源禀赋和其区域特色，总体城市设计应从城市风貌、生态系统、人文城市、空间形态以及公共空间多维度切入，形成特色、可持续、人文、创新、开放的城市空间。围绕打造"美丽光谷"的总体目标，可整体形成"双轴引领，核心联动，四翼齐飞"的空间结构，并分别从创新产业、生态山水、公共中心及风貌特色四个层面解构，即"一轴连三道"的创新空间骨架，"一廊串三环"的山水生态格局，"三核多节点"的公共活力中心以及"一城领四翼"的光谷特色风貌。在总体空间格局的引领下，将分别从五方面全方位诠释其形象内涵，包括都市美、山水美、文化美、个性美和生活美。

　　一是将通过塑造特色鲜明的城市风貌展现东湖高新区都市之美。整体可塑造"湖光山色，城景交融，绿色智慧，生态文明"的现代花园城市风貌特色，整合山水景观要素，构建突显现代科技绿色花园城市特色的风貌体系，并以超级中央生态绿廊景观统领与协调城市景观、人文景观及自然景观。

二是将通过融合自然资源的生态系统展现东湖高新区的山水之美。通过梳理水网安全格局划定生态边界与限制性保护区域，从山体、水体保护与利用的角度，可构建城市呼吸系统、预留城市风廊，形成"山水绘底，绿网呈脉，两楔多脉，一廊三环"的生态结构。利用环山滨水空间激活城市活力，可建立"三环、一带、多廊"的都市生态游憩网，塑造人与自然高度和谐的新型城区样板，丰富廊道内部城市活力，植入文化、娱乐、科教、休闲等功能，为城市居民提供更多接触自然环境的场所。

三是将通过传承保护历史文化资源，建设人文城市，展现东湖高新区的文化之美。针对区域内不同等级的文物保护单位可提出相应的保护策略和保护范围，恢复其文化价值。结合历史文化资源的分布、自然山水资源、当前都市格局及历史承载体系，将总体构建"两轴、四核"的文化承载体系。两大文化主轴可包括生态人文轴线和科创文化轴线。四大城市文化主核可包括围绕九峰山自然资源以及历史资源发展九峰山历史文化示范区，结合龙泉山周边人文及自然资源建设龙泉山历史文化示范区，依托高新技术产业打造中心城现代文化区，以丰富的高校资源建设高校科技文化区。

四是将通过塑造特色空间形态展现东湖高新区的个性之美。为打造个性化的城市空间，突出城市山水结构，体现绿色生态结构，加强城市功能与空间的协调性，坚持"北引南控，北密南疏"的基本原则，构建"十字引领，中心突出，环湖灵动，局部成冠"的空间形态。通过"十字引领"，构筑未来城市发展骨架。

五是将通过营造开放共享的公共空间展现东湖高新区的生活之美。面向未来更加多元化的生活方式和个性化的需求，可通过打造公园邻里生活圈，构建以人为本的街道空间，营造国际一流特色人居环境。基于现有公园绿地，规划将形成国家森林公园与风景区、郊野公园、城市公园、社区公园的分级体系。

为了更好地指导城市建设，东湖高新区全域总体城市设计应对分层传导的实施路径进行系统安排。可从四个层次进行传导：一是对接城市总体规划，城市设计总体框架及系统层面控导要求与总体规划对接；二是对接控规，从高度、强度、风貌和色彩等方面，指导控规的编制；三是对接重点地区城市设计，作为下层次设计，将从特色风貌、城市轴廊、标志眺望、公共空间、文化活动等方面传导衔接；四是对接管理事权，结合规划管理事权划分，基于行政管辖区划的分级控导体系，确定各级空间的重点设计与控导要求。

6. 精准匹配国际人才需求，打造个性化的城市社区

东湖高新区作为创新发展先行先试区，为加快国际化发展水平，推动产业转型升级，培育国际竞争新优势，发布"五谷"共建工程。在"才谷"建设方面，拟聚力推动人才招引向全球拓展、向"塔尖"延伸，加快构建由世界级顶尖人才、海内外高层次人才、企业骨干人才、大学生人才等构成的多层次人才"金字塔"体系。为进一步优化国际化人才服务环境，增强对海外高层次人才的吸引力，打造具有国际竞争力和开放度的海外高层次人才集聚地和创新创业基地，东湖高新区启动国际社区建设工作。在愈演愈烈的人才竞争中，能够提供优质的居住和生活环境，已成为聚集英才、留住人才的主要优势。东湖高新区产业布局方面已聚集一批以华为、华星光电、天马、小米等为代表的研发、信息技术型企业，对国际化人才以及高品质国际化人才社区需求强烈（图9-25）。

图9-25　东湖高新区国际人才自由港区位示意图

国际社区的独特之处在于建筑设计的国际性、配套设施的超前性、多元化的宽容性、公共和服务系统管理的先进性及人性化等。对于国际社区的建设，当服务对象由传统外籍人群扩展至精英、创业等年轻化人群，用地条件将越来越注重生态环境和配套设施条件，大型公共绿化和公共服务设施将占据较重比例；配套设施逐渐与国际接轨，涵盖教育、医疗、体育、宗教信仰的层面。

"光谷国际社区"定位为服务国际创新创业精英人士，可集超前配套服务设施、先进公共服务管理系统、高品质住宅于一体，多元共融、生态共享、宜居宜人的光谷新风向标，在文化方面形成一个多国家、多观念、多风俗、多语言相互激荡、繁荣共进的社区共同体。作为东湖高新区国际社区建设的启动区，将对人才公寓、国际学校、国际医院、国际社区、国际人才公寓等各项用地标准进行深化研究。以建设国际社区示范体为核心，可有效形成一定示范推广效应，辐射带动周边城市功能提升，促进城市服务功能水平升级。

国际社区规划将根据片区的整体功能定位，从构建开放式街区、公共服务增质提档和优化绿地网络三个方面着手，做到全方位品质提升。片区规划将形成"一轴、两心、六区、多廊"的空间结构。沿高新大道形成东西向城市核心商务走廊，地块中部可设置两处社区公共服务中心。结合现状及国际社区需求，在项目地块中部可设置复合型多功能服务区，涵盖商业、休闲、教育等职能，联系各居住、商务功能片区。可维持用地南北向三条绿化主廊道不变，增加多条东西向绿化轴线，形成区域绿地网络。在公共服务方面，为了兼顾国际社区服务人群及周边居住人群服务设施需求，《东湖新技术开发区E0201编制单元（国际社区）控制性详细规划导则局部用地调整及用地与空间规划论证》也提出扩大公共服务设施规模，保证区域公益性服务水平不变的情况下，控制两处社区级服务设施，文化体育设施兼容布局，与公园绿地相邻布局，便于城市功能组织，满足居住人群的公共服务设施需求（图9-26、图9-27）。

图9-26　东湖高新区国际社区控规编制单元规划结构图

图9-27　东湖高新区国际社区控规编制单元调整前后示意图

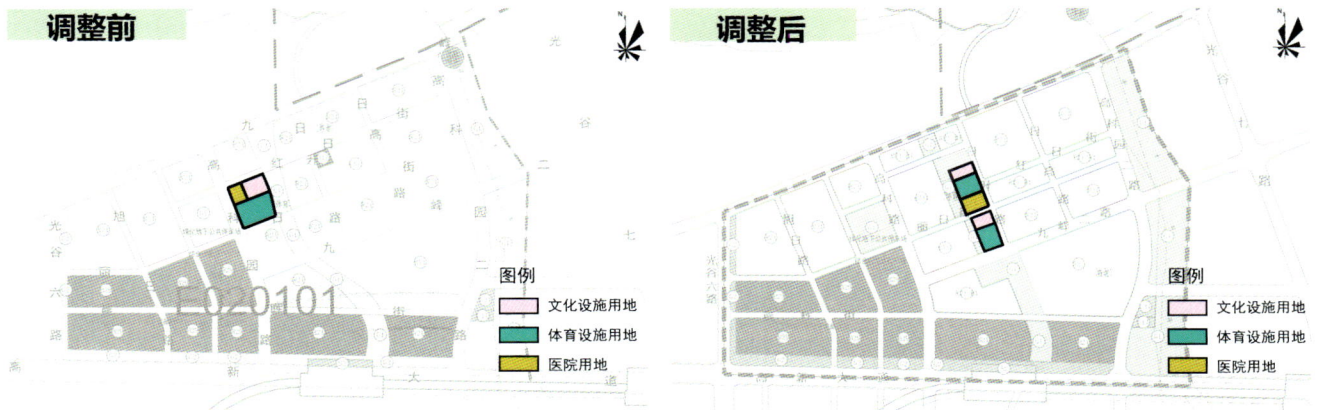

215